LE FRANÇAIS AUTOUR DE NOUS

Langue française et culture francophone
aux États-Unis

Sous la direction de
Kathleen Stein-Smith et Fabrice Jaumont

Traduit par Laura Vuillemin

CALEC - TBR Books
New York – Paris

Copyright © 2023 par Kathleen Stein-Smith et Fabrice Jaumont

Tous droits réservés. La reproduction, la distribution ou la transmission, sous quelque forme ou par quelque procédé que ce soit, de toute partie de cette publication est interdite sans autorisation écrite préalable.
    Le programme TBR Books a été mis en place par le Centre pour l'Avancement des Langues, de l'Éducation et des Communautés (CALEC). Nous publions les travaux de chercheurs et professionnels qui cherchent à toucher des communautés variées sur des sujets liés à l'éducation, aux langues, à l'histoire culturelle et aux initiatives sociales.
    CALEC – TBR Books
    750 Lexington Avenue, 9th floor New York, New York 10022
    États-Unis
www.calec.org | contact@calec.org
www.tbr-books.org | contact@tbr-books.org
    Titre original : French All Around Us. French Language and Francophone Culture in the United States (TBR Books, 2022).
Couverture © Nathalie Charles
ISBN 978-1-636072081

Un mot de Ifigeneia Kontoleontos
Ambassadrice et observatrice permanente
Organisation Internationale de la Francophonie auprès des Nations Unies

Le français autour de nous – Langue française et culture francophone aux États-Unis nous entraîne dans un voyage fascinant en plein cœur de la culture américaine et des nombreuses communautés francophones du pays. Grâce à ce livre publié par l'*Association for the Advancement of the French Language and Francophone Culture in the United States* (« Association pour l'avancement de la langue française et la culture francophone aux États-Unis »), nous comprenons mieux la vitalité de la francophonie, sa diversité et sa présence dans le quotidien de tant d'individus résidant aux États-Unis. En 2018, pour la première fois, un État américain, la Louisiane, a rejoint l'Organisation Internationale de la Francophonie. L'OIF, qui a fêté son 50e anniversaire en 2020, est née au Niger, en Afrique. Regroupant au départ 21 pays fondateurs, elle est devenue l'une des plus vastes organisations intergouvernementales avec ses 88 États et gouvernements membres, répartis sur cinq continents. L'adhésion de la Louisiane représente une étape importante et met encore davantage l'accent sur la présence ancienne du français dans cet État, ainsi que sur les défis et opportunités actuels en la matière. Par ailleurs, la vitalité de la langue française et des cultures francophones dans de nombreux autres États américains est particulièrement enthousiasmante. Elle est toutefois fragile, et nous nous sentons responsables de cet héritage unique.

Comme en attestent de nombreux travaux, eux-mêmes si riches en raison de la variété des points de vue et des perspectives, l'éducation est critique pour le futur de la francophonie. À tous les niveaux, et que cela émane des parents, des élèves, des enseignants ou des autorités, je suis touchée par les efforts et la passion engagés pour faire, dans les écoles publiques américaines, de l'enseignement bilingue franco-anglais une réalité en 2022. J'adresse mes plus chaleureuses félicitations à tous les contributeurs de cet ouvrage et les remercie sincèrement d'avoir pris part à cette entreprise si inspirante. Votre appel à l'action a été entendu : nous allons pleinement jouer notre rôle.

Un mot de Ryan Michael Fecteau
Ancien porte-parole
Chambre des représentants de l'État du Maine

Grâce à ce recueil, je comprends mieux l'histoire de ma propre famille. Dans les années 1960, ma mémère, mon pépère et mon père ont quitté leur petite ville du Québec rural pour le Maine, afin de travailler dans les usines de textile de Biddeford. Immigrants de langue maternelle française, ils ont cependant estimé qu'il valait mieux ne pas la transmettre à leurs descendants. En effet, mes grands-parents pensaient que leurs enfants et petits-enfants ne pourraient pas réussir s'ils ne s'exprimaient pas comme des citoyens d'ascendance britannique.

Enfant, je n'ai pas appris le français à la maison, mais j'ai développé une grande fierté pour mon héritage francophone à l'âge adulte. Mon point de vue a notamment évolué lorsque je suis devenu président de la Chambre des représentants du Maine. Je ne suis d'ailleurs que le deuxième président d'ascendance francophone de cet État. Aujourd'hui, je considère que nous devons aider cette nouvelle génération d'immigrants francophones à prendre conscience de l'importance de la protection de sa culture et du français, tout en l'encourageant à chérir ces derniers. Cet ouvrage atteste de la volonté de tous ceux ayant travaillé à préserver la langue et les traditions qui font partie intégrante de ce que nous sommes.

Préface de Laura Vuillemin
Traductrice de l'ouvrage

Ayant grandi dans une région frontalière de la Suisse romande, et issue d'une famille dont certains membres ont vécu à Madagascar et en Centrafrique, j'ai su rapidement que le français ne se limitait pas à la France. En revanche, je n'avais absolument pas conscience que l'Amérique du Nord comptait autant de francophones.

Le Québec est une province canadienne dont la culture m'est familière, et je me suis toujours intéressée à la Louisiane. Cependant, je n'aurais jamais imaginé que l'héritage français soit si fort dans le Minnesota, que la langue de Molière fasse l'objet d'un processus de revitalisation en Nouvelle-Angleterre ou que les Africains francophones soient si nombreux à New York.

C'est par curiosité pour cette francophonie encore assez méconnue en Europe que j'ai, au départ, choisi de lire la version anglaise de ce livre. Fascinée par tout ce que j'y ai appris, je suis honorée d'avoir ensuite eu l'opportunité de le traduire (à l'exception du chapitre 19 dont le contenu relève de la responsabilité de l'auteur). Ma langue maternelle est présente sur tous les continents et avoir pu participer à sa promotion est un privilège.

Afin que la version française soit la plus claire possible, j'ai dû effectuer des recherches historiques et linguistiques. J'ai parfois ajouté de petites indications pour faciliter la compréhension, par tous, d'expressions très locales. J'ai procédé de même avec des termes dont l'origine française n'était pas forcément évidente à première vue, ou détaillé quelques anecdotes personnelles des auteurs.

Échanger avec ces derniers a été crucial. Afin que les idées soient parfaitement rendues, et encore plus lorsqu'il est question de tournures et de situations spécifiques à la région à laquelle *Le français autour de nous* est consacré, il est capital de clarifier des passages. Le texte initial doit être scrupuleusement respecté, mais sans oublier les lecteurs.

Plus important encore, la traduction de ce livre a été l'occasion de revoir l'usage du terme « cajun » dans la Francophonie. Hors de la Louisiane, il est souvent conservé tel quel en français, or il s'agit d'un anglicisme qui ne reflète pas la prononciation louisianaise. Surtout, il ne valorise pas la communauté francophone de cet État américain. C'est pourquoi vous ne verrez que le terme « cadien » dans cette publication (à moins que « cajun » soit intégré à une expression anglophone, ou issu de paroles rapportées auxquelles il convient d'être objectivement fidèle).

Je remercie chaleureusement les éditeurs et les auteurs de m'avoir fait confiance. Grâce à eux, j'ai pu vivre une expérience extrêmement enrichissante.

Remerciements

Nous remercions toutes les personnes qui ont fait la promotion de ce projet mené par l'Association for the Advancement of the French Language and Francophone Culture in the United States (AAFLFC, ou « Association pour l'avancement de la langue française et la culture francophone aux États-Unis ») et qui y ont participé, ainsi que tous les défenseurs de la langue française et de la culture francophone aux États-Unis et ailleurs. Cette aventure s'est révélée exceptionnelle dès le début, car elle a fait s'entremêler de nombreuses voix exprimant des histoires et points de vue uniques, et a été inspirée par des conversations passionnantes et instructives menées avec plusieurs des contributeurs.

Nous souhaitons remercier tout particulièrement Philippe Étienne, ancien ambassadeur de France aux États-Unis qui a accepté de rédiger la préface, ainsi qu'Ifigeneia Kontoleontos, ambassadrice et observatrice permanente de l'Organisation Internationale de la Francophonie (OIF) auprès des Nations Unies. Nous exprimons toute notre gratitude à l'OIF pour avoir soutenu cette traduction et remercions chaleureusement les membres de son équipe new-yorkaise, en particulier Patricia Herdt, Rotane Khaled et Vanessa Awa. Nous remercions également Ryan Michael Fecteau, ancien porte-parole de la Chambre des représentants de l'État du Maine, pour son soutien, Jérémie Robert, consul général de France à New York, pour son intérêt et ses encouragements bienveillants, ainsi que l'équipe chargée des questions culturelles et éducatives de l'ambassade de France pour son implication dans la promotion du plurilinguisme et de l'apprentissage bilingue aux États-Unis.

Nous exprimons notre gratitude à tous les auteurs des chapitres qui ont partagé leurs histoires, points de vue et expériences : Mélissa Baril, Timothy Beaulieu, Elizabeth Blood, David Cheramie, Melody Desjardins, Anthony T. DesRois, Joseph Dunn, Georgie V. Ferguson, Katharine N. Harrington, Marine Havel, Marguerite P. Justus, Emmanuel K. Kayembe, Étienne A. Kouakou, Mark Labine, Ben Levine et Julia Schulz, Jesse Martineau et Monique Cairns, Jean

Mirvil, Jerry L. Parker, Robert B. Perreault, Scott Tilton, Agnès Ndiaye Tounkara et David Vermette. Nos remerciements chaleureux à Laura Vuillemin pour son excellent et méticuleux travail de traduction.

Nous sommes reconnaissants aux membres du conseil consultatif de l'AAFLFC pour tout leur travail et leur soutien, et particulièrement à Timothy Beaulieu, Joseph Dunn, Jesse Martineau, Julia Schulz et Scott Tilton, qui font partie des auteurs.

Nos pensées vont aussi à l'équipe de TBR Books, le programme de publication du Centre pour l'Avancement des Langues, de l'Éducation et des Communautés (CALEC), ainsi qu'au conseil d'administration, au conseil consultatif et aux soutiens mondiaux du CALEC qui ont cru en ce projet. Enfin, merci à tous les défenseurs de la langue française en Amérique et au-delà.

Kathleen Stein-Smith et Fabrice Jaumont

Table des matières

Préface. *Philippe Étienne, Ancien ambassadeur de France aux États-Unis* . 1

Introduction *Kathleen Stein-Smith et Fabrice Jaumont* 3

1. Le programme FLAM : un réseau de jeunes ambassadeurs bilingues pour un avenir commun *Marine Havel* 13

2. Immigration francophone et questions d'identité en Nouvelle-Angleterre : du multiculturalisme à la diversité culturelle *Emmanuel K. Kayembe* 26

3. Je suis américain et pourtant très francophone, malgré tout *Étienne A. Kouakou* 37

4. Préservation du français en tant que langue d'héritage aux États-Unis : une nouvelle Révolution française à New York *Agnès Ndiaye Tounkara* 49

5. Le Sisyphe du bayou, ou l'absurdité d'écrire en anglais lorsqu'on se sent avant tout d'ascendance française *David Cheramie* 59

6. Le français, la ressource naturelle la plus durable, bien que non développée, de la Louisiane, ou comment tirer parti du tourisme culturel pour faire revivre les langues d'héritage de cet État *Joseph Dunn* 69

7. Gloire à la tribu Pointe-au-Chien *Georgie V. Ferguson* 75

8. « Le cadavre de la francophonie demande une bière » : initiatives prises en Louisiane pour faire vivre la langue française *Marguerite P. Justus* 84

9. Être en marge de la marge : perception de l'apprentissage du français en Louisiane par un Afro-Américain *Jerry L. Parker* 93

10. Au carrefour de la Francophonie *Scott Tilton* 114

11. « Fais-toi plaisir, lis en français ! » : Faire vivre et transmettre la langue française et les cultures francophones grâce à la littérature jeunesse *Mélissa Baril* 123

12. L'héritage français dans le Minnesota *Mark Labine* 130

13. Repenser la culture franco-américaine en Nouvelle-Angleterre *Timothy Beaulieu* 140

14. Faire vivre la Franco-Amérique : langue, communauté et Clubs Richelieu en Nouvelle-Angleterre *Elizabeth Blood* 150

15. Impact de la culture francophone sur ma vie et recommandations pour faire avancer notre cause aux États-Unis *Melody Desjardins* ... 160

16. De la France à la Franco-Amérique : favoriser les échanges et mettre en avant la communauté francophone américaine dans les cursus de français *Katharine N. Harrington* 170

17. La réapparition d'une langue, ou comment une communauté redonne vie au français et encourage de nombreuses autres à faire de même *Ben Levine et Julia Schulz* 181

18. French-Canadian Legacy Podcast and Blog : au service de la langue française et de la culture francophone en Nouvelle-Angleterre *Jesse Martineau et Monique Cairns* 194

19. Ce que signifie être Franco-Américain *Robert B. Perreault* 208

20. La question du renouveau franco-américain *David Vermette* ... 221

21. Mon expérience de Franco-Américain *Anthony T. DesRois* 234

22. De l'importance de s'engager *Jean Mirvil* 242

Conclusion : Vers une résurgence de la langue française et de la culture francophone aux États-Unis *Kathleen Stein-Smith* 252

Notes 263

Références 270

À propos des auteurs 278

À propos de TBR Books 288

À propos de CALEC 290

Préface de Philippe Étienne
Ancien ambassadeur de France aux États-Unis

Des rues de Wall Street aux plages de Californie, tendez l'oreille et vous la percevrez, cette langue douce et parfois monocorde, mais si particulière et puissante qu'elle lie toute une mosaïque de cultures : le français. Souvent catégorisée comme une langue officielle de la diplomatie, elle est en réalité bien plus et de cela, j'en suis profondément convaincu. Au fil de la lecture de *Le français autour de nous – Langue française et culture francophone aux États-Unis*, vous découvrirez à quel point son rôle est essentiel. Car elle est l'un des piliers fondamentaux sur lesquels repose la construction sociohistorique d'une culture, il me semble nécessaire de rappeler l'importance qu'une langue occupe dans nos relations interpersonnelles et nos identités plurielles.

Souvent, lorsque les échanges sont récurrents et prennent une place prépondérante, la langue et la culture intériorisées se mêlent à la culture d'adoption, ce qui permet à des individus de devenir plurilingues et multiculturels et à une sous-culture, qui s'adapte aux circonstances, de se développer. En fonction de l'environnement, cette dernière mettra en évidence différents aspects d'une identité multiculturelle. Véritable marqueur des cultures francophones à l'international, la langue française a réussi l'exploit, dans plus de 80 pays autour du globe, de réunir 300 millions de locuteurs issus de milieux variés. Ce livre retrace, dans toute sa complexité et sa beauté, l'histoire de la langue française et de la culture francophone aux États-Unis.

De la mise en œuvre des premiers programmes d'immersion bilingues dans les centres urbains en passant par la réappropriation de la culture française par des citoyens d'ascendance francophone en Louisiane ou en Nouvelle-Angleterre, les contributeurs de cet ouvrage, chercheurs ou professionnels, nous racontent l'histoire d'un amalgame culturel atypique et fascinant.

À l'heure de la mondialisation, où les relations interculturelles, bien que nombreuses, sont parfois délicates, le développement d'une histoire commune paraît être une nécessité. Depuis la construction des États-Unis jusqu'à nos jours, les cultures francophones ont toujours, d'une façon ou d'une autre, existé sur le continent américain.

Indépendamment de l'angle d'étude, et que les considérations soient d'ordre institutionnel (en particulier au sein d'organisations internationales comme les Nations Unies), historique, culturel ou migratoire, les conclusions sont à chaque fois identiques.

La culture francophone, tout comme son pendant, la culture anglophone nord-américaine, se caractérise par une identité forte. Ce phénomène, bien loin de constituer une force d'opposition, a au contraire favorisé la naissance d'un sentiment d'attraction et de fascination réciproque. C'est cela même qui a poussé de nombreux intellectuels, comme Alexis de Tocqueville, à traverser l'Atlantique pour observer les mécanismes et particularités de cet Autre, si différent et intriguant. Des liens forts se sont établis entre ces deux cultures, qui semblent diamétralement opposées au premier abord : l'une trouve ses racines dans la vieille Europe et ses colonies et protectorats d'antan, et l'autre dans le Nouveau Monde.

Ce recueil de textes, qui relève à la fois de l'essai, du manuel et du partage d'expériences, permet au lecteur de s'immerger dans ce monde multiculturel. D'une page à l'autre, toute une myriade de questions politico-linguistiques, de discussions sociologiques et de sentiments personnels viennent se compléter pour dépeindre ce que sont aujourd'hui la culture française et la culture francophone aux États-Unis.

Introduction

Kathleen Stein-Smith et Fabrice Jaumont

L'importance de la langue française et de la culture francophone en France, ainsi qu'autour du globe, est largement reconnue et respectée, et son impact sur les États-Unis (notamment via la propagation des idées françaises et l'aide apportée par la France lors de la révolution américaine) n'est plus à démontrer. La culture française, qui ne se rapporte pas uniquement à la littérature et aux arts, mais également au divertissement, aux médias, à la mode et à la cuisine, n'a jamais été aussi populaire auprès des Américains dont l'opinion à l'égard de la France est, d'ailleurs, généralement positive. Le français est également la deuxième langue étrangère la plus étudiée aux États-Unis, comme c'est le cas dans le monde entier. Il occupe la deuxième place dans la liste des langues d'enseignement les plus courantes au primaire, au collège et au lycée après l'espagnol et avant le latin, l'allemand et le chinois.

La vitalité de la langue française aux États-Unis est une question particulièrement intéressante, dans la mesure où les francophones natifs sont représentés par plusieurs communautés, aux caractéristiques géographiques et historiques qui leur sont propres. Ces communautés incluent à la fois les immigrants récemment arrivés et les descendants de colons venus s'implanter en Amérique du Nord il y a des siècles. Paradoxalement, aux États-Unis, les personnes pour lesquelles le français constitue une langue d'héritage se heurtent à de nombreux obstacles lorsqu'elles tentent de préserver la langue qui leur a été transmise par leurs ancêtres. Les Franco-Américains*, les Acadiens du Maine et les Cadiens et Créoles de Louisiane redoublent dès lors d'efforts pour protéger et redonner vie au français. Dans les grands centres urbains, les communautés d'expatriés français et les immigrants

---

* Dans ce livre, le terme « Franco-Américains » renvoie aux Américains d'ascendance canadienne-française.

francophones récemment arrivés s'allient aussi pour assurer le maintien de la langue française. Il ne s'agit là pas seulement de maintenir une identité culturelle, mais également d'ouvrir la voie à la réussite académique et à la sécurité financière. Dans les régions historiques du Maine et de la Louisiane, et alors que l'étude du français est encouragée auprès des anglophones scolarisés dans les écoles publiques, les personnes francophones par leur famille ou leur pays d'origine ont, ironiquement, rencontré de grandes difficultés pour continuer à pratiquer leur langue. À New York, les facteurs socio-économiques et la nécessité d'apprendre l'anglais découragent les individus issus de communautés immigrantes francophones d'entretenir et de développer leur niveau en français.

Dans ce livre, nous mettons l'accent sur les efforts déployés par ces diverses communautés francophones aux États-Unis pour préserver l'emploi du français au sein des familles, des écoles et de plus larges populations. Ces efforts incluent la mise en place d'initiatives éducatives adaptées aux personnes qui se considèrent comme des francophones par leur famille ou leur pays d'origine, ainsi que des politiques publiques ayant encouragé le maintien du français dans différents contextes sociaux et économiques. Sont notamment concernés les Franco-Américains et les Acadiens du Maine, ainsi que les Houmas et Cadiens de Louisiane qui tentent de stimuler l'usage du français après des années de négligence et de persécution. Nous nous intéressons également à la situation des expatriés et des immigrants francophones à New York qui, afin que leurs enfants puissent entretenir et développer leur niveau en français, sont parvenus à créer des programmes bilingues dans des écoles publiques.

Aux États-Unis, la présence de vastes communautés francophones n'est pas étonnante. Comme l'a indiqué le Bureau du recensement des États-Unis en 2019, le français est la septième langue la plus parlée dans le pays après l'anglais, l'espagnol, le chinois, le tagalog, le vietnamien et l'arabe. Par ailleurs, il est fort probable que le nombre réel de francophones résidant aux États-Unis soit bien plus élevé que les estimations officielles ne le révèlent, en particulier si le nombre élevé d'immigrants illégaux est pris en compte. Certains francophones parlent également plusieurs langues couramment. Selon une étude menée par Flore Zéphir (2004) auprès d'Américains d'origine haïtienne, 20 % de ces derniers parlent français en plus du créole et de l'anglais. La situation est la même pour les personnes qui déclarent, lors des recensements, parler arabe, wolof ou n'importe quelle autre langue et qui pourraient tout aussi bien se présenter comme des francophones. Enfin, la croissance de la population dans les pays francophones, et notamment en Afrique, laisse penser que le nombre de personnes francophones dans les grandes villes américaines va continuer à augmenter, en partie grâce à l'immigration.

La langue française est particulièrement présente dans des régions historiquement francophones, comme la Louisiane et le Maine, mais également dans des centres urbains où le nombre d'immigrants francophones est en hausse. Les Acadiens et les autres Canadiens francophones ont fait leur arrivée dans le nord de la Nouvelle-Angleterre et dans l'État de New York aux 18e et 19e siècles. La Louisiane, pour sa part, était à l'origine une colonie française. Ces régions historiquement francophones ont su préserver les dialectes locaux, et ce en dépit des persécutions et des opportunités limitées en termes de pratique de toute autre langue que l'anglais. Avec courage, des habitants ont continué à parler diverses variantes du français dans leurs familles et au sein de leurs communautés. Lorsque l'on évoque la vitalité des langues d'héritage, le français constitue donc un exemple intéressant. Pas seulement en raison de la diversité géographique et historique de ses locuteurs, mais également du fait de ses variétés vernaculaires que le terme « francophonie » englobe, comme les chapitres de ce livre en attestent. Les différents points de vue des auteurs au sujet de la préservation de la langue et des stratégies visant à développer son usage permettront aux lecteurs de comprendre à quel point le français est vivant aux États-Unis. Par le biais de récits personnels ou de recherches professionnelles ou universitaires, les auteurs se sont intéressés à la manière dont la transmission du français s'effectue, de façon plus ou moins formelle, au sein de communautés dont ce dernier est une langue d'héritage. Ils s'attardent également sur l'emploi de la langue et les initiatives prises en la matière par les Franco-Américains et les Acadiens du Maine, les Cadiens, les Créoles et les Houmas de Louisiane, ainsi que par les Haïtiens, les Africains de l'Ouest et les Français qui résident à New York, Miami ou Los Angeles (Chik 2022, Jaumont et Ross 2016, Garcia et. al. 2012). Il en ressort d'innombrables opportunités pour les francophones qui cherchent à préserver leur héritage linguistique et à le transmettre à d'autres locuteurs du français, à des apprenants du français en tant que langue d'héritage et à ceux qui s'identifient comme culturellement francophones aux États-Unis.

Ce livre nous raconte, de façon tout aussi académique qu'historique, l'épopée de la langue française et de la culture francophone aux États-Unis du point de vue d'individus qui baignent à la fois dans la culture francophone et dans la culture américaine. Ces récits évoquent des disciplines et régions distinctes et incluent des témoignages très personnels et émouvants de personnes qui nous parlent de leur famille et de leur identité culturelle. Ils nous font découvrir les individus, les communautés et les organisations francophones qui ont grandement contribué à la construction des États-Unis et sont source d'inspiration pour les générations actuelles et futures. L'impact de la pandémie de COVID-19 sur tous les aspects de la vie américaine, le manque d'informations concernant la véritable place du français aux États-Unis et une prise de conscience limitée à ce sujet ont, en partie, inspiré l'écriture de ce livre. Début 2021, un appel à propositions a été effectué par l'AFLFC.

Les personnes intéressées ont été invitées à rédiger un article portant sur l'impact de la langue française et de la culture francophone sur leurs vies, sur les efforts qu'elles déploient pour défendre cette cause aux États-Unis et dans lequel elles partageraient également leurs ressentis sur le futur du français aux États-Unis. Le sujet d'étude a été délibérément formulé dans des termes généraux afin d'encourager le plus d'auteurs potentiels à participer, et ce afin de refléter, de la manière la plus exhaustive possible, l'état de la francophonie aux États-Unis. Les retours ont été extrêmement nombreux, comme en attestent la diversité et le nombre de contributeurs et d'histoires. À l'ère des méthodes souvent quantitatives qui font la part belle aux chiffres, cet ouvrage révèle au contraire l'intensité des sentiments et de l'affection que tous les auteurs, de tous horizons et au fil des époques, entretiennent à l'égard de la langue française et des cultures francophones. Leurs récits sont le reflet d'expériences académiques, historiques, contemporaines et familiales.

C'est la nature du sujet qui a déterminé l'organisation du livre. Ce dernier ne se concentre pas sur une seule histoire, mais se compose de chapitres très différents axés autour du vécu d'une ou deux personnes. Ces chapitres sont regroupés par régions, et leurs auteurs sont classés par ordre alphabétique au sein des sections correspondantes. L'objectif est de refléter la distribution géographique des francophones, et aucunement de donner la priorité à une région ou à un auteur spécifique. La valeur et l'importance des chapitres sont tout à fait égales. La francophonie aux États-Unis est aussi diverse que l'est la francophonie au niveau mondial : des francophones sont basés dans toute la nation, et leurs pays et cultures d'origine sont variés. C'est cette diversité qui nous a conduits à placer les chapitres rédigés par Marine Havel, Emmanuel K. Kayembe, Étienne A. Kouakou et Agnès Ndiaye Tounkara au début du livre. En effet, ils ne reflètent pas uniquement la diversité du monde francophone, mais traitent également des défis réels et actuels que de nouvelles familles américaines doivent relever lorsqu'elles ont fait le choix de préserver leur langue d'héritage.

Les sections suivantes rassemblent les chapitres écrits par des auteurs d'ascendance francophone résidant en Louisiane et dans le Midwest, le Nord-Est et le Sud des États-Unis. Dans la section dédiée à la Louisiane, David Cheramie, Joseph Dunn, Georgie V. Ferguson, Marguerite P. Justus, Jerry L. Parker et Scott Tilton nous parlent de la francophonie dans cet État d'un point de vue historique, contemporain, communautaire et éducatif. Dans la section dédiée au Midwest, Mélissa Baril et Mark Labine soulignent l'importance de la littérature et de la langue en général et s'intéressent à l'histoire commune de la France et des États-Unis. Dans la section dédiée au Nord-est, Timothy Beaulieu, Elizabeth Blood, Melody Desjardins, Katharine N. Harrington, Ben Levine et Julia Schulz, Jesse Martineau et Monique Cairns, Robert B. Perreault et David Vermette détaillent l'histoire de la langue française et de la culture francophone dans cette région des États-Unis, des débuts à aujourd'hui. Dans la dernière section, dédiée au Sud, Anthony T. DesRois examine l'impact de la langue française et de la culture francophone sur le passé, le présent et le futur, en mettant en relation son héritage canadien-français, son parcours personnel et ce qui attend les prochaines générations.

Ces récits nous font découvrir l'histoire d'individus descendant des premiers colons français d'Amérique du Nord, ou issus de familles immigrées en provenance des Caraïbes. Ils mettent aussi à l'honneur les Canadiens français, les Québécois et les Acadiens qui sont arrivés aux États-Unis à l'époque, entre autres, du *Grand Dérangement* et de l'ascension de l'industrie textile en Nouvelle-Angleterre. Certes, de nombreux Américains d'ascendance française ne parlent plus leur langue d'héritage aujourd'hui, mais il n'en demeure pas moins qu'il s'agit aussi de leur histoire. Les défis restent nombreux ; garder le français « vivant » aux États-Unis n'est pas forcément chose aisée. Il est impossible d'oublier les effets dévastateurs des mesures répressives d'autrefois, en particulier dans les régions du Maine et de la Louisiane où des lois condamnant l'usage du français, couplées à des actes violents et criminels, ont forcé les francophones à dissimuler leur langue pendant une grande partie du début du 20e siècle. Des lois plus récentes, ratifiées en 1968 en Louisiane et plus récemment dans le Maine, ont toutefois permis d'instaurer des conditions plus rassurantes et plus favorables au développement, sur le long terme, de l'héritage francophone du pays. Ces initiatives de soutien ont pour vocation d'élargir les possibilités en termes d'enseignement et de transmission de la langue aux générations à venir. Elles s'attachent notamment à favoriser l'immersion bilingue dans des structures où l'apprentissage du français vient compléter l'acquisition de la langue anglaise, sans jamais menacer cette dernière.

Ces histoires ne peuvent qu'inspirer chacun de nous : ceux qui parlent français, ceux qui ne le parlent pas et ceux qui aimeraient le parler. Toutefois, il n'est pas uniquement question du français, mais également de l'apprentissage et de la pratique d'autres langues, qu'elles soient d'héritage ou nouvelles. L'apprentissage d'une langue constitue un excellent moyen de s'ouvrir à une culture différente, qu'il s'agisse de celle de notre famille, ou d'une autre qui nous intéresse et nous fascine pour un certain nombre de raisons. De nombreuses langues et de nombreuses cultures existent sur notre planète, tout comme aux États-Unis. La connaissance d'autres langues et cultures est une compétence essentielle, ainsi qu'un outil pour les citoyens du monde. L'histoire des États-Unis est aussi écrite par des francophones de France, des Caraïbes, d'Afrique et d'ailleurs qui affluent encore et toujours sur nos terres pour faire des États-Unis leur nouveau domicile. L'identité et la culture présentes et futures des États-Unis sont multilingues, tout comme l'a été son histoire, et le français fait partie de cette mosaïque de langues. Les avantages du plurilinguisme sont clairs : ils sont culturels, cognitifs et professionnels d'un point de vue personnel, et sociaux et économiques d'un point de vue global. Par-dessus tout, ils font de la diversité une valeur clé des États-Unis.

Aux États-Unis, les personnes parlant une autre langue que l'anglais sont constamment pressées de s'assimiler, à l'heure de l'hégémonie de l'anglais et du monolinguisme dominant (Salomone 2021). Les francophones de ce pays ne font pas exception à la règle. Ils s'évertuent, du mieux qu'ils peuvent, à maintenir la pratique du français à la maison, à l'école et au sein de leurs communautés, par le biais de la transmission et de programmes d'enseignement adéquats, et grâce à la solidarité entre locuteurs d'origines multiples. Les Franco-Américains, présents depuis longtemps aux États-Unis, font, pour leur part, montre d'un profond désir de préserver, voire de raviver, ce qu'ils nomment « leur français », et ce après un long déclin de la langue provoqué, souvent, par des manœuvres de discrimination plus ou moins violente.

Les défis auxquels faire face, comme cette tendance à l'assimilation et la perte de la langue au fil des années, sont pléthore. Les satisfactions à tirer de cet héritage le sont toutefois aussi. De la même manière que les francophones et la culture francophone ont été et sont une constituante des États-Unis, le processus de préservation de la langue française l'est tout autant. Les enfants et les jeunes constituent notre présent et notre futur, et il est essentiel que tous aient l'opportunité, le plus tôt possible, d'apprendre des langues d'héritage et supplémentaires, y compris le français. Promouvoir les avantages de la pratique et de l'apprentissage des langues, et faciliter l'accès à ce dernier, sont des critères essentiels si l'on souhaite assurer le futur multilingue et francophone des États-Unis. Au-delà des salles de classe, il est important de favoriser l'utilisation du français, dans des situations pertinentes et authentiques, au travail et dans la vie quotidienne. Les défenseurs, représentants et acteurs de la langue française peuvent jouer un rôle décisif dans le renforcement de celle-ci, et de la culture francophone aux États-Unis, en soutenant le développement, le plus tôt possible et dans nos écoles publiques et même en ligne, d'initiatives linguistiques. Afin que tous les élèves intéressés puissent en profiter, l'accent doit être mis sur l'immersion et le financement de cours après l'école, le week-end et pendant l'été, ainsi que de programmes d'études à l'étranger. L'accès à ces initiatives, à des coûts raisonnables, est une priorité majeure.

Comment permettre cela ? En travaillant ensemble, car l'union fait la force. Nous pouvons tous aider à promouvoir les avantages de la pratique et de l'apprentissage des langues au sein de nos familles et communautés, et auprès des organismes éducatifs, sociaux et publics. Les plus créatifs d'entre nous peuvent faire du français et de la culture francophone une force dynamique qui transcende l'Histoire. La résurgence du français ne concerne pas uniquement ceux qui parlent cette langue et les Américains d'ascendance française, mais également tous ceux qui aiment et respectent la langue française et la culture francophone de la France et d'ailleurs.

Aux États-Unis, les personnes parlant français ou celles s'identifiant aux cultures francophones mènent des vies incroyablement variées. Les francophones de ce pays se définissent par des critères historiques, géographiques, culturels et socio-économiques qui sont tous en constante mutation. Certains, descendants des premiers colons, sont parvenus à transmettre leur langue à travers plusieurs générations, voire plusieurs siècles, à commencer par les réfugiés en provenance d'Europe et du Canada qui, aux 17e et 18e siècles, sont venus s'installer en Nouvelle-Angleterre, dans le Midwest et dans le Sud. D'autres francophones, arrivés plus récemment, ont arrêté de pratiquer le français après quelques années, car le contexte dans lequel ils vivaient ne leur fournissait pas les conditions favorables à cela. De manière générale, aux États-Unis, les locuteurs du français aptes à s'organiser et à se mobiliser, d'un point de vue éducatif et culturel, ne perdent pas leur français et encouragent sa transmission à leurs enfants. Ces individus optimisent le potentiel économique de leur famille ou communauté et sont les garants de la vitalité, sur la durée, du français dans leur nouvel environnement (Ross et Jaumont 2014).

La préservation du français, ou de toute autre langue que l'anglais, a souvent constitué une tâche ardue aux États-Unis, complexifiée par des forces de résistance internes et externes. Malgré l'histoire, très controversée, de l'apprentissage des langues étrangères ou des langues d'héritage aux États-Unis, le français a cependant toujours bénéficié d'un statut privilégié. Il continue à être la deuxième langue étrangère la plus étudiée dans les écoles et universités, après l'espagnol (Bureau du recensement des États-Unis, 2012). Par conséquent, la communauté des francophones se démarque des autres communautés immigrées en raison de la place significative occupée par le français dans l'enseignement (Rhodes et Pufahl 2010). Avec plus d'un million d'élèves apprenant le français, il est évident que l'engagement des francophones pour la défense de leur langue n'est pas le même que celui des autres communautés.

Cependant, l'importance accordée à l'apprentissage du « français parisien » a entraîné la réduction de l'emploi d'autres types de français hors des contextes familiaux. De ce fait, et aussi contradictoire cela soit-il, les habitants des régions les plus historiquement francophones des États-Unis sont probablement ceux qui ont le plus souffert de stigmatisation car parlant, dans les contextes éducatifs formels, le français de « chez eux », et non un français considéré comme « noble » et « correct ». Souvent, les locuteurs natifs du français rencontrent des difficultés pour intégrer des classes où le français est enseigné. Cependant, certaines initiatives, comme celles menées par le Conseil pour le développement du français en Louisiane (CODOFIL) et le French Heritage Language Program dans les États de New York, du Maine, de Floride et du Massachusetts, ou les actions entreprises par des associations de parents comme Education in French à New York, San Francisco, Houston et Atlanta, entre autres, débouchent sur des solutions innovantes qui encouragent l'apprentissage du français dans les écoles et le développement d'une communauté linguistique dynamique.

Dans les grands centres urbains, des facteurs socio-économiques, couplés à la quasi-obligation de maîtriser l'anglais pour réussir socialement aux États-Unis, tendent à décourager les membres de communautés immigrées francophones de continuer à pratiquer ou à transmettre le français. Les nouveaux immigrants en provenance d'Afrique, des Caraïbes et du Moyen-Orient ont tendance à pratiquer l'anglais à la maison, suivi de leur dialecte. Le français n'arrive qu'à la troisième position dans les foyers. Il existe néanmoins des exceptions, notamment au sein de la communauté malienne du Bronx qui, fortement attachée à la langue française, s'efforce d'apprendre aux enfants le français, ainsi que le bambara, lors de cours organisés le samedi.

En outre, les communautés francophones immigrées d'Afrique de l'Ouest et d'Haïti contribuent très fortement à la diffusion du français dans les centres culturels et lieux de culte, et par le biais de médias communautaires. Grâce à cela, les familles peuvent garder un lien, bien que fragile, avec la langue française. Pour leur part, les communautés d'expatriés, notamment d'origine européenne et canadienne, ont mis en place, dans des écoles publiques, des programmes bilingues et extrascolaires en français. Ces opérations sont souvent conduites dans les grandes villes comme New York, Miami et Los Angeles, où certains n'ont pas la possibilité de payer les frais de scolarité élevés des écoles bilingues privées (Leveen 2021, Ross 2020 et Jaumont 2017).

Il existe quelques pistes simples pour aider les familles et les communautés à préserver leur langue d'héritage. Afin de promouvoir l'apprentissage d'une langue d'héritage chez les jeunes, les communautés dont ils sont issus doivent les intégrer à des institutions éducatives locales qui ont la possibilité, ensuite, de se développer et de devenir des structures de qualité qui valorisent un district ou une ville. Les communautés francophones des métropoles américaines illustrent particulièrement bien cela, des parents provenant de milieux très différents ayant permis, par leur engagement, à leurs enfants de bénéficier d'un enseignement bilingue. Le français regagne du terrain aux États-Unis grâce à la diversité ethnique et socioculturelle de cette grande famille qu'est la francophonie. Par ailleurs, la collaboration entre de multiples individus aux profils variés, provenant aussi bien d'organismes gouvernementaux que d'associations de parents, favorise la promotion du plurilinguisme dans un pays à qui l'on reproche souvent son manque d'intérêt pour l'apprentissage des langues.

1. Le programme FLAM : un réseau de jeunes ambassadeurs bilingues pour un avenir commun

Marine Havel

Élever un enfant dans un pays qui n'est pas le sien est une expérience unique, qui nous oblige à reconsidérer le rapport à nos propres familles, à notre langue maternelle, à notre pays natal et, également, à notre pays d'adoption. En 1999, le 21 février a été déclaré « Journée internationale de la langue maternelle » par l'UNESCO afin de commémorer et d'honorer, via la célébration du pouvoir des langues en matière de paix et de durabilité, la diversité linguistique et le multilinguisme. Une langue est un passeport qui permet de découvrir le monde, une clé qui ouvre des portes, un instrument qui aide à comprendre les autres cultures et à établir des passerelles entre ces dernières. Ainsi, nous renforçons les liens qui nous unissent et faisons preuve d'une plus grande tolérance envers nos différences. De tels avantages peuvent se révéler particulièrement enrichissants aux États-Unis.

Il existe de nombreuses manières d'éduquer un enfant dans un environnement bilingue : vous pouvez l'inscrire à des cours particuliers, dans une école privée, à un camp de vacances immersif ou à un programme extrascolaire spécifiquement conçu pour les locuteurs natifs. Des programmes extrascolaires ont d'ailleurs été mis en place pour plusieurs langues, comme le programme *Agrupación de Lengua y Cultura Españolas* (ALCE) destiné aux hispanophones du monde entier, le programme *German Saturday School* pour l'allemand et le programme FLAM (*Français LAngue Maternelle*) à destination des enfants francophones. Le programme FLAM est, pour sa part, soutenu par le gouvernement français, via l'Agence pour l'enseignement français à l'étranger (AEFE). Sa mission est simple : s'assurer qu'aucun enfant n'oublie sa langue, son héritage culturel, son identité en tant que citoyen du monde et le lien qui l'unit à sa famille et au monde francophone. Tremplin parfait du bilinguisme, il nous aide à accueillir au mieux les enfants issus des communautés francophones locales, nés dans le monde entier, ainsi qu'à mieux comprendre la vie des expatriés et des immigrants.

Aux États-Unis, et grâce au dévouement de plus de 300 enseignantes et enseignants, coordinatrices, directrices et bénévoles, il existe aujourd'hui plus de vingt organismes FLAM proposant des cours à plus de 3 500 élèves En 2017, la Fédération FLAM USA a été créée pour partager des informations et ressources, communiquer sur les meilleures pratiques, élargir nos objectifs, offrir davantage à nos élèves d'un point de vue collectif et individuel et, enfin, démystifier le plurilinguisme et créer une nouvelle version 2.0 de nos associations FLAM. Cette initiative nous a permis, en pleine explosion de la pandémie de COVID-19, d'accompagner tous les enseignants du programme FLAM aux États-Unis afin que chaque élève inscrit puisse continuer à recevoir des cours de français. L'enseignement est l'outil le plus puissant pour une nation et ses habitants, et la France l'a bien compris. En effet, en dépit de la prédominance de l'anglais autour du globe, sa diplomatie d'influence a contribué au maintien du statut de langue mondiale majeure du français.

Langue maternelle ? Et paternelle, aussi !

Je vis à Philadelphie depuis 2005. Dès le début, je suis tombée amoureuse de la ville et de ses habitants, qui essayaient toujours, avec enthousiasme, de parler français avec ma famille. Mon aînée était encore un bébé lorsque nous avons déménagé à Philadelphie et mon fils est né ici, dans la ville la plus francophile de ce côté de l'Atlantique. Des reconstitutions militaires sont organisées à Valley Forge pour commémorer Lafayette, et le 14 juillet est célébré chaque année dans le centre-ville. Encore récemment, à l'occasion de l'inauguration du magnifique Musée de la Révolution américaine, les guides n'ont pas manqué de toujours faire référence à la forte amitié liant nos deux pays.

De manière générale, les Américains adorent la langue et la culture françaises. Même pendant la crise diplomatique des « Freedom fries » au début des années 2000, mon mari se souvient d'avoir été, à l'époque, chaleureusement accueilli par de nombreuses personnes lors d'un déplacement à Nashville, au Tennessee. Souriant dès qu'elles entendaient parler de Paris, elles rêvaient de visiter un jour la France. Sur Netflix, *Emily in Paris* est, malgré tous ses clichés, un grand succès. La France et le français plaisent : qui ne s'est pas laissé séduire par Timothée Chalamet et son « je ne sais quoi » si frenchy ? Il est un « Français de l'étranger » né aux États-Unis et son père, qui est français, s'est toujours assuré qu'il continuerait de parler sa langue paternelle. Quand nous avons déménagé aux États-Unis, je ne pensais pas qu'il serait aussi difficile de faire la même chose que lui. En tant qu'expatriés et immigrants, nous devons faire face à de multiples défis professionnels et personnels. Il nous faut prendre des décisions importantes au sujet de nos enfants, sans être nécessairement accompagnés et sans disposer de toutes les informations nécessaires. En termes d'enseignement, pour quel système devons-nous opter ? Une école francophone ? Une école anglophone ? Une école internationale ? Une école publique ? Une école préparant au Baccalauréat International ? Quelle est la meilleure approche pour nos enfants ? Les intégrer complètement au système éducatif américain, ou continuer à parler français à la maison, même si ce n'est pas toujours simple après une longue journée de travail ? Comment guider les adolescents qui se posent d'importantes questions sur l'identité culturelle et linguistique ?

Je n'oublierai jamais la tristesse dans les yeux d'une amie lorsqu'elle m'a raconté que son fils de cinq ans lui avait dit la chose suivante, un matin, en attendant le bus jaune de l'école : « Arrête de me parler en français. Je ne veux pas être différent ». Il nous fallait agir. Nous devions montrer à nos enfants que parler une autre langue, et notamment le français, était important, et que de nombreuses personnes dans le monde étaient bilingues, voire plurilingues. Nous devions partager nous-mêmes nos valeurs avec eux, car, comme l'a dit Albert Camus, sa patrie (et donc la nôtre) « c'est la langue française ».

C'est pour cela qu'il était nécessaire de créer PhilaFLAM en 2012. Pour les enfants de mes amis, et pour les miens évidemment, car je voulais partager avec eux cette chance extraordinaire d'être citoyenne du monde, multiculturelle et bilingue. Une chance que nous pouvons ensuite partager dans tous les pays où nous vivons, avec toutes les personnes que nous croisons. En tant que fille de militaire, je sais combien le partage de sa propre culture est enrichissant pour soi-même et la société. Alors, faisons-le : échangeons nos idées et le meilleur des deux mondes, à savoir les États-Unis et la France.

La langue principale d'un enfant est avant tout celle qui correspond à son identité personnelle, bien que cette identité puisse être rejetée lorsqu'il grandit dans un milieu étranger. Quelques mois après notre déménagement aux États-Unis, j'ai été choquée de remarquer que, dans de nombreuses familles francophones, les enfants avaient arrêté de parler français, voire ne comprenaient plus la langue. Nous partons du principe que nos enfants nous parleront forcément en français. Nous devons déployer des efforts permanents pour que cela soit le cas, dans la mesure où nos enfants passent plusieurs heures, chaque jour, à parler en anglais quand ils jouent et étudient. Entre frères et sœurs, la langue utilisée à la maison devient rapidement celle de l'école, de la crèche ou de l'aire de jeux. Souvent, avec un grand sourire, nous devons leur répéter « *En français* ! », mais cela fonctionne de moins en moins au fil du temps. De nombreux parents ont arrêté d'essayer, afin d'éviter les conflits. Nous devons aider ces familles et permettre aux enfants de se rendre compte que beaucoup d'autres sont bilingues comme eux. Il est nécessaire de mettre en place des structures qui soutiennent le bilinguisme. Créer une école FLAM dans une communauté qui en a besoin est plus simple qu'il n'y paraît. Dix ans après la fondation de l'association PhilaFLAM, mon mari parle encore du jour où je lui ai annoncé que j'allais créer une école de français. Il raconte qu'il pensait qu'il faudrait des années pour mettre l'infrastructure en place, trouver un lieu et recruter des professeurs, mais qu'il a ensuite été incroyablement surpris de voir que tout s'était fait en seulement quelques semaines ! Une fois l'association mise en place, nous avons apporté notre aide à 25 élèves basés à proximité de Philadelphie. Après seulement quelques années, et pour répondre à l'appel de la communauté francophone, nous avons inauguré cinq autres écoles : à Exton, Allentown et Newtown en Pennsylvanie, et à Princeton et Hoboken dans le New Jersey. En septembre 2021, en pleine pandémie, le nombre d'élèves était de près de 250. En moins de 10 ans, nous avons donc pu en aider 10 fois plus. Le taux de réussite de nos élèves aux examens internationaux tels que le Diplôme d'Études de Langue Française B2 (DELF B2) et l'examen de français du Baccalauréat International est de 100 %. Notre secret ? Trouver les meilleurs professeurs, ceux qui sont passionnés par leur travail et font tout ce qui est en leur pouvoir pour accompagner leurs élèves.

Si seulement nous investissions plus dans l'enseignement, et en particulier les langues

La France a mis en place un système mondial destiné aux Français de l'étranger, qui implique notamment l'élection de députés chargés de représenter les 2,5 millions de citoyens français résidant hors de l'Hexagone. Ces citoyens sont des immigrants, des expatriés, des employés ou des entrepreneurs travaillant dans la French Tech ou d'autres entreprises françaises prospères, voire encore des professionnels détachés dans nos ambassades et consulats, ou dans l'une des écoles françaises internationales faisant partie du réseau renommé de l'AEFE. Les budgets correspondants, qui équivalent à plusieurs milliards d'euros, sont votés chaque année afin de soutenir l'enseignement du français, le réseau des Alliances Françaises et de nombreuses autres initiatives culturelles.

Lors des Jeux Olympiques de Tokyo, nous avons découvert avec fierté que Romain Cannone, ayant passé la majeure partie de son enfance au Brésil et aux États-Unis, était lui aussi un Français de l'étranger. Que se serait-il passé s'il avait oublié sa langue ? S'il avait perdu tout lien et attachement avec son pays natal ? D'innombrables célébrités d'ascendance française ne parlent ni ne comprennent le français aujourd'hui, comme Beyoncé Knowles, Angelina Jolie, Jessica Alba ou Charlize Theron. Combien d'enfants ne parlent plus leur langue maternelle ou paternelle ? Des millions.

Comme l'indique le Ministère des Affaires étrangères français, il y a quelques années encore, trois enfants français sur quatre vivant à l'étranger n'avaient pas accès à un enseignement en français. Inévitablement, ceux-ci ont rapidement cessé d'être francophones. Dans notre bureau de vote, à l'École française internationale de Philadelphie, nous rencontrons souvent de jeunes majeurs, encouragés par leurs parents à participer au vote des Français à l'étranger. Malheureusement, plusieurs d'entre eux ne comprennent pas du tout le français, sans compter tous les autres qui ne se déplacent même pas, car ils ne ressentent aucun attachement pour leur pays natal ou leur héritage culturel. Nous avons manqué à notre devoir auprès d'eux. Collectivement.

Pourquoi dépensons-nous des milliards pour enseigner le FLE (Français Langue Étrangère) à des non-natifs, alors que nous ne sommes même pas capables de faire en sorte que des millions d'enfants continuent à parler couramment français ? C'est pour répondre à cette question que la Fédération FLAM USA a été invitée, en 2018 et à l'Assemblée nationale, à participer à la première conférence d'envergure rassemblant tous les acteurs clés de l'AEFE. Cette conférence était organisée par Samantha Cazebonne, députée des Français de l'étranger dont le travail très important a permis de mettre en valeur les associations FLAM, tout en insistant sur la nécessité de développer des solutions alternatives à l'attention des enfants francophones qui n'ont pas la possibilité de se rendre dans des écoles françaises internationales.

Répondre aux besoins éducatifs de tous les enfants de langue maternelle française

Plusieurs représentants et sénateurs des Français de l'étranger ont déjà souligné le travail effectué par la communauté française, dans de nombreux pays, afin de s'organiser et de proposer des activités aux enfants. Le programme FLAM n'est pas nouveau : créé en 2001, il s'est rapidement développé aux États-Unis au cours des dix dernières années. Il correspond désormais à un réseau de 170 organisations qui offrent un enseignement en français à tous les enfants qui ne peuvent pas fréquenter les écoles privées françaises pour des raisons géographiques, des raisons économiques et bien d'autres raisons pratiques. Ainsi, ils ont la possibilité de poursuivre leur éducation dans un environnement francophone.

Après deux décennies d'existence, nombre de responsables du programme FLAM savent qu'il est nécessaire d'appréhender chaque élève de manière différente. En effet, dans la pratique, tous connaissent des expériences très variées et il est important de comprendre qu'il n'est pas toujours simple d'identifier strictement la langue « maternelle » d'un enfant. Tout d'abord, car cette langue peut aussi être « paternelle ». Année après année, je rencontre de nombreux pères qui souhaitent transmettre leur langue à leurs enfants et mettent un point d'honneur, comme les autres expatriés et immigrants de leur génération, à s'assurer qu'ils recevront une éducation de qualité dans les deux langues. Après tout, le terme « fatherland » (littéralement, la « terre du père ») existe bien en anglais ! Chaque enfant est différent, et chacune de leurs histoires est une richesse dans cette aventure francophone. Certains enfants sont nés dans un pays de langue française, de parents francophones. D'autres sont nés aux États-Unis, mais leurs deux parents continuent de leur parler en français. Le français est à la fois leur langue maternelle et paternelle. Toutefois, qu'en est-il des enfants qui apprennent deux ou trois langues dès leur naissance, car issus d'une famille multiculturelle et plurilingue ? Quelle est leur langue principale ? Que se passera-t-il, après quelques années, lorsqu'ils commenceront à aller à la crèche ou à l'école maternelle, que la ou les langues qu'ils pratiquent depuis toujours y deviendront des langues secondaires et qu'ils perdront leur lien avec elles, car ils se seront complètement immergés dans le système scolaire américain ? La préservation de cette forme de « cordon ombilical » linguistique nécessite des efforts considérables de la part des parents, car il ne s'agit pas seulement de transmettre des mots, mais aussi une identité, un héritage culturel et un attachement aux ancêtres.

Nous accueillons des enfants de moins de six ans, mais des élèves plus âgés également. Un adolescent dont le lien avec la langue française et l'histoire de sa propre famille s'est fragilisé peut demander à apprendre à nouveau le français et y parvenir, avec succès, en améliorant son accent et son aisance à l'oral. Cependant, de telles situations sont malheureusement bien trop rares et bien plus complexes. C'est pourquoi il est essentiel de faire en sorte que les enfants ne s'éloignent pas trop longtemps de leur langue natale, en leur proposant un enseignement dans celle-ci. Je n'ai jamais rencontré une personne me disant qu'elle regrettait que ses parents l'aient forcée à apprendre la langue de sa famille, mais j'en ai, par contre, croisé des centaines qui regrettaient que leurs parents ne l'aient pas fait ! Les associations FLAM sont là pour aider les enfants à préserver leur langue maternelle (ou « paternelle »), en leur permettant de s'exprimer couramment en français, tout en gardant un lien avec le monde francophone et en développant une façon de penser en phase avec ce dernier.

En continuant de pratiquer le français, même si elle ne le parle plus à l'école, le fait moins régulièrement ou s'exprime désormais principalement en anglais à la maison, cette nouvelle génération d'enfants prend conscience du fait que le monde n'est pas censé s'exprimer dans une seule langue. Le français leur rappelle qu'il existe un autre point de vue, une autre manière de voir et de ressentir les choses. Non seulement ces choses peuvent se dire en deux ou plusieurs langues, mais elles peuvent aussi être perçues de façon distincte en fonction des valeurs et principes transmis via l'emploi subtil, ou au contraire très direct, de certains termes clés (pensons au fameux « *Liberté, Égalité, Adelphité, Laïcité !* », par exemple). Par conséquent, je dis toujours que les élèves bénéficiant du programme FLAM, en véritables citoyens du monde, seront les meilleurs ambassadeurs de nos deux pays ! Je le vois déjà chaque année lorsque nos élèves quittent leur famille pour aller étudier à l'étranger, et notamment au Canada. Ce pays constitue, historiquement, un fabuleux mélange de France et d'Amérique. C'est également un endroit où les élèves remarquent que leurs deux langues et leur double culture sont bien acceptées et considérées comme un atout.

En plus d'offrir aux enfants la possibilité de consolider leur francophonie tout en s'intégrant pleinement au pays hôte et à ses valeurs clés, le programme FLAM travaille à promouvoir et optimiser le plurilinguisme sans que les constituants essentiels d'une identité ne soient mis de côté. La langue « maternelle » est la langue qui nous replace dans une lignée, qui nous donne accès à la mémoire. Ce n'est pas toujours la première langue que l'on a apprise, ni même la langue du pays dans lequel nous sommes nés. C'est la langue du pays avec lequel nous avons décidé de développer un lien primaire. Je n'ai donc pas peur d'affirmer que oui, les écoles issues du programme FLAM offrent, par le biais de la langue, une patrie aux enfants.

Les dernières solutions proposées à la communauté francophone des États-Unis en termes d'enseignement du français

Il existe un fantastique réseau d'écoles internationales françaises, privées et situées partout dans le monde. Certaines d'entre elles sont directement gérées par l'AEFE, notamment aux États-Unis. À quoi sert donc le programme FLAM ? Après le type de visa de travail à privilégier, c'est le système éducatif qui constitue la deuxième préoccupation des futurs expatriés ayant des enfants. Leur interrogation est particulièrement légitime, dans la mesure où, actuellement, trois enfants français sur quatre n'ont toujours pas la possibilité, autour du globe, de recevoir un enseignement en français. Rien n'est fait pour eux, et nous risquons de les perdre. Nous sommes là pour accompagner, soutenir et conseiller tous les parents qui choisissent un enseignement bilingue ou multilingue pour leurs enfants, tous les immigrants et expatriés qui élèvent leurs enfants dans une langue d'héritage différente de la langue du pays hôte et tous ceux qui font face à des difficultés en la matière, ou se heurtent aux défis posés par l'intégration culturelle. Où qu'ils soient basés, même dans les petites villes.

Les associations FLAM ont été créées pour répondre aux besoins d'une communauté francophone en expansion dans de nombreux endroits du pays, mais au sein de laquelle de nombreuses familles se sont retrouvées démunies face à la hausse significative des frais de scolarité dans les écoles françaises (+35 % en cinq ans aux États-Unis). Car elles ne bénéficiaient pas d'un accès suffisant aux ressources éducatives et de formation de l'AEFE, ni du soutien financier du Gouvernement français (ou d'autres gouvernements, entreprises et organisations francophones), ces associations ont su faire preuve d'une exceptionnelle créativité, devenue depuis l'une des forces du programme FLAM. Directrices et coordinatrices se sont rassemblées à l'occasion de plusieurs congrès pour travailler au développement des écoles du réseau FLAM, à l'occasion de plusieurs congrès pour travailler au développement des écoles du réseau FLAM, et le Gouvernement français et ses représentants croient tous en la puissance de nos initiatives. Ils savent aussi à quel point le programme FLAM peut jouer un rôle crucial sur toute la planète, celui-ci faisant office de véritable laboratoire de la pratique linguistique qui encourage le bilinguisme et le démystifie.

Via la Fédération FLAM USA, développée bénévolement, toutes les associations locales se sont concertées pour évoquer les cursus possibles, les objectifs à atteindre, les outils et ressources à acquérir et la formation à proposer. En 2019, nous avons engagé une coordinatrice pour les États-Unis, Émilie Nolf, qui a apporté son aide à chaque enseignant et association du réseau FLAM. Récemment, les Palmes académiques lui ont été décernées en récompense de son travail et de son engagement pendant la pandémie. Cette coordination nous a permis d'optimiser nos pratiques, d'établir des liens entre les enseignants pour encourager le partage d'idées, notamment au sujet des programmes et des leçons. Chaque mois, nous organisons des réunions entre coordinateurs et directeurs afin d'évaluer nos stratégies, d'évoquer notre développement et d'adopter une meilleure approche pour nos élèves. Les conférences annuelles et les formations jouent aussi un rôle important pour chaque école, et l'une d'elles a été organisée par notre antenne. « Plus vite, plus haut, plus fort – ensemble » : nous faisons nôtre la devise olympique, tout en continuant à donner vie à de nouvelles associations FLAM.

Lorsque la pandémie a frappé la planète, chaque école aux États-Unis a été affectée et la plupart de nos associations n'ont plus été autorisées à se réunir dans les locaux que ces dernières leur louaient. Grâce à la Fédération FLAM USA, tous nos enseignants ont pu bénéficier du soutien et de la formation nécessaires pour s'adapter au mieux et passer le plus vite possible aux cours en ligne. Nos élèves sont éduqués dans les deux systèmes, ce qui n'a que des avantages pour les États-Unis et la France. À l'occasion d'un discours prononcé à l'Institut de France en mars 2018, le président Emmanuel Macron s'est engagé, pour la francophonie, à développer l'enseignement en français à l'étranger et à doubler le nombre d'élèves d'ici 2025.

En matière d'éducation, le pouvoir de convaincre de la France repose sur diverses alliances, des programmes bilingues dans des écoles publiques ou privées (sous contrat ou non) et, maintenant, sur les associations FLAM qui, toutes à leur façon, contribuent à accentuer l'influence de l'enseignement francophone. Nous sommes tous convaincus de l'importance du bilinguisme et, en toute honnêteté, fiers que le français demeure une langue très importante, en particulier au sein des organisations internationales et dans la diplomatie. Les élèves du réseau FLAM sont les dignes représentants de deux modèles : le système éducatif américain et le système éducatif français.

Les universités et grandes écoles sont très intéressées par leur profil bilingue et, plus encore, par leur parfaite biculturalité. Ils ont l'aisance des élèves américains qui ont été, dès leur plus jeune âge, habitués à parler en public et à débattre. Aujourd'hui encore, je suis éblouie par toutes les possibilités qui s'offrent à mes adolescents : ils peuvent étudier le commerce, la justice pénale, la psychologie, l'éthique, la science de l'environnement, l'informatique, la génétique, l'astronomie, la criminalistique, et tellement d'autres choses encore ! Ils peuvent, s'ils le souhaitent, rédiger des articles dans le journal de haute qualité de leur école, et se préparer, ainsi, au métier de journaliste. Ils sont également encouragés à laisser libre cours à leur créativité via l'art, la musique et le sport, des disciplines valorisées très tôt. Rien de mieux qu'un « esprit sain dans un corps sain », comme le dit la citation ! C'est pourquoi l'on ne peut que déplorer l'impact, particulièrement négatif, de la crise financière de 2007 sur l'apprentissage des langues. Dans les écoles primaires, de nombreux programmes linguistiques ont été supprimés par les districts locaux chargés des budgets et du contenu des cours. Ces deux dernières années, pour la première fois, des élèves sont arrivés au lycée sans avoir été exposés à la moindre langue dans les petites classes. En outre, on remarque déjà une réduction du nombre d'élèves apprenant le français. Les quotas actuels permettent de recruter de moins en moins d'enseignants du français, et la plupart des professeurs doivent enseigner deux langues pour se voir confier suffisamment de classes. En raison de la pénurie d'enseignants, toujours plus d'élèves se tournent vers l'apprentissage autodidacte, notamment pour se préparer à des examens très exigeants comme ceux du Baccalauréat International. Nous avons toutefois déjà commencé à les aider : dans le cadre d'un partenariat mis en place entre l'association PhilaFLAM et un lycée public local, l'un de nos professeurs prépare, par exemple, les élèves de cet établissement à l'examen de français du Baccalauréat International. En proposant ces cours à des élèves de lycée, nous ne souhaitons pas uniquement qu'ils continuent à parler et étudier le français aussi longtemps que possible, mais également qu'ils « s'autorisent » à envisager la possibilité d'étudier à l'étranger.

À l'occasion de l'un des salons des études supérieures que j'ai organisés ces dernières années, une lycéenne m'a révélé que, pour la première fois depuis qu'elle avait commencé à visiter des campus, elle savait qu'elle avait la possibilité de rejoindre des étudiants qui, comme elle, étaient plurilingues et internationaux. Cette jeune fille était ce qu'on appelle une « enfant de troisième culture ». Ce terme, inventé par la sociologue américaine Ruth Hill Useem dans les années 1950, renvoie aux enfants ayant été élevés, pendant une grande partie de leur enfance, dans une culture distincte de celle de leurs parents ou de celle du pays où ils sont nés.

Toutes les universités, entreprises et entités gouvernementales francophones en France, au Canada, en Suisse et en Belgique cherchent notamment à attirer de tels étudiants. Les élèves du réseau FLAM bénéficient du meilleur des deux cultures ! Il n'est d'ailleurs pas étonnant que l'Association des collèges et universités de la francophonie canadienne (ACUFC), ou des organismes tels que Campus France, soient toujours plus nombreux à participer à nos événements afin de présenter leurs cursus. Au cours de l'un de ces événements, nous avons invité d'anciens élèves à venir parler directement, à des lycéens, des études à l'étranger. Avec franchise, ils ont pu partager des conseils très utiles avec ceux-ci. Ils ont également confirmé que le fait d'être bilingues leur assurait une certaine priorité et leur permettait, parfois, de profiter d'opportunités uniques, non proposées aux autres membres de leur promotion, lors de leur recherche de stage ou d'emploi.

Le programme FLAM doit être enfin soutenu par des universités et des entreprises

En tant que présidente de la Fédération FLAM USA, je ne peux que m'inquiéter du manque de soutien financier apporté à un nombre toujours plus grand de familles francophones qui auraient besoin qu'une association FLAM s'implante à proximité de chez elles. Le gouvernement français aide autant qu'il le peut, mais avec une moyenne de 15 dollars par élève et par année, c'est hélas loin d'être suffisant. Avant la pandémie, il a toutefois indiqué que très prochainement (à moins que cela soit déjà le cas), le réseau des associations FLAM compterait plus de familles françaises que n'importe quelle autre structure dédiée à l'enseignement du français aux États-Unis. Nous comptons parmi nos élèves les futurs directeurs et scientifiques bilingues d'un monde où le français, présent sur tous les continents, pourrait devenir l'une des trois langues les plus parlées d'ici 2050. L'investissement dans nos associations engendrera des bénéfices pour toutes les entreprises, aussi bien locales qu'internationales. Le développement actuel des nouvelles technologies implique la construction d'usines dans des villes de taille moyenne, où il serait trop onéreux d'ouvrir des écoles privées. Recourir au réseau FLAM constituerait l'alternative idéale pour proposer, partout dans le monde, un enseignement en français simple d'accès et abordable aux familles des employés envoyés dans ces mêmes villes par leurs entreprises. La Fédération FLAM USA collabore actuellement avec certaines sociétés afin de mettre des écoles de français en place ou, dans un premier temps, de proposer des cours en ligne.

Cette solution est simple, efficace et accessible financièrement parlant, mais elle nécessite du temps, de l'engagement et de la persévérance, en particulier car l'excellence de l'enseignement fourni et les effets positifs de notre travail ne sont toujours pas reconnus par certaines organisations administratives françaises. Néanmoins, convaincus de la beauté de cette mission, nous poursuivons notre tâche et persistons, jour après jour. Je dis souvent aux familles qui arrivent à Philadelphie que s'impliquer dans une association FLAM est l'une des plus belles expériences qu'un parent francophone puisse vivre. Chaque semaine, des petits viennent vous faire un câlin à l'entrée de l'école, ou un mot de remerciement vous est envoyé par l'un des très nombreux étudiants qui parlent encore français grâce à vous. Chaque année, vous mesurez l'impact de ce que vous avez fait lorsque de jeunes adultes, fiers d'être bilingues, partent étudier dans une université ou une ville francophone. Enfin, de temps à autre, vous recevez un message très émouvant de la part d'un parent soulagé et ravi de voir que son enfant continue à progresser en français et à rester proche de sa famille, de son identité et de son héritage culturel. Je suis fière de faire partie de cette communauté et de cette aventure exceptionnelles.

2. Immigration francophone et questions d'identité en Nouvelle-Angleterre : du multiculturalisme à la diversité culturelle

Emmanuel K. Kayembe

En Nouvelle-Angleterre, les premiers immigrants francophones en provenance du Canada se sont évertués à préserver leur identité, liée à leurs racines françaises. Ils ont cultivé leur différence en préservant leur foi catholique, leur langue et leurs traditions. Cette revendication identitaire s'inscrivait dans le multiculturalisme américain du début du 20e siècle : les communautés d'origines différentes avaient, tant qu'elles respectaient la loi, le droit de protéger leurs institutions culturelles natales et d'adapter leur mode de vie à leurs propres normes traditionnelles (Zunz 1987). Cependant, de telles politiques multiculturelles se sont finalement révélées être un échec, car elles ne favorisaient pas le dialogue et l'établissement de liens entre les communautés. Au contraire, elles ont provoqué une forme d'autoségrégation au sein des cultures elles-mêmes. Aujourd'hui, la question de l'immigration francophone en provenance d'Afrique nous permet de repenser le concept d'identité, en ne nous arrêtant plus au paradigme de la différence culturelle, lui-même à l'origine de conflits interminables entre certaines nations (les Noirs contre les Blancs, les Américains contre les Franco-Américains, les Israéliens contre les Palestiniens, etc. [Serres 1993]).[1]

Une différence qui entraîne la violence

Lorsque les Canadiens francophones du Québec et des Provinces maritimes ont commencé à immigrer aux États-Unis, deux idéologies politiques s'affrontaient. D'un côté, l'idéologie pluraliste incarnée par les Démocrates, soutenant les revendications identitaires des minorités, luttant contre l'homogénéisation culturelle forcée et défendant le droit d'être différent. De l'autre, la politique d'intégration des Républicains, en faveur de l'assimilation (Zunz 1987 : 430-432).

L'assimilation restait toutefois l'idéologie dominante, qui s'est parfois transformée en xénophobie, ou a conduit à des épisodes périodiquement violents (Higham 1955). En effet, une peur permanente et fondée faisait redouter l'extension des possessions françaises en Amérique du Nord. Au fil du temps, l'immigration des Franco-Américains dans le Maine a été perçue comme une manœuvre visant à asseoir l'influence et l'implantation des Français, tel un cheval de Troie venant « s'infiltrer » dans le pays. Cette perception n'était pas due, à proprement parler, à une forme de théorie du complot attisée par l'élite américaine comme l'indique David Vermette (2019), mais plutôt à l'image renvoyée par l'élite canadienne francophone. Cette image était renforcée par des annonces, stratégies et manifestes politiques évoquant la possibilité d'une conquête territoriale de l'Amérique dans le but d'accomplir une mission civilisatrice. Des travaux tels que *L'Appel de la race* (1922), *La Vocation de la race française en Amérique du Nord* (1945) ou *Mission catholique et française en Nouvelle-Angleterre* (1962), ainsi que les actes et déclarations de divers comités et congrès consacrés au futur de la langue française en Amérique, sont révélateurs des aspirations politiques de l'élite canadienne francophone, sans parler des rapports annuels politiques de recensement sur la vie des Franco-Américains aux États-Unis. Certains politiciens ont, à juste titre, fait rimer les termes de « Franco-Américanie » et de « Québec d'en bas » (Anctil 1979:39), tous deux associés à un contexte propice à l'expansion du Canada français hors des frontières canadiennes[2] :

Alors que le phénomène général d'émigration était toujours largement condamné, car vu comme un danger pour la société canadienne francophone, l'élite du Québec a commencé à considérer les Franco-Américains de manière plus favorable. Pour certains nationalistes traditionnels, tels que Jules-Paul Tardivel, l'émigration s'inscrivait dans un mouvement vivant à étendre les frontières du Canada français et du catholicisme. Les Franco-Américains pouvaient continuer à pratiquer leur foi et leur langue, voire devenir les piliers de la reconquête apostolique de l'Amérique du Nord protestante. De ce point de vue, les Canadiens français des États-Unis sont devenus une caractéristique importante du « messianisme » en croissance du Canada français (Bélanger 2000).

La présence française et la présence anglaise en Amérique du Nord sont toutes deux la conséquence d'une expansion coloniale. Basées sur l'idée que les racines identitaires et les barrières culturelles sont immuables, elles ne pouvaient être synonymes de cohabitation et de paix. Les Canadiens français, catholiques, considéraient les idéaux protestants de prospérité, d'ambition et d'acquisition des richesses comme des signes d'appartenance à un monde corrompu. Lors d'un discours célèbre prononcé à Worcester en 1879, Ferdinand Gagnon, l'un des fervents défenseurs de l'idéologie de la « survivance » a stigmatisé ce qu'il appelait le « matérialisme américain ». Avec virulence, il a condamné les Franco-Américains attirés par le mode de vie américain, les comparant à des idiots qui cherchaient à « jeter dans la boue de l'égout du matérialisme, tout un passé de gloire » et à « s'acheminer vers un avenir de mépris et d'opprobre » (Roche 1981 : 51-52). Pour l'élite canadienne-française, habituée à comparer les États-Unis à une forme de pays des Philistins et l'immigration à une descente vers l'Égypte moderne, « Ils avaient quitté une patrie où coulait le lait et le miel pour s'en aller manger les oignons d'Égypte dans l'abjection et les larmes » (Hamon 1891 : xiii). Franchir le 45e parallèle équivalait, pour les dirigeants politiques, à pénétrer dans un lieu maudit, régi par le Diable. Lionel Groulx, grand défenseur de la pureté ethnique canadienne-française et auteur de *L'Appel de la race* (1922), a passé son existence à mettre les individus d'ascendance française en garde contre leur contamination par le « matérialisme américain », dont les effets à long terme pourraient ébranler la société traditionnelle québécoise par l'entremise des Franco-Américains (Bélanger 2002 : 92).

Cette image très négative des États-Unis trouve sa source dans cette dichotomie urbain/rural dérivée du catholicisme, qui lui-même exhortait ses fidèles à dénigrer la richesse et à se méfier du confort matériel s'ils souhaitaient hériter du Royaume des Cieux. Ainsi, le mode de vie des paysans était considéré comme synonyme, entre autres, de paix, de joie et d'honnêteté, contrairement à celui des citadins. L'industrialisation du Nouveau Monde était assimilée à un signe de l'activité du Diable et à une forme de dépravation qui éloignait les êtres humains de ces valeurs positives.

D'une certaine manière, ce mythe du conflit entre urbains et ruraux est dépeint par Louis Hémon dans son roman *Maria Chapdelaine* paru en 1924. Ce livre décrit, dans les grandes lignes, le fameux « esprit français », considéré comme l'incarnation parfaite de la spiritualité catholique :

> Or, le caractère français est juste aux antipodes du caractère anglo-saxon américain. Autant l'un est gai, expansif, sans souci, compatissant pour les misères d'autrui, prêt aux sacrifices les plus généreux, autant l'autre est froid, concentré, calculateur et égoïste. Il n'est donc pas à craindre que, avant bien longtemps, Canadiens et Américains s'amalgament ensemble (Hamon 1891 : 120).

La perception des Américains par l'élite canadienne-française était un véritable catalyseur de haine, qui a fait se tracer une ligne éternelle entre deux peuples, sans aucune possibilité de dialogue entre les cultures. Cette vision dualiste, qui place le Bien d'un côté et le Mal de l'autre au nom de l'idéologie différentialiste, constituait une caractéristique clé du discours des Canadiens français sur les Américains qui a, très souvent, débouché sur des conflits sanglants. Les politiciens et écrivains d'ascendance canadienne ont, pour leur part, continué à affubler les « Yankees » de toutes sortes d'attributs négatifs, et ce de façon répétée. Louis Dantin, l'un des critiques les plus célèbres de la littérature franco-américaine, les qualifiait de « mercantilistes », de personnes « assoiffées d'argent », de « crocodiles avides de terres », ou faisait référence aux Béatitudes pour comparer la « course effrénée au capital » des Américains aux manœuvres des chambres de commerce et des banques (Roche 1981 : 60-64). Ce cliché à l'encontre des Américains a, dès lors, limité toute possibilité de mieux les comprendre. Il n'a pas permis de saisir la complexité de l'environnement culturel dans lequel ils vivaient car, comme l'indique Caldwell, « Mettre une étiquette sur un phénomène ne permet pas de l'expliquer ».

Au contraire, les étiquettes renvoient à des images bien arrêtées d'une nation et rendent impossibles tout échange culturel. Elles occasionnent toujours de la haine. Rosaire Dion-Lévesque, probablement le plus grand écrivain franco-américain de tous les temps, a apporté une touche remarquable d'interculturalité à la littérature franco-américaine en refusant de se laisser piéger par les stéréotypes essentialistes et en criant au monde entier son amour pour l'Amérique :

> « Je t'aime pour tes villes incroyables
> Qui renferment toute la féerie des Mille et une Nuits [...]
> Ceux qui n'ont vu en toi qu'une vaste marmite
> Où bouillent les essences brutes du matérialisme [...]
> Ceux-là ne te connaissent pas » (Santerre 1981 : 141-143).

George Martin, l'un des personnages du livre *Avant la route* de Jack Kerouac, évoque également cette représentation erronée du peuple américain, prétendument embourbé dans le matérialisme, en dévoilant une dimension cachée du mode de vie américain :

Tous les idiots du monde nous prennent pour des millionnaires qui vivent dans d'immenses maisons. Ils nous attaquent car nous sommes censés avoir beaucoup d'argent et être très arrogants à cause de cela. Mais à quoi s'attaquent-ils, en réalité ? À un pauvre diable qui se crève à la tâche, car ses parents et ses grands-parents ont travaillé dur et lui ont appris ce qu'était une vie de labeur. (Chassé 1977 : 40)

Le Canadien catholique francophone était présenté comme le membre d'une race élue et investie d'une mission divine, à savoir celle d'évangéliser le protestant, lui-même accusé d'être l'esclave de l'égoïsme et de la sensualité et le serviteur de la vanité et du plaisir (Hamon 1891 : 144). Cette construction discursive constitue l'essence même de l'idéologie colonialiste. En effet, les Américains étaient assimilés à une race dégénérée, absorbée par des pratiques malfaisantes qui n'étaient pas perçues comme chrétiennes :

> Ce peuple de l'Est, déchristianisé à la longue, sans croyances arrêtées, esclave de l'égoïsme et de la sensualité qui lui imposent la pratique désastreuse du divorce et, ce qui est pire encore, la révolte ouverte contre les lois providentielles qui garantissent la conservation et la propagation de la famille, ce peuple, dis-je, voit l'Église catholique à l'œuvre ; il s'étonne et s'inquiète, admire même parfois, mais retranché dans son orgueil, son dédain et son scepticisme, l'Américain, en règle générale, ne se convertit pas (ibid. : 144).

Cette représentation s'articulait autour de « théories de la supériorité nationale qui justifiaient le colonialisme en le présentant comme la lumière de la civilisation apportée à des peuples non éclairés » (Dorsey et Collier 2018 : 184). Alors que les Américains étaient dépeints comme des êtres inférieurs, la haine religieuse a atteint son point culminant : les Franco-Américains catholiques et francophones ont commencé à faire preuve d'hostilité envers les catholiques irlandais anglophones, ainsi qu'à persécuter les Franco-Américains protestants francophones résidant dans ce que l'on appelait les « Petits Canadas ». Le Ku Klux Klan, quant à lui, en est arrivé à redouter l'invasion de toute la région par le catholicisme.

Il n'y avait pas les victimes d'un côté et les bourreaux de l'autre, mais uniquement des peuples qui, au nom de leurs racines, se déchiraient à l'ombre d'un fanatisme religieux évident. Ces peuples ne faisaient, d'ailleurs, que prolonger les Guerres de Religion ayant opposé les catholiques aux protestants et débouché sur la persécution des chrétiens réformés en Europe.[3] Tant que l'Amérique continuait à être vue comme le refuge religieux des protestants ayant fui l'Europe pour échapper à de sanglantes représailles, il était inconcevable d'imaginer que les Américains accepteraient, sans sourciller, la présence massive d'immigrants catholiques provenant d'un pays d'où les protestants ont fini par être bannis. Les persécutions religieuses n'ont pas uniquement concerné les catholiques, mais également les juifs, les musulmans et les athées.

Une grande partie des colonies britanniques d'Amérique du Nord qui finiront par constituer les États-Unis d'Amérique a été colonisée, au 17e siècle, par des hommes et des femmes qui, en raison des persécutions perpétrées en Europe, ont refusé de renoncer à des convictions religieuses qu'ils cultivaient avec passion et ont donc fui ce continent. Les colonies de Nouvelle-Angleterre qu'étaient le New Jersey, la Pennsylvanie et le Maryland ont été conçues et établies comme des « plantations de religion ». (Contenu non daté issu des collections de la Bibliothèque du Congrès américaine)

Du paradigme de la disjonction et de la réduction au paradigme de la complexité

À l'heure de la mondialisation, il est très important de s'interroger sur la manière de se distancer de la mentalité colonialiste, elle-même fondée sur une idée manichéenne reposant sur le fameux concept du « Nous contre eux ». Comme Anne-Marie Gaillard l'explique, « Bien que l'identité ethnique soit logiquement et historiquement le produit de la différenciation du groupe par rapport à un autre (je suis ce que l'autre n'est pas), cette différenciation ne peut fonctionner que si elle est basée sur une appréciation de l'autre qui ne soit pas négative ; je suis bien, mais l'autre est aussi bien » (2019 : 129).[4]

Jacques Derrida nous a appris qu'il existait un lien fort entre l'identité et l'hospitalité. En effet, nos identités sont liées à notre capacité à accueillir des étrangers ou des inconnus : « Une maison doit présenter une ouverture d'une quelconque forme pour être une vraie maison, ce qui signifie que l'hôte doit se montrer hospitalier afin de préserver son identité en tant qu'hôte. Ainsi, l'inconnu est le personnage crucial de l'ordre social qui le considérerait sinon comme un parasite » (Rafn 2013). Néanmoins, l'élite franco-américaine n'est pas parvenue à laisser la moindre place aux étrangers (comme les Irlandais ou les Italiens, par exemple) et s'est battue pour préserver la pureté de sa race, une race qui n'était pas censée se mêler à celle d'autres peuples :

> « Croiser deux peuples, c'est changer du même coup aussi bien leur constitution physique que leur constitution mentale... Les caractères ainsi restent au début très flottants et très faibles. Il faut toujours de longues accumulations héréditaires pour les fixer. Le premier effet des croisements entre des races différentes est de détruire l'âme de ces races, c'est-à-dire cet ensemble d'idées et de sentiments communs qui font la force des peuples et sans lesquels il n'y a ni nation ni patrie... C'est donc avec raison que tous les peuples arrivés à un haut degré de civilisation ont soigneusement évité de se mêler à des étrangers. » (Groulx 1922 : 131).

Le mythe de la pureté ethnique était au cœur des revendications des politiciens franco-américains, basées sur des théories de l'école de pensée culturaliste datant du début du 19e siècle. Chaque processus d'acculturation était vu comme une tentative de domination de la culture « authentique ». Dans le contexte franco-américain, cela n'induisait pas uniquement l'organisation sociale et territoriale, mais aussi la langue française. Plus globalement, la naissance des « Petits Canadas » a été une conséquence de la politique de ségrégation qui empêchait tout échange entre les cultures. Le rôle des « Petits Canadas » consistait à ralentir l'acculturation des Franco-Américains et à les protéger contre la civilisation américaine prétendument « corrompue ». Madeleine Giguère appelait ces lieux des « refuges contre le monde froid et impersonnel des Yankees » (1981 : 10). La stratégie d'isolation spatiale à des fins culturelles se retrouve dans la gestion coloniale des territoires. Jusqu'à une certaine époque, les grandes puissances coloniales faisaient systématiquement en sorte que les peuples ne se mêlent pas afin d'éviter tout danger de métissage, notamment par le biais de mariages interraciaux. À ce sujet, la position des politiciens canadiens-français n'était pas très éloignée de la conception matrimoniale des artisans de l'apartheid (Groulx 1922 : 243, Comité permanent de la survivance française en Amérique 1945 : 25).

Dans l'ensemble, l'image d'une société franco-américaine inchangée et inchangeable relevait d'une utopie véhiculée par l'élite franco-américaine, qui refusait obstinément de reconnaître une chose élémentaire : le fait que toutes les cultures soient impliquées dans un processus permanent d'acculturation qui les protège du narcissisme. Les cultures ne sont pas imperméables les unes aux autres, ni isolées par des barrières figées. Au grand désarroi des officiels, la culture de la classe ouvrière franco-américaine était une culture composite, caractérisée par des éléments issus de son héritage canadien-français et des aspects culturels propres à la société hôte. Au fil du temps, son français n'était plus aussi pur que l'élite l'aurait voulu.

Aujourd'hui, nous devons ériger des passerelles culturelles entre les communautés, par-delà cette politique utopique et indéfendable de pureté culturelle. Toutes les cultures sont impures et hybrides en raison d'une acculturation globale. La langue française est, aujourd'hui, un parler impur, un espace linguistique de générosité et d'hospitalité. L'anglais a emprunté un nombre extrêmement élevé de mots au français, appelés des « gallicismes ». Le français, pour sa part, est constitué de nombreux anglicismes. La littérature francophone a révélé, à toute la planète, l'existence de non pas une seule langue française, mais d'une variété de langues françaises qui sont l'expression de la diversité culturelle dans le monde entier. Il est temps de nous éloigner des identités dichotomiques et prescrites qui, sous le prétexte de nous protéger, nous volent nos identités véritables. Il est également temps de tendre la main aux immigrants francophones d'Afrique et de les intégrer à la diversité culturelle de l'État du Maine. « Nous devons mettre un terme à l'idée d'une frontière qui défend et empêche. Les frontières doivent être perméables ; elles ne doivent pas constituer des armes contre les processus de migration ou d'immigration » (Glissant 2008). Nous devons mettre un terme à cette vision consistant à assimiler l'identité à des racines uniques et nous intéresser à la relation qui existe entre le lieu où nous nous trouvons et tous les lieux du monde. En relisant Rosaire Dion-Lévesque, qui se définissait lui-même comme un hybride[5], un citoyen du monde sensible au malheur et à la souffrance des autres (particulièrement ceux provenant d'Afrique), il nous est possible de comprendre les identités d'un point de vue interculturel :

> Ainsi qu'une nuit polaire, / Noire était ta peau / Recouverte de haillons, / Jeune Africain de l'Alabama, / Jadis échoué dans ma ville / Nos mains se tendirent / En des gestes prédestinés / Et ma sollicitude / Vola vers ta misère / L'aumône que je te fis / Par ce soir déjà lointain / Ne fut que quelques sous / Pour ton repas frugal / En échange, / Soleil noir de ma nuit blanche, / Tu me donnas plus que du pain / En me montrant / Ton cœur semblable au mien (Chassé 1977 : 19).

Une nouvelle francophonie fait son apparition dans le Maine, comme un hommage aux mots prophétiques de Rosaire Dion-Lévesque. Des communautés et des organisations humanitaires travaillent ensemble pour accueillir de nouveaux immigrants francophones du Burundi, du Burkina Faso, du Cameroun, de la République démocratique du Congo, de Djibouti, du Gabon, de Côte d'Ivoire, de la République du Congo et du Rwanda.

Quelques sujets angolais, ayant émigré en Angola depuis la République démocratique du Congo, parlent également français. Plusieurs structures et projets leur sont destinés, ainsi qu'aux autres immigrants : le centre d'accueil des immigrants du Grand Portland, le New Mainers Resource Center du centre de formation continue de Portland, l'Immigrant Legal Advocacy Project, les organismes à but non lucratif Hope Acts et Maine Immigrant and Refugee Services, les services destinés aux immigrants et aux réfugiés de Catholic Charities, ainsi que le Maine Access Immigrant Network, pour ne citer qu'eux. La mission de toutes ces institutions consiste, pour l'essentiel, à renforcer les communautés immigrées via l'acquisition linguistique, l'intégration économique et l'engagement citoyen. Par là même, elles participent au développement du Maine, en facilitant l'intégration professionnelle des immigrants et des réfugiés et en permettant aux employeurs d'avoir accès à une main-d'œuvre qualifiée et culturellement variée.

Les communautés immigrées s'organisent dans des associations, en fonction de leurs nationalités, et sont vues comme un atout pour le marché du travail. Le Maine étant confronté à une main-d'œuvre vieillissante et à une baisse de la natalité, certains dirigeants estiment que les immigrants constituent l'une des réponses aux difficultés que l'État rencontre pour encourager des jeunes à venir y vivre et y travailler. L'immigration est comparée à une forme de « baguette magique qui permettra d'attirer de jeunes familles dans le Maine afin d'aider les communautés à construire la nouvelle génération » (The New York Times). La contribution des immigrants à la vie économique s'élève à des millions de dollars. En effet, les familles immigrées de l'État du Maine ont payé 437,7 millions de dollars d'impôts fédéraux et 193,9 millions d'impôts étatiques et locaux en 2018. Cependant, il serait malvenu de considérer les immigrants uniquement comme un outil économique qui contribuerait à pallier une main-d'œuvre déclinante, ces derniers ayant également emmené avec eux de nouvelles cultures, de nouvelles manières de voir le monde et de nouvelles compétences. Les Franco-Américains doivent voir l'arrivée de ces immigrants comme une chance inattendue, dans la mesure où ceux-ci contribuent, dans le Maine, à la résurgence du français en tant que langue internationale et non plus en tant qu'instrument idéologique et colonial. Cette renaissance de la langue et de la culture françaises ne doit pas être interprétée comme une forme de résistance, mais plutôt comme un instrument de « dialogue culturel », comme une façon de développer un monde inclusif axé sur la solidarité entre des peuples variés ou comme une troisième « dimension » dénuée de toute polarisation. Pour atteindre cet objectif, il n'est pas nécessaire de ressusciter le spectre des anciennes idéologies monolingues.

Le français doit être perçu comme un atout supplémentaire et une clé précieuse qui peut permettre aux immigrants de s'ouvrir les portes du marché du travail. Bien que les nouveaux arrivants doivent rapidement apprendre l'anglais pour surmonter les barrières culturelles et intégrer la main-d'œuvre américaine, ils n'ont pas à rejeter le français ni à arrêter de le parler à la maison avec leurs enfants. De plus en plus de traducteurs et d'interprètes, sachant écrire et parler le français, sont notamment recherchés. En 2017, un rapport du groupe de réflexion New American Economy[6] a révélé que les compétences linguistiques étaient désormais essentielles dans de nombreux secteurs professionnels, et que parler couramment français était un avantage décisif. À titre d'exemple, aux États-Unis, près de 22 300 offres d'emploi publiées en ligne en 2015 s'adressaient à des candidats maîtrisant le français, contre 9 500 en 2010. Le français est la troisième langue la plus demandée sur le marché du travail américain, particulièrement dans le secteur des assurances, de la santé, de la finance et de l'aide humanitaire. Encourager l'apprentissage du français en tant que langue professionnelle constitue, dès lors, à la fois un défi et une opportunité dans l'enseignement supérieur, qui détermineront le futur du français aux États-Unis (Services culturels de l'ambassade de France aux États-Unis, 2019).

Il est urgent que des programmes de qualité dédiés au français professionnel soient mis en place dans le Maine. Leur développement pourrait être soutenu par les consulats de France aux États-Unis, notamment via l'organisation d'ateliers de formation annuels destinés aux professeurs de lycée et d'université. Une première étape consistera, par exemple, à mettre en place des cursus axés sur l'apprentissage du français médical et juridique, par le biais de la Commission franco-américaine Fulbright.

3. Je suis américain et pourtant très francophone, malgré tout

Étienne A. Kouakou

Lorsqu'on grandit dans les années 1970 à Abidjan, la capitale de la Côte d'Ivoire, il est naturel de parler français avec les autres enfants. Après tout, la période coloniale nous aura légué une chose très importante : la langue française. Bien que nous parlions une version locale du français, parsemée de mots provenant de nos propres langues locales (certains parleraient de « dialectes », mais il s'agit d'un débat qui mériterait un autre article à lui seul), nous parvenions tout de même à communiquer efficacement. Plus tard, c'est à l'école que nous apprenions ce qui était considéré comme le « français standard » afin de nous préparer, si nécessaire, à occuper des postes importants dans l'administration. À la maison, par contre, nous n'avions aucun mal à nous replonger dans nos langues maternelles (le baoulé dans mon cas, ou le bété, le sénoufo, le gouro ou autres pour certains de mes amis). Tout dépendait de l'origine ethnique de nos parents.

Au collège, j'ai emménagé chez ma cousine plus âgée et son mari, originaire du sud du pays et dont la langue maternelle était l'attié. Il s'adressait à nous, les enfants, en attié, alors que ma cousine nous parlait en baoulé. Par conséquent, nous baignions constamment dans deux langues à la maison, en plus du français à l'école, où le mari de ma cousine était également notre professeur. Personnellement, je n'avais aucune difficulté à m'exprimer en baoulé et en français. Au cours des deux années passées chez ma cousine, j'ai également développé une connaissance passive correcte de l'attié ; le parler était plus difficile pour moi que de le comprendre. Mon jeune cerveau, tout comme celui de mes camarades, était capable, sans effort, d'absorber toutes les langues auxquelles nous étions exposés.

Au lycée, j'ai commencé à apprendre l'anglais, comme il est d'usage de le faire dans les écoles publiques de Côte d'Ivoire. Contrairement à celui des langues locales ou indigènes et du français, que nous maîtrisions par osmose après les avoir constamment entendues autour de nous, l'apprentissage de l'anglais s'est révélé complexe pour la plupart des élèves. Je suppose que cela s'explique par le fait que les opportunités d'immersion étaient trop peu nombreuses. À la fin du lycée, beaucoup parlaient un anglais rudimentaire. L'essentiel du cursus était en effet axé sur la lecture, la grammaire et, parfois, sur des traductions. Deux possibilités s'offraient à vous si vous souhaitiez développer de réelles compétences de communication : adhérer au club d'anglais de votre école, où les élèves se rencontraient une fois par semaine pour participer à des activités principalement menées en anglais, ou prendre vos propres initiatives par amour de la langue. J'ai choisi la deuxième option.

Un matin de juin 1996, me voilà donc aux États-Unis pour travailler dans un camp de vacances à Plymouth, dans le Vermont. À la fin de mon contrat, j'ai choisi de rester dans ce pays (je ne vais pas m'étendre sur cette période pour éviter toute digression superflue ici). Plusieurs années après, je me suis marié et j'ai fondé une famille. Fier de ma paternité et de ma francophonie, j'ai décidé qu'aider ma fille à acquérir naturellement le français, tout comme mes amis et moi-même l'avions fait des décennies plus tôt, serait l'une des meilleures choses que je puisse faire pour elle. Dès le jour de sa naissance, je ne me suis adressé à elle qu'en français, alors que sa mère, ses frères et sœurs, ainsi que toutes les autres personnes autour d'elle, le faisaient en anglais.

Pendant plus de neuf mois, tout semblait bien se passer. Kaylin réagissait à des demandes simples telles que « Mets ça dans la poubelle » ou « Tends-moi la main ». Sans surprise, ses premiers mots ont été « papa » et « maman ». Cependant, nous avons également remarqué quelque chose d'inhabituel. Alors que les deux premiers enfants de ma femme avaient commencé à parler à cet âge-là, Kaylin semblait, pour sa part, présenter un retard. Elle disait quelques mots, mais ne faisait pas de phrases complètes comme cela aurait dû être le cas pour une enfant de son âge. Avec ma femme, nous nous sommes inquiétés d'un éventuel trouble du langage. Malheureusement, ceci a aussi coïncidé avec un changement du côté de sa mère. Quand Kaylin lui disait « maman », elle a commencé à la corriger en lui demandant de dire « mommy » à la place. Face à cela, j'ai perdu courage après quelques mois et ai, à contrecœur, arrêté de parler à ma fille en français. Quelques années plus tard, j'emmenais tout de même ma fille avec moi lorsque j'assistais à des événements en français, en espérant qu'elle se fasse un ami ou une amie francophone ou, au moins, développe de l'intérêt ou de la curiosité pour cette langue et la culture associée. Je me souviens de l'un de ces événements, organisé par le service culturel et éducatif du consulat de France à New York. J'entendais certaines de mes connaissances africaines parler en français à Kaylin, puis repasser à l'anglais quand elles se rendaient compte qu'elle ne les comprenait pas. Avec le recul, je me rends compte que décider d'abandonner tout échange en français avec Kaylin a été l'une des pires erreurs que j'ai pu commettre. Si j'avais persévéré alors que les autres membres de la famille lui parlaient en anglais, elle aurait au moins pu comprendre un peu le français, même sans forcément le parler.

En tant que francophone habitué à diverses facettes de la culture française (la langue en étant un pilier central), je dois reconnaître qu'un lien fort a continué à me lier à la francophonie, que j'en ai été conscient ou non à l'époque. Je suis notamment resté attaché aux actualités et aux sources d'informations. Lorsque j'ai déménagé aux États-Unis au milieu des années 1990, Internet n'était pas encore très développé (d'ailleurs, je ne suis même pas sûr d'en avoir entendu parler à l'époque). C'est au début du 21e siècle que cette technologie a pris de plus en plus d'envergure. Il est important de le mentionner car c'est le Web qui a facilité l'accès aux sources d'information du monde entier. Au milieu des années 1990, il était compliqué pour moi d'écouter Radio France International (RFI) pour obtenir des nouvelles en provenance et au sujet de la France, de la Côte d'Ivoire et des divers pays africains francophones. Il aurait probablement été beaucoup plus simple de me tourner vers la radio de la BBC. Je me rappelle toutefois que le journal télévisé de France 2 était diffusé sur TV5 Monde chaque soir, de 19 h à 19 h 30. J'avais toujours hâte de regarder les informations en français, pas parce que je ne comprenais pas l'anglais (j'avais été professeur d'anglais pendant cinq ans avant d'arriver aux États-Unis), mais car France 2 me semblait être le média le plus susceptible de transmettre des informations sur la Côte d'Ivoire et le monde francophone.

Aujourd'hui, les sources d'information sont pléthore ; Internet a fait du monde un « village global » et les possibilités sont illimitées. J'ai néanmoins une préférence pour RFI, France 24, Le Monde et tout autre journal ou toute autre chaîne française accessible en ligne. Pour m'informer sur la Côte d'Ivoire, l'Afrique en général et l'Afrique francophone en particulier, je me tourne en premier lieu vers le site web Abidjan.net qui redirige vers des journaux variés, des chaînes de télévision et des stations de radio. Même après avoir passé plus de deux décennies aux États-Unis, je me sens encore très concerné par ce qu'il se passe en Côte d'Ivoire, et également en France. En effet, en tant que francophone, je me sens relié à ce pays qui a prêté sa langue au mien, à cet État dont les institutions inspirent généralement celles de la Côte d'Ivoire.

D'un point de vue personnel, mon père a combattu aux côtés des Français pendant la Seconde Guerre mondiale et a perçu une pension militaire de l'État français jusqu'à son décès en 2015. Lorsqu'il a été recruté par l'armée française dans les années 1940, la Côte d'Ivoire était presque un territoire d'outre-mer. En quelque sorte, cela faisait de nous des « sujets » français, si ce n'est de vrais citoyens. À l'époque, les institutions ivoiriennes naissantes étaient gérées, la plupart du temps, par des expatriés français. Un nombre réduit de locaux travaillait à des postes plus bas dans la hiérarchie. Même les professeurs du primaire et du secondaire étaient, en majorité, originaires de France. Évidemment, le cursus était principalement en français et l'on se rappelle encore d'Ivoiriens plus âgés, ayant grandi dans les années 1930 à 1960, parler de « nos ancêtres, les Gaulois », une phrase très connotée historiquement parlant. Outre ce lien personnel que je ressens avec la France, je sais, de par mes observations d'adulte, que la plupart des événements qui affectent la France affecteront probablement aussi ses anciennes colonies, ou inversement. Des accords militaires sont toujours en vigueur entre la France et de nombreux pays francophones d'Afrique de l'Ouest. La majeure partie des infrastructures ivoiriennes a été et continue à être construite par des sociétés françaises. Même le franc français autrefois, ou l'euro aujourd'hui, a eu ou a une incidence sur le franc CFA, la monnaie utilisée en Côte d'Ivoire et dans plusieurs pays africains. Dire qu'une partie de mon cœur bat pour la France ne serait pas une aberration. Il suffit de voir comme nous supportons ce pays pendant la Coupe du Monde de football ! Les Ivoiriens, qu'ils soient de la diaspora ou toujours au pays, supportent la France tout de suite après la Côte d'Ivoire. Le Brésil et les autres nations du football ne viennent que plus tard. Alors oui, le lien entre la France et la Côte d'Ivoire, et très certainement de nombreux autres pays francophones, reste fort.

Notre relation avec la France a, sans conteste, eu une incidence sur notre personnalité, et vivre aux États-Unis en tant que francophones nous fait nous poser des questions importantes sur notre identité. Après des décennies passées dans ce pays, est-ce que nous nous définissons exclusivement comme des Américains ? Plutôt que de parler d'une seule culture francophone, ne devrions-nous pas plutôt parler de plusieurs cultures francophones ?

L'Organisation Internationale de la Francophonie (OIF) regroupe principalement des pays francophones, de tous les continents. Je ne vais pas m'attarder sur son histoire ici, mais il est à noter que Léopold Sedar Senghor, premier président du Sénégal, Habib Bourguiba, ancien président de la Tunisie, Hamani Diori, ancien président du Niger et Norodom Sihanouk, ancien roi et président du Cambodge, en sont à l'origine. Ces hommes ont compris l'importance de rassembler les citoyens provenant de pays qui, tous, utilisaient le français à des fins linguistiques, culturelles, économiques et éducatives.

Comme l'a dit un jour Abdou Diouf, ancien président du Sénégal et second Secrétaire général de l'OIF, « Une identité n'est pas figée, une identité n'est pas unique, elle est plurielle ». Une identité présente effectivement plusieurs facettes. De ce fait, il convient davantage de parler de cultures francophones, plutôt que d'une seule culture francophone. N'oublions pas que les membres fondateurs de l'OIF viennent du Sénégal, de Tunisie, du Niger et du Cambodge. Ils représentaient toute une variété de cultures et de croyances traditionnelles. J'irai même jusqu'à dire que la langue française a arrêté d'être « singulière » dès que les peuples indigènes des anciennes colonies ont commencé à l'utiliser. Pourquoi ne parlerait-on donc pas *des* français, plutôt que *du* français, lorsque l'on évoque le monde francophone d'un point de vue linguistique ?

Malgré l'échec vécu avec ma fille, je n'ai pas renoncé. Au contraire, j'étais encore plus déterminé à poursuivre mes propres efforts pour préserver la langue française et m'assurer que d'autres, qu'ils soient élèves ou parents, puissent également trouver un moyen de continuer à la pratiquer et de faire vivre la culture laissée derrière eux. Dans ma vie personnelle et professionnelle, j'ai constamment fait en sorte de préserver mon bilinguisme. J'ai également décidé de faire profiter d'autres personnes potentiellement intéressées de mes compétences linguistiques. J'avais toujours rêvé de devenir traducteur ou interprète. Malheureusement, il n'existait pas de telles opportunités en Côte d'Ivoire. À l'époque, la plupart des étudiants diplômés du département d'anglais de l'Université nationale de Côte d'Ivoire (l'actuelle université Félix-Houphouët-Boigny) devenaient professeurs d'anglais dans un lycée. Certains avaient suivi une formation à l'École normale supérieure d'Abidjan, mais ce n'était pas le cas de la plupart. Très souvent, des étudiants occupaient un poste de professeur sans profiter d'aucune expérience dans l'enseignement. Quand je suis arrivé aux États-Unis en 1996, mon envie de devenir traducteur ou interprète était toujours aussi forte. J'ai commencé à m'intéresser aux cursus disponibles dans ce domaine. Je me suis finalement inscrit au cursus de traduction française de l'université de New York, où j'ai suivi cinq cours. J'ai ensuite recherché un stage et eu la chance de travailler avec Christiane Milev, une traductrice française accomplie. Notre collaboration a certes été courte, mais elle m'aura permis d'étudier les possibilités qui s'offraient à moi. Entre autres, j'ai pu préparer ma candidature et postuler auprès de l'organisation des Nations Unies (ONU). Je n'ai jamais obtenu de poste de traducteur fixe à l'ONU, mais plusieurs contrats d'interprétation m'ont été proposés. J'ai accepté ces offres avec joie en pensant, à ce moment-là, que cela m'ouvrirait d'autres portes. Tout cela s'est déroulé à la fin des années 1990.

Au début des années 2000, j'ai commencé à enseigner l'anglais dans un collège catholique local. Imaginez-vous : un francophone qui enseigne la littérature et l'exercice de la rédaction à des enfants américains, dans leur propre langue ! Au départ, j'avais quelques appréhensions et j'ai même douté de ma capacité à le faire. Néanmoins, après quelques jours de classe, j'ai repris confiance. Je me suis rendu compte qu'être un locuteur natif de l'anglais (et je suis d'ailleurs certain que l'on peut faire ce constat avec n'importe quelle langue), ne signifie pas nécessairement qu'on lit et écrit parfaitement en anglais. Encouragé par cette expérience positive en tant que professeur d'anglais, je me suis inscrit, peu de temps après avoir obtenu mon diplôme en lettres et sciences sociales et humaines, au programme de formation des enseignants du City College de New York. En décembre 2006, j'avais obtenu mon master, enseigné pendant trois ans dans le collège catholique et travaillais désormais dans un autre établissement catholique, cette fois un lycée.

L'année 2009 est particulièrement importante si l'on tient compte des efforts personnels et professionnels que j'ai, consciemment ou non, déployés pour préserver la langue dans laquelle j'avais reçu la majeure partie de mon éducation. Alors que j'enseignais l'anglais en collège à Washington, j'ai décidé d'obtenir une certification double en enseignement du français et de l'anglais langue seconde. Déjà détenteur d'un certificat d'aptitude permanent de l'État de New York qui me permettait d'enseigner l'anglais dans le secondaire, il me suffisait de passer les examens de qualification adéquats et de soumettre ma candidature à l'organisme concerné. Plusieurs semaines plus tard, j'ai réussi les deux examens et obtenu mes certificats d'enseignement du français et de l'anglais langue seconde. J'ai décidé d'obtenir la certification en français pour une raison simple. Il me semblait illogique de ne pas proposer le français, une langue dans laquelle je me sentais plus à l'aise d'enseigner, et ce même si j'avais enseigné l'anglais en tant que langue étrangère en Côte d'Ivoire, l'anglais langue seconde à New York et la littérature et l'exercice de la rédaction en cours d'anglais dans des écoles publiques locales. C'est comme si je devais quelque chose à moi-même et à mes anciens professeurs. Il est possible aussi qu'il m'ait semblé important de préserver au moins la langue de ma scolarité, la préservation de la culture francophone me semblant complexe dans un pays étranger. Cependant, le fait d'enseigner la langue ne constitue-t-il pas le meilleur moyen de plonger dans cette même culture ? Les deux sont effectivement indissociables ! Je n'ai pas pu utiliser mon certificat d'enseignement du français à Washington, où j'ai travaillé pendant une année dans des écoles publiques. J'ai pu toutefois le faire à mon retour à New York, en 2010, où j'ai obtenu un poste au sein du programme « French Heritage Language », coordonné par David Lasserre. À cette époque, je n'avais jamais entendu le terme « langue d'héritage » mais, après avoir lu la description du poste, j'ai compris quel était le profil des élèves du programme. La plupart d'entre eux provenaient de l'Afrique de l'Ouest francophone, en particulier de Côte d'Ivoire, de Guinée, du Sénégal et du Mali. J'ai également eu des élèves originaires d'Haïti et d'autres, « simples » francophiles, qui étaient locuteurs natifs de l'anglais et souhaitaient apprendre le français. Ces derniers n'étaient certes pas nombreux, mais les compter parmi nous était un plaisir. D'après mes souvenirs, la plupart des élèves du programme parlaient bien le français, notamment ceux qui étaient aux États-Unis depuis une ou deux années seulement. Plus les élèves avaient vécu longtemps aux États-Unis et fréquenté le système scolaire américain, plus leur français leur échappait. Peut-être qu'ils avaient réellement oublié la langue de leurs pays d'origine, ou qu'ils faisaient juste semblant afin de s'intégrer au mieux. Nombre de ces élèves rencontraient des difficultés pour lire des textes simples et réaliser des travaux peu complexes. Heureusement, la majorité d'entre eux étaient volontaires et actifs en classe, ce qui a contribué au développement d'une ambiance joyeuse et d'un environnement d'apprentissage positif. J'ai toujours préparé mes cours avec enthousiasme et je prenais le métro avec le sourire chaque fois que j'allais retrouver mes élèves francophones.

Je me rappelle également avoir élaboré, un été, un plan de cours pour le programme « French Immersion » du Middlebury Institute of International Studies de Monterey. Mon frère cadet, titulaire d'un doctorat à la Sorbonne, avait précédemment enseigné dans le cadre de ce programme, c'est pourquoi j'ai décidé de le rejoindre moi aussi. Je n'ai finalement pas enseigné dans cet établissement, mais les administrateurs du programme ont tout de même décidé de réutiliser mon plan de cours, pour lequel j'ai été rétribué. Selon moi, de tels programmes constituent de bonnes opportunités d'immersion. Les élèves venaient du monde entier (le Middlebury Institute proposant plusieurs langues) et, plus important encore, de tous les États-Unis. Une autre preuve, s'il en est, de l'attrait persistant de la langue et de la culture françaises, pas seulement auprès des universitaires, mais de tout un chacun.

Cela m'amène à aborder maintenant la « Révolution bilingue ». Lors de toute discussion approfondie portant sur le futur du français aux États-Unis, il est impossible de ne pas faire référence à ce mouvement, initié par Fabrice Jaumont, attaché d'éducation au consulat de France à New York. Dans son livre « La Révolution bilingue », Fabrice Jaumont fournit de nombreux conseils aux parents qui souhaitent que leurs enfants puissent s'inscrire dans des écoles qui, en plus de proposer leur cursus éducatif habituel, permettent aux élèves de s'immerger dans la langue et la culture françaises. De façon détaillée, l'ouvrage dépeint les avantages de ces filières bilingues, tout en expliquant comment les mettre en place et en assurer le succès. Conçu comme un guide pratique, il comporte de nombreuses indications utiles à destination de tout parent ou groupe de parents souhaitant offrir une nouvelle forme d'enseignement à ses enfants, où l'acquisition ou la préservation des langues et des cultures d'origine est valorisée et facilitée. Grâce à cette Révolution bilingue, le nombre d'écoles bilingues au sein du district scolaire de New York, et d'autres villes américaines, a connu une forte hausse. C'est pourquoi il est intéressant de s'y attarder ici.

Dans le premier chapitre de son livre, intitulé « La détermination des parents : Yes, you can ! », Fabrice Jaumont réaffirme ma propre conviction, à savoir que la langue française, et n'importe quelle autre langue, ne peut pas survivre dans un pays étranger si les parents ne s'investissent pas activement, auprès des futures générations, dans sa préservation. L'auteur souligne également que le nombre de programmes ou d'écoles bilingues s'est, au cours des deux dernières décennies, multiplié aux États-Unis et partout dans le monde. La plupart de ces programmes et écoles, comme il l'explique, doivent leur création à la détermination et à la volonté de parents convaincus des avantages de ce type d'éducation. Il existe plusieurs explications à cet investissement de la part des parents. Selon Fabrice Jaumont, la première est leur envie de préserver leur patrimoine linguistique et culturel. La seconde est la volonté d'établir un lien avec l'école de leurs enfants. La troisième est la nécessité de mettre en place un environnement social, économique et culturel qui favorise une meilleure compréhension au sein des diverses communautés impliquées, à l'école et au-delà.

Des raisons bien précises motivent donc la plupart des parents qui s'impliquent pour l'ouverture de filières bilingues dans l'école de leurs enfants. Ces mêmes parents proviennent d'une culture différente et parlent, à la maison, une langue qu'ils veulent voir « validée » par l'administration et les autres professionnels travaillant à l'éducation de leurs enfants. Cette validation n'est toutefois pas la seule chose qui importe. C'est la préservation de leur langue au fil des générations qui est véritablement en jeu. Si les écoles ne sont pas en mesure de proposer des filières bilingues, il est possible que leurs enfants finissent par ne plus la parler, et par s'éloigner de leur culture. Comment un enfant vivant une telle situation peut-il communiquer avec ses grands-parents ou d'autres proches ne sachant pas parler anglais, en particulier lorsqu'il se rend dans le pays natal de ses parents ? Afin de maintenir la communication dans les familles, il est impératif, dès que cela est possible, de permettre aux enfants de continuer à étudier leur langue d'héritage à l'école, et pas seulement de la parler à la maison. Grâce aux programmes bilingues, c'est chose possible.

La possibilité de préserver une langue pour des raisons culturelles et ayant trait à l'identité n'est pas le seul avantage. En effet, le bilinguisme et le biculturalisme présentent de nombreux atouts d'un point de vue cognitif. Il y a quelques décennies, l'État de Californie a fait le choix de proposer un cours d'anglais seconde langue d'un an aux élèves dont l'anglais n'était pas la langue maternelle. À la fin de celui-ci, les élèves ont repris le cursus unilingue habituel. Cette initiative, connue sous le nom de « Proposition 227 », a reçu des avis mitigés, certaines personnes en vantant les mérites, d'autres la décriant. La gestion inadéquate de tels programmes peut forcer certains parents à éviter d'utiliser leur langue natale à la maison. En opérant ainsi, ils espèrent que leurs enfants progresseront rapidement en anglais. Cette situation est particulièrement regrettable, car l'on sait aujourd'hui, grâce aux travaux d'experts spécialisés dans l'acquisition des langues, que les élèves plurilingues présentent généralement de meilleures prédispositions, sur le plan scolaire, que les enfants monolingues. Par ailleurs, suivre un enseignement dans leur langue d'héritage leur bénéficie grandement, et ce même s'ils repassent ensuite à l'anglais lorsqu'ils retrouvent leurs camarades de langue maternelle anglaise. Il est d'ailleurs intéressant de noter qu'aux États-Unis, le nombre d'élèves plurilingues pourrait un jour dépasser celui des élèves monolingues, tant celui-ci augmente. Plutôt que de mettre en place des initiatives comme la Proposition 227, le district scolaire de New York a choisi de venir en aide aux innombrables apprenants d'anglais dont les parents sont nés dans plus d'une centaine de pays différents. Il suffit de consulter brièvement son site web pour se rendre compte que le district a compris à quel point il était important que les élèves continuent à étudier leurs langues maternelles, même s'ils perfectionnent leur anglais en même temps. Plusieurs formules sont proposées en fonction des besoins des apprenants, parmi lesquelles des cours de soutien hors de la classe, des aides à l'apprentissage avec un spécialiste pendant le temps de classe ou des programmes d'immersion avec division équitable du temps consacré aux langues étudiées. Un grand nombre de ressources destinées aux enseignants, aux parents et aux élèves sont disponibles à ce sujet sur le site web du district.

Tout programme éducatif qui, en plus de proposer le cursus habituel, valorise la langue et la culture d'origine des élèves et travaille de concert avec les parents volontaires est plus susceptible d'aider les enfants francophones à préserver leur héritage linguistique et culturel. Encore mieux : ces programmes, et tout particulièrement ceux d'immersion bilingue, offrent aux enfants de parents francophones la possibilité d'exceller au niveau scolaire. Nous disposons déjà des supports, des infrastructures et du personnel nécessaires, notamment dans le secteur éducatif, pour fournir un enseignement adéquat à nos enfants, en plus de leurs cours habituels.

Outre cette Révolution bilingue qui gagne actuellement nombre d'écoles publiques du pays, ce qui me fait encore plus croire en un futur prometteur pour la langue française et les cultures francophones sont les programmes de français et d'études francophones, eux aussi en plein essor et parfois déjà bien établis, dans l'enseignement supérieur. Récemment, je me suis rendu à l'université de Floride centrale, à Orlando, pour assister à la cérémonie de remise de diplôme de ma petite-fille. Après la cérémonie, j'ai rapidement parcouru les offres de cursus de cette université. J'ai été agréablement surpris de découvrir qu'elle proposait un programme de français et d'études francophones aux étudiants du premier, deuxième et troisième cycle. À New York, de nombreuses universités en proposent des similaires. À l'échelle nationale, ces programmes ne manquent pas non plus et permettent aux étudiants intéressés d'apprendre la langue française et de découvrir les cultures francophones via la littérature, l'histoire et des échanges à l'étranger. Voici certains des établissements où il est possible de s'inscrire à ceux-ci : l'École doctorale de l'université de la ville de New York, l'université de Columbia, l'université de New York, l'université de Georgetown, l'université catholique d'Amérique, l'Institut polytechnique et université d'État de Virginie (ou « Virginia Tech »), l'université Brown dans le Rhode Island et l'université de Californie à Davis. Cette liste est loin d'être exhaustive ; il ne s'agit que d'une fraction des nombreuses universités où le français et les études francophones figurent en bonne place dans les offres de formation.

Grâce à la Révolution bilingue à l'œuvre dans les écoles maternelles et primaires, les collèges et les lycées, ainsi qu'à l'expansion des programmes axés sur le français et les études francophones dans les universités de tout le pays, je suis convaincu que la francophonie et la francophilie sont toujours bel et bien vivantes aux États-Unis, et qu'elles continueront à l'être. Depuis plus de trois siècles, le français n'est pas seulement une langue d'enseignement et de prestige, mais bel et bien une lingua franca parlée sur tous les continents. Même s'il est possible qu'il ait quelque peu perdu de son éclat, il continue, avec la culture française, à attiser l'intérêt de pléthore d'intellectuels et d'autres individus autour du globe, en particulier aux États-Unis. Après tout, la Francophonie n'est pas qu'une question d'États membres. Ce qui fait sa force, c'est qu'elle compte également sept pays associés, ainsi que 27 pays observateurs.

Pour ma part, je suis certes américain, mais demeure un Africain francophone fier de représenter tout cet ensemble, et suis ravi de voir tous ces programmes bilingues faire leur apparition ou leur retour partout aux États-Unis et dans le monde. Sachons léguer notre héritage à nos enfants afin qu'ils puissent, eux aussi, l'épouser et le maintenir en vie ! Nos enfants n'ont pas la possibilité d'acquérir des langues par osmose comme moi-même et tant d'autres francophones l'ont fait dans leurs pays respectifs. Néanmoins, si nous estimons qu'ils doivent préserver leur héritage culturel et linguistique, nous devons, que nous soyons enseignants ou parents, prendre les devants pour encourager la création et le développement d'encore plus de programmes bilingues.

4. Préservation du français en tant que langue d'héritage aux États-Unis : une nouvelle Révolution française à New York

Agnès Ndiaye Tounkara

Dans l'introduction de leur article « La vitalité du français en tant que langue d'héritage aux États-Unis », paru en 2013 dans le Heritage Language Journal, Jane Ross et Fabrice Jaumont nous rappellent que « Le cas du français est particulièrement intéressant, car les locuteurs qui ont le français pour langue d'héritage sont représentés par plusieurs populations aux circonstances géographiques et historiques distinctes, parmi lesquelles on compte aussi bien des immigrants récents que des descendants des colonies datant de plusieurs siècles. Les Franco-Américains, les Acadiens dans le Maine et les Cadiens en Louisiane témoignent des efforts de protection et de revitalisation du français en tant que langue d'héritage. Dans la ville de New York, ce sont les communautés d'expatriés français et les immigrants francophones récents qui ont collaboré pour assurer le maintien du français. Il s'agit, pour ces groupes, non seulement d'entretenir une identité culturelle, mais aussi de tracer une voie vers la réussite académique et la sécurité financière »[6]. Dans ce chapitre, je m'intéresse aux immigrants francophones récents, basés à New York et avec qui j'entretiens un lien personnel et professionnel. En effet, je suis moi-même une immigrée francophone, et je côtoie ces personnes dans le cadre de mon poste de coordinatrice du programme « French Heritage Language ».

Lorsqu'on me demande d'où je viens, je réponds généralement que j'ai passé un tiers de ma vie au Sénégal, un tiers en France et un tiers aux États-Unis. Sénégalaise, Française et Américaine à la fois, je suis fière d'être une citoyenne du monde. Je suis aussi mère de trois enfants et je me bats, chaque jour, pour qu'ils restent bilingues. Née au Sénégal où j'ai grandi, j'ai ensuite fait mes études supérieures en France, où j'ai vécu pendant 12 ans avant de déménager aux États-Unis. Très ancrée dans mes racines sénégalaises, je cultive également mes identités française et américaine et sais à quel point le fait de parler plusieurs langues, et donc de voir le monde sous des angles différents, est important. Après avoir travaillé dans le secteur de l'énergie en France, mon arrivée aux États-Unis m'a permis de recentrer ma carrière sur mes passions : l'éducation et la langue française. C'est ainsi que je suis devenue, pendant six ans, la directrice du département chargé de l'éducation au sein de l'Alliance Française de Boston. J'ai ensuite déménagé à New York où j'ai dirigé, dans une école bilingue privée, le département des activités extrascolaires visant à promouvoir la pratique du français hors de la salle de classe. Aujourd'hui, je suis coordinatrice du programme « French Heritage Language », une organisation qui aide les immigrants francophones et les jeunes Américains d'ascendance francophone à préserver leur héritage linguistique et culturel.

Quand j'ai commencé à occuper ce poste en 2019, j'étais ravie d'avoir trouvé un autre emploi qui me permettait de rester en contact avec la langue française et avec cette communauté, unique et incroyablement diverse, des francophones du monde entier. Je ne crois pas qu'une autre langue que le français m'aurait permis d'être exposée à tant de cultures différentes, ce qui constitue une grande richesse. En effet, j'ai grandi avec des amis libanais et vietnamiens au Sénégal, j'ai pu sympathiser avec le seul autre élève africain de la première école que j'ai fréquentée en France, je me suis fait de très bons amis francophones originaires des Seychelles, de Belgique et d'Iran à Boston et j'ai aussi rencontré de nombreux Américains francophiles qui aimaient le français encore plus que moi.

Pendant mon enfance au Sénégal, le français était la langue que nous parlions à la maison, ou tout du moins l'une des langues dans lesquelles nous nous exprimions. En effet, mon père parlait également sérère avec sa famille, et ma mère un créole portugais avec ses frères, ses tantes et ses cousins. Car ma mère ne parlait pas la langue maternelle de mon père, et inversement, ils utilisaient le français pour communiquer entre eux et avec moi. J'ai appris un peu de sérère lorsque je rendais visite à mon grand-père dans son petit village, mais je ne l'ai jamais parlé couramment, contrairement au wolof, la langue nationale que tout le monde parlait dans les rues de Dakar, et que j'utilisais au marché et à l'aéroport, entre autres, car je ne voulais pas être considérée comme une étrangère.

Le français est aussi la langue que j'utilisais à l'école : c'est là que j'ai découvert les *Fables* de La Fontaine, Molière et Descartes, mais là où j'ai également lu *Une si longue lettre* de Mariama Bâ et *L'Enfant noir* de Camara Laye. Toutes ces magnifiques œuvres littéraires ont forgé mon identité. Poursuivre ses études en France était un choix évident, pour moi et nombre de mes pairs, du moins pour ceux dont les parents pouvaient se le permettre financièrement. À l'époque, je ne me rendais pas compte à quel point parler français faciliterait la transition entre Dakar et Nancy, une petite ville de l'est de la France. Je suis passée avec une certaine facilité du climat chaud et humide du Sénégal aux hivers froids et secs de Lorraine. J'ai laissé derrière moi ma grande famille sénégalaise pour rejoindre une famille française plus petite, mais non moins chaleureuse, et le délicieux thiéboudienne de ma mère pour la quiche lorraine et la tarte à la rhubarbe de mes hôtes hexagonaux.

L'enseignement était à la fois différent et familier. Les cours étaient en français, et les méthodes et supports utilisés ne m'étaient pas inconnus. Bien sûr, j'ai dû faire face à quelques questions et réactions déstabilisantes, et j'ai remarqué des différences culturelles, ainsi que des dynamiques familiales et des modes d'interaction qui m'étaient étrangers. J'ai aussi pris conscience que ma couleur de peau était différente de celle des autres. Au travail, j'ai senti parfois le poids du passé colonial de la France dans certaines conversations tendancieuses. Cependant, dans l'ensemble, j'ai surtout remarqué de la curiosité intellectuelle et j'ai eu, à plusieurs reprises, l'opportunité de parler de moi et de ma culture à d'autres personnes, ainsi que d'apprendre de ces dernières. Au cours de toutes ces rencontres et de tous ces échanges, certains passionnants et exaltants, d'autres plus difficiles, j'ai pu, car nous parlions la même langue, discuter, convaincre, débattre, comprendre mes interlocuteurs et leur expliquer qui j'étais.

En France, je n'ai jamais ressenti cette frustration qui me poursuit encore aux États-Unis 20 ans après et alors que je suis une adulte parlant un anglais relativement correct. Encore aujourd'hui, j'ai l'impression que mon esprit bouillonnant est emprisonné dans le carcan trop étroit de mon anglais imparfait, ce qui m'empêche d'être complètement moi. Tout au long de mes voyages et de mes expatriations, la langue française a été le pont qui m'a gardée ancrée dans mes racines et mon identité, m'a offert la possibilité de communiquer avec tous les francophones dont je croisais le chemin et m'a, également, permis de vivre des expériences professionnelles enrichissantes. C'est la raison pour laquelle le travail que je fais au sein du programme « French Heritage Language » me tient tellement à cœur, particulièrement à New York où nous travaillons avec des élèves francophones d'Afrique et d'Haïti qui n'ont pas la possibilité de suivre des cours de français à l'école ou de bénéficier d'un enseignement bilingue.

Ces élèves doivent faire face à des difficultés plus grandes que celles que j'ai connues en arrivant en France et aux États-Unis : certains d'entre eux étaient de bons élèves dans les écoles de leur pays, mais se retrouvent maintenant dans un lycée, quelques années seulement avant l'entrée à l'université, dans des classes où personne ne parle leur langue et où leur potentiel est très faiblement valorisé. Ils doivent littéralement tout reprendre de zéro, et sont souvent amenés à redoubler leurs classes, à cause de leurs lacunes en anglais. Par ailleurs, il leur faut s'adapter à de nouvelles normes culturelles et à leur nouvelle identité de « Noirs », dans un contexte socio-économique où l'origine ethnique prend beaucoup de place. Comme moi, lorsqu'ils ont quitté leur pays natal, ils étaient issus d'une famille, d'une région donnée et d'un groupe ethnique partageant une langue, des traditions et des valeurs qu'ils ont précieusement pris avec eux dans leurs bagages ; tout cela dit qui ils sont. Partis de chez eux pour vivre leur « rêve américain », ces jeunes se retrouvent dans des classes monolingues où, tout à coup, leurs identités complexes et variées sont, trop souvent, réduites au simple fait d'être noirs ou apprenants d'anglais. Malheureusement, aucune des cases qu'ils cochent sur les formulaires qu'ils sont tenus de remplir dans leur vie quotidienne (date d'arrivée aux États-Unis, école, université, etc.) ne correspond à ce qu'ils sont vraiment, à savoir des individus plurilingues provenant d'une culture et d'un pays spécifique, et dont l'histoire et les traditions sont riches. Aucune de ces cases ne définit réellement qui ils sont, contrairement aux nombreuses langues qu'ils parlent. Parmi ces dernières, le français, une langue qu'ils partagent tous, avec laquelle ils sont plus ou moins familiers et qui fait d'eux des locuteurs d'une langue d'héritage. On appelle « langue d'héritage » une langue avec laquelle des individus ont un lien personnel (Fishman, *Heritage Languages in America*). C'est la connexion historique et personnelle avec la langue qui compte plus que le niveau de maîtrise[7]. Certains peuvent la parler, la lire et l'écrire, alors que d'autres la parlent ou la comprennent seulement. Il est même possible qu'ils ne la comprennent pas du tout, mais fassent partie d'une famille ou d'une communauté où cette langue est parlée. Elle fait donc partie de leur identité. Notre programme part du principe que la langue française peut constituer une passerelle entre les francophones dans leurs écoles américaines, ainsi que vers leur héritage culturel et leur avenir éducatif et professionnel.

Par le biais de la langue française, nos élèves forment des communautés au sein de leurs établissements, ce qui ne serait pas possible s'ils s'exprimaient tous dans leur langue maternelle. Souvent, c'est grâce au français que nos élèves originaires du Mali, du Sénégal, du Togo ou de Côte d'Ivoire se rapprochent et interagissent. Ils font partie des 2 000 élèves considérés comme des élèves francophones dans les écoles publiques de New York. Ce nombre est toutefois une sous-estimation, car il ne prend pas en compte leur plurilinguisme. En effet, une seule langue peut être indiquée sur le questionnaire qu'ils remplissent à l'école et comme la majorité des élèves sélectionnent l'anglais, le wolof, le peul, le créole haïtien ou l'éwé (une de leurs langues maternelles), le français est souvent ignoré.

Comme Jane Ross et Fabrice Jaumont l'expliquent, « Plusieurs vagues d'immigrants en provenance d'Afrique ont amené plus de francophones dans le pays, dont beaucoup parlent aussi une autre langue chez eux. C'est précisément cette diversité qui rend difficile à déterminer le nombre exact de francophones aux États-Unis, puisque beaucoup d'entre eux parlent également d'autres langues comme le créole haïtien, le wolof, le bambara et l'arabe, ainsi que l'anglais. Il faut également noter que certains habitants sont réticents à rendre compte de leurs langues d'origine »[8]. Comme eux, je pense que le nombre de francophones serait plus élevé que les chiffres ne l'indiquent si cette vaste part de résidents non comptabilisés était prise en compte.

Ces jeunes, arrivés à New York en provenance d'Afrique francophone ou d'Haïti, sont inscrits dans des écoles où on leur propose rarement de suivre des cours dans une autre langue, l'accent étant mis sur l'acquisition de l'anglais. Notre programme, qui a vu le jour à la suite d'un partenariat entre les services culturels de l'ambassade de France et la fondation FACE (French American Cultural Exchange), a pour vocation de remédier à cela.

En novembre 2004, une rencontre a été organisée entre des représentants de l'ambassade de France, diverses fondations et l'université de New York afin de mettre en place un projet visant à accompagner les immigrants francophones récents inscrits dans les écoles publiques de New York. Le programme « French Heritage Language » est le résultat de cette initiative, dont l'objectif est de favoriser l'enrichissement linguistique et culturel tout en facilitant l'acquisition de la langue anglaise. Il s'agit tout particulièrement de promouvoir le bilinguisme en aidant les élèves à maintenir leur niveau en français, ou à le développer, tout en préservant ce lien avec leurs cultures et identités, ainsi qu'à leur faire profiter de davantage d'opportunités de succès dans leur nouvel environnement.[9]

Notre programme est venu en aide à plus de 4 500 enfants au cours des 15 dernières années, à New York, mais également à Miami, à Boston et dans le Maine. Les élèves se retrouvent, après l'école et sous la supervision d'un enseignant, pour entretenir ou améliorer leur français en travaillant sur des projets culturels afin de rester connectés à leur héritage. Notre mission ne s'arrête toutefois pas à la préservation de la langue française : comme Maya Smith l'explique parfaitement dans un article publié en 2017 dans le Critical Multilingualism Studies Journal[10], « Le programme "French Heritage Language" ne permet pas uniquement de pratiquer gratuitement la langue française, mais également d'offrir aux élèves un espace au sein duquel ils peuvent construire leurs identités en tant que locuteurs plurilingues et prendre la mesure de leur héritage culturel ».

Nous exploitons les ressources linguistiques de chacun de nos élèves et partons à la découverte de la littérature et des arts d'Afrique et d'Haïti par le biais de divers projets. Nos classes sont, en effet, très hétérogènes ; le recours à une approche collaborative, autour de projets, est donc particulièrement pertinent. Nous organisons des lectures de livre, des projections de film et des sorties, ainsi que des ateliers avec des artistes et des auteurs issus de communautés francophones du monde entier. La langue française n'appartient plus à la France, mais aux 300 millions de personnes qui la parlent autour du globe (et qui se trouveront bientôt, en majorité, en Afrique)[11]. C'est la langue de la Francophonie, cet espace multilingue au sein duquel de nombreuses cultures francophones cohabitent. En plus de connecter nos élèves à leur héritage, elle constitue pour eux un outil de taille dans un monde où plus de 470 millions de personnes sont vouées à la parler dans les prochaines années.[12]

En 2016, une étude[13] menée auprès de 75 de nos élèves a révélé que 70 % des parents estimaient qu'il était important que leurs enfants continuent à pratiquer le français. En outre, 40 % des élèves ont indiqué que le programme leur offrait les conditions dans lesquelles ils se sentaient le plus à l'aise pour parler français, 23 % ont estimé que cela les aidait à apprendre l'anglais et 23 % ont souligné que cela leur serait bénéfique pour trouver un emploi. En effet, le français peut jouer un rôle clé dans leur réussite scolaire, en plus de faciliter leur accès aux universités, notamment notamment via le Sceau de compétences bilingues et l'examen AP (Advanced Placement) dédié à la langue et à la culture française. Le cours menant à l'examen AP est un cours de français de niveau universitaire et peut permettre aux lycéens des États-Unis d'obtenir des crédits à l'université. Il requiert non seulement de faire preuve d'un certain niveau en lecture et en écriture, mais également d'être en mesure de suivre des cours avancés et de mener des réflexions poussées sur des sujets allant de l'identité aux familles, en passant par les défis à relever au sein des communautés et dans le monde. Chaque année, nous préparons nos élèves à cet examen en leur proposant des cours et deux ateliers intensifs pendant les vacances. Un lycée américain lambda consacre au moins quatre à cinq heures par semaine à la préparation de cet examen. Nos élèves, pour leur part, se réunissent une fois par semaine, à raison de deux heures au maximum. En moyenne, 75 % d'entre eux réussissent à l'examen (en obtenant un score situé entre trois et cinq, le maximum).

Le Sceau de compétences bilingues et le Sceau mondial de compétences bilingues (destiné aux apprenants qui n'ont pas accès aux programmes du Sceau de compétences bilingues) constituent des certifications qui reconnaissent les compétences linguistiques des élèves, que ces derniers peuvent ensuite faire valoir auprès d'universités et d'employeurs. Pour obtenir ces certifications, un certain niveau est attendu en anglais, tout comme en français. Pour les élèves du programme « French Heritage Language », cela implique d'obtenir un score équivalant, au moins, au niveau B1 du cadre européen de référence pour les langues (CECRL). Quatre compétences sont évaluées : l'écoute et l'expression orale interpersonnelles, l'écriture argumentative, l'écoute interprétative et la lecture interprétative. À raison d'une moyenne de deux heures seulement de cours par semaine, les résultats obtenus par nos élèves à cet examen sont semblables aux résultats moyens des élèves inscrits dans des cours consacrés à leur langue d'héritage et à l'examen AP, et qui, eux, dédient cinq à six heures par semaine à la préparation de ce dernier.

La langue française permet également de faire tomber les barrières raciales et socio-économiques. Chaque année, des lycéens de Bretagne rendent, par exemple, visite à nos élèves dans le Bronx. En partageant leurs expériences et en comparant leurs vies, tous se rendent compte que les choses qui les rapprochent sont bien plus nombreuses que celles qui les séparent. En février 2019, à l'occasion d'une visite de deux jours au Lafayette College, nos élèves ont également pu découvrir la vie sur un campus. Organisés en binôme, ils ont pu tisser des liens durables avec des étudiants du département de français dont ils partageaient également la chambre. En outre, une présentation exhaustive du processus d'admission dans les universités américaines, complexe, leur a été fournie par un employé chargé de ces questions. Ils ont même pu participer à un cours de français. Là encore, c'est la langue française qui a servi de pont et a permis à des élèves noirs du Bronx et de Brooklyn de faire l'expérience d'un monde qui leur semblait, pour la plupart, inaccessible. Avec cette visite, ils ont pris conscience du fait que leur multiculturalisme était valorisé, que leur bilinguisme était un atout et qu'ils avaient quelque chose d'unique à apporter à une promotion universitaire. Si nous vivions dans un monde parfait, un programme tel que le nôtre n'aurait pas lieu d'exister et tous ces jeunes seraient inscrits à des cursus bilingues faisant la part belle à leurs compétences linguistiques, et par l'intermédiaire desquels ils contribueraient à l'enrichissement de toute une communauté. Les atouts de l'apprentissage bilingue et de la préservation des langues d'héritage ont été soulignés par des chercheurs et scientifiques du monde entier : avantages cognitifs, meilleurs résultats scolaires, risques plus limités d'abandon des études, créativité et pensée critique optimisée, ouverture d'esprit et ouverture culturelle.

À New York, la Révolution bilingue[14], débutée il y a plusieurs années, est toujours en cours. Ce mouvement, mené par des parents et des représentants de communautés, a déjà permis à plus de 2 000 élèves de profiter d'un enseignement bilingue de haute qualité dans 11 écoles de Manhattan et de Brooklyn. Il reste néanmoins encore beaucoup à faire, 70 % des programmes bilingues étant destinés aux élèves du primaire et du collège. D'après le rapport de 2020 du district scolaire de New York sur les apprenants d'anglais, 43 % des élèves inscrits dans des écoles publiques parlent une langue autre que l'anglais.[15] De plus, seuls 6,21 % des élèves qui parlent une autre langue à la maison ont accès à des programmes bilingues. Le district scolaire reconnaît, cependant, que le renforcement des compétences en lecture et en écriture dans la langue maternelle de ces élèves a un impact positif sur leur apprentissage de l'anglais, ainsi que sur leur bien-être social et émotionnel. En effet, leur estime d'eux-mêmes est meilleure d'un point de vue linguistique et ils se sentent davantage liés à leur langue.

Aucun des 11 programmes bilingues évoqués plus haut n'est proposé dans le Bronx, alors que plus de 22 000[16] locuteurs du français (âgés de cinq ans et plus) y ont été recensés en 2018 par le Bureau du recensement des États-Unis, dans le cadre de l'enquête « American Community Survey ». Parmi les langues parlées dans les foyers, le français figure en huitième position dans toute la ville de New York (le créole haïtien arrivant même avant lui, en sixième position). Il atteint néanmoins la quatrième place à Manhattan et dans le Bronx, voire même la deuxième et la troisième dans certains quartiers, en raison de la présence des communautés francophones d'Afrique et d'Haïti. Le nombre de locuteurs ne va d'ailleurs pas cesser d'augmenter : un peu plus de deux millions d'immigrants provenant de l'Afrique subsaharienne vivaient aux États-Unis en 2018. Bien que cette part demeure faible, car représentant seulement 4,5 % de la population immigrée du pays, elle est en hausse rapide. Entre 2010 et 2018, la population en provenance de l'Afrique subsaharienne a augmenté de 52 %, ce qui va bien au-delà des 12 % correspondant à la part de personnes nées à l'étranger et vivant aux États-Unis à la même période. Le grand New York et Washington sont les deux zones métropolitaines américaines ayant comptabilisé le plus d'immigrants en provenance de l'Afrique subsaharienne entre 2013 et 2017, le Bronx étant la deuxième région, dans tout le pays, à présenter la plus forte concentration de ces mêmes immigrants[17].

Aspirant à plus d'inclusivité à ce niveau, la ville de New York a adopté le principe de la « Culturally Responsive Sustaining Education (CRSE) »[18]. Cette initiative positive met en valeur le fait que les cultures des élèves sont aussi importantes les unes que les autres et que cette diversité doit être exploitée en salle de classe. L'objectif est le suivant : passer d'un monde où il existe des cultures dominantes et des cultures marginalisées à un monde où toutes les cultures ont la même valeur, et où les écoles valorisent et tirent parti des nombreuses connaissances de chacun, y compris d'un point de vue linguistique.

Le programme « French Heritage Language » est conçu pour aider les élèves à développer leurs compétences en lecture et en écriture, tout en mettant l'accent sur l'inclusivité et l'héritage culturel. Conformément aux principes de la CRSE, il s'articule autour d'un cursus qui met à l'honneur les cultures de tous les pays dont les élèves sont issus et offre à ces derniers la possibilité à de se préparer à des examens où leurs communautés sont traditionnellement très peu représentées. Davantage de programmes bilingues doivent être proposés dans les écoles publiques de New York, et pas uniquement dans les lycées internationaux[19]. Toutes les communautés comptant un nombre élevé de francophones doivent pouvoir en profiter, et l'implication de la direction des écoles et du district scolaire est essentielle.

L'efficacité de notre programme, fruit d'une collaboration fructueuse entre la fondation FACE et les services culturels de l'ambassade de France, est avérée et répond aux besoins des locuteurs qui ont le français pour langue d'héritage. Reste à convaincre les parents que leurs enfants ont tout à gagner dans des programmes bilingues. Si nous y parvenons, toutes les conditions évoquées par Jane Ross et Fabrice Jaumont[20] pour mettre en place des initiatives linguistiques réussies au bénéfice des communautés concernées sont alors réunies et une nouvelle Révolution française peut dès lors débuter !

5. Le Sisyphe du bayou, ou l'absurdité d'écrire en anglais lorsqu'on se sent avant tout d'ascendance française

David Cheramie

La plupart des gens sont aujourd'hui familiers du mythe de Sisyphe grâce au livre du même nom publié en 1942 par Albert Camus, écrivain existentialiste français. Son sous-titre, « Essai sur l'absurde », dévoile une grande partie de l'intrigue, mais comme ce n'est pas un roman, ce n'est pas dramatique. Sisyphe, c'est cet homme condamné, pour toujours, à faire rouler une pierre jusqu'au haut d'une montagne d'où elle finit toujours par retomber. Effectivement, il n'y a rien de plus absurde que cela. Ce que nous savons moins, par contre, c'est comment Sisyphe a pu être puni d'un tel châtiment, ou même qui cette personne était exactement.

D'après la légende, Sisyphe était le premier roi d'Éphyra, le nom d'origine de l'ancienne ville-état de Corinthe. À la tête d'un royaume prospère, il n'en était pas moins un tyran sournois et maléfique qui n'hésitait pas à occire les individus qui croisaient sa route. Ce ne sont pas tant ses appétits meurtriers qui ont commencé à provoquer la colère des dieux (eux-mêmes connus pour leur propension à rayer les mortels de la carte), mais plutôt son manque d'hospitalité. Ce n'est cependant pas ce qui lui a valu sa punition éternelle. Un jour, Zeus se transforme en aigle pour enlever la nymphe Égine, fille du dieu-fleuve Asopos. Après avoir appris son enlèvement, Asopos les suit tous les deux jusqu'à Éphyra. Là-bas, Sisyphe, en fin négociateur, accepte de lui indiquer, en échange d'un puits, dans quelle direction est parti ce fameux grand oiseau tenant une femme dans ses serres. Quand Zeus découvre qu'il a été dénoncé, il ordonne à Thanatos, dieu de la Mort, d'enchaîner Sisyphe et de l'emmener aux Enfers. Une fois Thanatos arrivé avec ses chaînes, Sisyphe lui demande de lui expliquer comment elles fonctionnent. Il se montre tellement bon professeur que Sisyphe parvient lui-même à l'enchaîner... Thanatos se retrouve dès lors dans l'incapacité de faire ce pour quoi il a été engagé, à savoir priver les êtres humains de leur vie sur Terre. Comme plus personne ne meurt, tout vire rapidement au chaos. Arès, dieu de la Guerre, est furieux de ne plus pouvoir s'amuser en regardant les gens s'entretuer lors de batailles. À tel point qu'il va lui-même libérer Thanatos afin que ses activités favorites reprennent.

La mort ayant recommencé à emporter les vivants, Sisyphe sait qu'il ne pourra plus échapper encore longtemps à son destin. Avant de passer l'arme à gauche, il demande à son épouse, Mérope, de jeter son cadavre dans les rues, ou plutôt dans les espèces de tranchées qu'elles étaient sûrement à l'époque. Ayant déjà dû marchander avec un dieu pour faire arriver l'eau courante dans sa ville, on peut définitivement en conclure que l'urbanisme n'était pas son fort ! Quoi qu'il en soit, il savait que son corps finirait par s'échouer sur les rives du Styx. Une fois arrivé chez les morts, il part à la rencontre de Perséphone, reine des Enfers, et se plaint auprès d'elle des funérailles médiocres que sa femme lui a organisées. Émue, Perséphone l'autorise à retourner parmi les vivants, à condition qu'il revienne une fois qu'il aura été inhumé dans des conditions plus « traditionnelles ». Fidèle à sa réputation, il n'honore évidemment pas sa promesse et défie la Mort, encore. Zeus ordonne à son messager, Hermès, d'emmener à nouveau Sisyphe auprès d'Hadès afin qu'il soit corrigé comme il se doit. Cette fois, Sisyphe se résigne, et voilà que débute son long « je t'aime moi non plus » avec sa montagne et sa grosse pierre... Vous vous demandez, à juste titre, quel est le lien de tout cela avec la langue française en Louisiane ? Laissez-moi vous l'expliquer en vous racontant une autre histoire, mais là avec des personnes et des événements bel et bien réels.

L'autre jour, je suis tombé sur une version numérisée du journal de ma ville natale, le « Lafourche Gazette ». L'exemplaire datait du 12 mai 1976. Sur la partie droite de la première page, on peut y lire le titre « French President to Visit South Louisiana » (« Visite prochaine du président français en Louisiane du Sud ») qui annonce l'arrivée imminente de Valéry Giscard d'Estaing dans l'État des bayous. Sur invitation officielle du président Gerald Ford, afin de marquer le bicentenaire de la Révolution américaine, en reconnaissance de l'alliance de longue date entre la France et les États-Unis et pour célébrer le rôle crucial joué par la France dans la victoire des Américains contre les Britanniques, Valéry Giscard d'Estaing est venu accompagné de la première dame, Anne-Aymone Giscard d'Estaing. Il était notamment prévu qu'ils se rendent, en plus de Washington, à La Nouvelle-Orléans et à Lafayette. L'article mentionne ensuite notre gouverneur francophone Edwin W. Edwards, le président francophone de l'université de Louisiane à Lafayette, Ray Authement, le maire de Lafayette, Kenneth Bowen et, cela va de soi, le Conseil pour le développement du français en Louisiane (CODOFIL), présidé par l'ancien membre du Congrès James Domengeaux. L'arrivée du président de la République française dans une région des États-Unis où le français était toujours parlé au quotidien par près d'un million d'habitants a, évidemment, nécessité de nombreux préparatifs.

Même si Valéry Giscard d'Estaing ne s'est finalement jamais rendu dans la ville où je suis né, Golden Meadow, je me rappelle toutefois de la visite de certains journalistes français quelques années avant. Ils faisaient très probablement partie des 150 journalistes invités au premier « Hommage à la musique acadienne », rebaptisé plus tard « Festivals acadiens et créoles », qui eut lieu, lors d'une soirée sombre et orageuse du printemps 1974, au Blackham Coliseum de Lafayette. J'avais presque terminé mon année de troisième au Golden Meadow Junior High, l'établissement où j'ai suivi mes premiers cours de français avec M. Lefort. Je l'avoue, j'ai été incapable de discuter avec les journalistes et je me rappelle de peu de choses au sujet de leur visite, si ce n'est le bourgogne rouge servi à la réception : du Château du Marquisat. Mon vocabulaire était assez étendu à l'époque (je connaissais de nombreux mots, mais j'avais des difficultés à construire des phrases complètes) et j'étais le meilleur élève de ma classe (c'est vrai, je ne dis pas ça juste pour me vanter !). Néanmoins, je ne faisais encore que découvrir la pierre que j'allais, moi aussi, devoir pousser jusqu'en haut de ma montagne, et ce pendant toute ma vie d'adulte. Cela dit, même si je ne parlais pas encore français couramment, la prononciation n'a, elle, jamais été un problème, car j'ai toujours su à quoi cette langue ressemblait à l'oral. Par exemple, j'étais déjà familier des sons voyelles « u » et « eu », qui sont la bête noire de la majorité des apprenants anglophones (et présents tout particulièrement dans certains jurons, que j'ai bien sûr appris en premier). Quelques années plus tard, j'obtiendrai mon doctorat en études francophones des mains de Ray Authement, je parlerai français avec l'ancien gouverneur Edwards et je deviendrai le directeur de l'organisation fondée par

James Domengeaux. À ce moment-là, je ne le savais pas encore, mais je venais d'être condamné à tenter, éternellement, de convaincre la Mort d'épargner le français en Louisiane.

Je n'ai pas été élevé dans la langue française, bien qu'il s'agissait de la langue maternelle de mes parents et de la seule langue que l'une de mes grands-mères parlait. Les raisons pour lesquelles la transmission orale de la langue s'est interrompue étant déjà bien connues, il n'est pas nécessaire d'entrer dans les détails ici. Il n'en reste pas moins qu'elles s'appliquent à ma situation et à celle de la plupart des autres membres de ce qu'on appelle la « génération perdue ». Alors que je poussais ma pierre, je me suis rendu compte, au cours de ces plus de quarante années passées à vivre et à respirer la langue française, qu'il existait des forces particulièrement puissantes qui me repoussaient dans la direction opposée. Tout comme le très malin Lapin, figure traditionnelle du folklore louisianais, déjoue les manœuvres de rivaux bien plus grands et forts que lui, nous devions mettre en place des stratégies qui nous permettraient de préserver notre langue et nos coutumes francophones, ainsi que de les protéger face à de très fortes et vigoureuses tentatives d'assimilation. Par ailleurs, nous avons dû adopter certains comportements pour prouver que nous étions d'authentiques Américains et ne fomentions pas quelque révolte ou insurrection (une chose que l'on aime pourtant bien faire en Louisiane, comme l'Histoire l'a prouvé).

Afin d'étouffer toute suspicion séparatiste, rien de mieux que de faire réciter le serment d'allégeance au drapeau des États-Unis et chanter l'hymne national américain *en français*. Les élèves des classes d'immersion francophone qui faisaient preuve d'un tel patriotisme ne pouvaient, en effet, pas constituer une menace. Même si l'on peut désormais s'exprimer librement dans cette langue, l'usage du français se cantonne souvent à des événements discrets comme les Tables Françaises, et ne fait son apparition que sur certains panneaux bilingues. Il n'est donc pas prêt de venir menacer le territoire anglophone. Tant qu'il n'est pas trop parlé à la maison, le français est toléré... « Je vais le dire en anglais, pour que tout le monde comprenne » est une chose que l'on entend souvent. Certes, les choses ont évolué. Autrefois, parler français en public était vu d'un mauvais œil. Aujourd'hui, des gens viennent me dire qu'ils regrettent que leurs parents ne leur aient pas appris la langue. Cependant, on continue surtout à *discuter* du français plutôt qu'à le *parler*. De mon point de vue, nous nous berçons d'illusions si nous pensons qu'il est possible de promouvoir le français en le faisant en anglais.

Les expressions culturelles typiques sont pléthore, en particulier dans les chansons, et la transposition, en français, de la culture américaine dominante semble être l'alternative la plus souvent privilégiée. *The Cajun Streak* de Belton Richard, la version française de la chanson *The Streak* de Ray Steven, en est un bon exemple. En outre, l'enregistrement et l'interprétation en français de chansons contemporaines aussi diverses et variées que *La tour de garde* (*All Along the Watchtower* à l'origine), *Trois petits tchocs* (*Three Little Birds* à l'origine) ou *Quand la levée casse* (*When the Levee Breaks* à l'origine) par des membres de la génération X et Y attestent clairement d'une volonté de laisser une place à notre culture et à notre langue dans un environnement majoritairement américain. Personnellement, la quasi-totalité de mes références culturelles correspond aux références habituelles, issues de la culture anglo-américaine, de ma génération (U2, Ramones, B-52s, etc.). J'apprécie certes la musique cadienne et zydeco traditionnelle, mais je ne peux pas dire qu'elle soit souvent mon premier choix lorsque je recherche des choses à écouter sur YouTube ou Amazon Music. Ce n'est même pas mon premier choix en termes de musique francophone, car je me tourne plutôt vers Jacques Brel, Édith Piaf, Serge Gainsbourg et Françoise Hardy pour ce qui est du français européen, et vers les classiques acadiens comme 1755, Édith Butler et Suroît pour le français américain. Des chanteurs plus modernes, comme Lisa LeBlanc et Radio Radio, font également partie de mes favoris. Cela dit, j'écoute quand même des artistes francophones louisianais, à ceci près qu'ils font de la musique moins traditionnelle, comme Zachary Richard, Feu Follet et Île Dernière. Peut-être car ils permettent de lier ces deux mondes entre lesquels je dois constamment osciller. Je pense d'ailleurs à la traduction en français du terme « Louisiana Purchase », faisant référence à la session de la Louisiane. « purchase » signifie « achat », or c'est « La vente de la Louisiane » qui a été choisi, et non « L'achat de la Louisiane ». En raison de cette dualité dont je parle avant, j'ai, moi aussi, l'impression d'être constamment acheté et vendu par les deux cultures.

En Louisiane, le français est intégré à la vie publique uniquement dans une certaine limite. Il sera toujours considéré comme une langue de seconde zone, loin de remettre en cause l'anglais qui prévaut largement, et ce même si nombreux sont les militants qui s'impliquent pour lui. Il n'existera jamais de système éducatif public ou de système de santé francophone distinct, ni de services gouvernementaux de quelque forme que ce soit, accessibles en français. La viabilité économique semblant déterminer l'utilité de préserver la langue française au sein d'un écosystème qui serait créé par et pour les francophones louisianais, il existe très peu de probabilités, si ce n'est aucune, qu'une véritable université francophone, qui permettrait de former les professionnels nécessaires au développement d'une telle communauté, voie prochainement le jour.

D'après moi, employer le français seulement pour le « spectacle », par exemple lors de la récitation du fameux serment d'allégeance ou à l'occasion d'autres démonstrations de patriotisme, ne peut que contribuer à ostraciser durablement cette langue. Nous cherchons aussi toujours à calquer le français sur l'anglais. Cela me rappelle notamment l'expression anglophone « Holy crap » (« Merde alors » en français) que des personnes ont, un jour, relevée sur la page Facebook du groupe « Cajun French Virtual Table Française ». Ces dernières demandaient à ce qu'elle soit traduite mot à mot, or imposer qu'un modèle anglo-américain soit appliqué à un concept créole n'a pas de sens (opter pour « Sainte merde » serait effectivement totalement absurde). Une langue est l'expression de la culture dont elle est issue. D'après certains étymologistes, l'expression « Raining cats and dogs » pourrait provenir de « catadupe », un terme du vieil anglais faisant référence à une cataracte ou à une chute d'eau. Logiquement, le français ne dérive pas de ce terme, c'est pourquoi « Il pleut des chats et des chiens » ne peut pas être la traduction qui convient. « Il pleut comme vache qui pisse », par contre, s'applique déjà plus à la ruralité de certaines régions françaises.

Nous ne sommes pas les mêmes d'une langue à l'autre. En apprenant le français, j'ai eu l'impression d'ouvrir des portes qui m'ont permis de libérer des parties cachées de ma personnalité. Comme c'est le cas pour de nombreux membres de ma génération ayant appris le français en tant que langue seconde, nous n'avons pas seulement acquis une langue, mais bel et bien fait ressortir et laissé s'exprimer des choses qui étaient enfouies au fond de nous. Sans accès à la langue française, nous n'aurions pas accès à cette facette de notre identité (même si nous aimons prétendre le contraire). Nous devons également vivre un phénomène, au nom particulièrement pertinent, de « schizophrénie linguistique ». Si la langue française n'est pas réellement valorisée, que ce soit sa variante louisianaise ou sa version « standard », nous ne sommes pas simplement considérés comme inférieurs par rapport aux anglophones, mais également forcés de nous épuiser à gérer tous ces conflits intestins qui finissent inutilement par nous éloigner non seulement les uns des autres, mais aussi des autres locuteurs francophones du monde entier. Pour remédier à cela, la seule solution est de pouvoir être totalement nous-mêmes dans les deux langues.

L'enseignement du français ayant été longtemps interrompu en Louisiane, utiliser des termes comme « lagniappe » [petit cadeau fait à un client] ou « couillon » (parfois anglicisé en « coo-yon » à l'écrit), remplacer la lettre « o » par le suffixe « -eaux » pour plaisanter (par exemple, « Sneaux » pour « Snow » [neige]) et employer l'expression « Laissez les bons temps rouler » [équivalent de l'expression anglaise « Let the good times roll »] à toutes les sauces (je ne la supporte pas, car réductrice) est tout ce qu'il reste pour nous donner l'illusion de cette « francité ». À quoi ressemblerait notre français si nous avions reçu un enseignement dans cette langue ? Que se serait-il passé si, en Louisiane, un accord avait été conclu avec la population catholique francophone, comme cela a été le cas avec l'Acte de Québec de 1774 qui a reconnu aux sujets britanniques francophones le droit de pratiquer leur religion et leur langue ? Considéré comme l'une des pires « Lois intolérables » par les Treize Colonies (qui donnèrent plus tard naissance aux États-Unis), l'Acte a été adopté à la suite du Boston Tea Party et d'autres mouvements de révolte contre la Couronne britannique. Le rôle joué par l'Église catholique pour soutenir la préservation du français dans les Provinces Maritimes a également été primordial. Ces questions sont évidemment intéressantes, mais se les poser trop longtemps en vain n'a pas particulièrement d'intérêt. En effet, il serait dorénavant bien plus judicieux de nous consacrer au développement de nouvelles stratégies. Certaines sont bien mises en place pour combattre l'érosion du littoral louisianais, alors pourquoi ne pas faire la même chose, mais cette fois-ci avec le français, pour protéger ce qu'il reste à sauver ?

Ayant été formée par les dépôts de limon du Mississippi qui s'étalent dans son delta, la Louisiane est naturellement dépourvue de pierre que je serais condamné à rouler comme Sisyphe, sur la pente d'une montagne qui n'existe pas non plus chez nous. La plupart des Cadiens et des Créoles ont choisi l'anglais il y a des générations (enfin, je devrais plutôt dire que ce choix leur a été imposé). Cette histoire nous a été maintes fois répétée, comme je l'ai déjà dit plus haut. Nos parents, grands-parents et arrière-grands-parents étaient punis et humiliés s'ils parlaient français. Ils nous parlaient dès lors en anglais, mais continuaient à communiquer en français entre eux pour que nous ne comprenions pas certaines choses. En normalisant de tels procédés à l'encontre d'une langue et d'une culture, une société qui fonctionnait bien a tout bonnement été transposée par la force dans une autre. Je ne vais pas trop loin en faisant un parallèle entre notre histoire et le colonialisme. Le fait de devoir écrire ce chapitre en anglais prouve effectivement que nous avons, encore, un long chemin à parcourir avant d'être en paix avec ce passé fracturé. Pour être tout à fait honnête, je ne me suis jamais senti moi-même en parlant anglais. J'ai toujours su que j'étais d'ascendance française avant tout, même si je ne savais pas parler français. Témoigner de mon expérience de francophone louisianais « revenu à la vie », mais en anglais, équivaut, selon moi (et je ne pense pas exagérer en le disant), à une tromperie, si ce n'est à une vraie trahison. Parler et écrire la langue qui nous a été imposée par la force, et même si je le fais bien, ne me procure ni satisfaction ni sentiment d'accomplissement. Voir mes travaux rédigés en anglais parmi ceux d'autres écrivains anglophones ne me donne absolument pas la sensation de faire partie de la même famille que ces derniers. Je me considère toujours comme l'étranger. Ne vous méprenez pas : j'admire évidemment de nombreux écrivains anglophones, et je trouve mon inspiration auprès d'eux. Néanmoins, tout comme un ami me l'a dit il y a longtemps, « Je suis un Américain, mais pas américain ». C'est seulement lorsque je me retrouve parmi d'autres locuteurs, écrivains et poètes francophones, et même si je sais que je suis loin d'avoir le talent de la plupart d'entre eux et que nos opinions et goûts peuvent parfois grandement diverger, que je sais que je suis réellement avec les miens, à savoir des personnes qui parlent la même langue que moi, au sens littéral comme au sens figuré.

Les adjectifs qui s'accordent avec les noms... Au passé composé, les adverbes venant s'intercaler entre l'auxiliaire et le participe passé, et le placement, dans certains cas, de l'objet devant le verbe qui nous fait nous interroger tout d'abord sur la relation entre le sujet et l'objet, puis ensuite sur la nature de ce lien... Tout cela crée une musicalité, une ambiance et une texture qui me font me sentir dans mon environnement. Prenons une phrase aussi simple que « Je t'aime ». Le sujet « Je » définit l'action, ici celle d'aimer. En premier lieu, je dois déterminer que je fais quelque chose, à savoir aimer. Tant que je ne mentionne pas l'objet de mon amour, ici « te » (pour « tu »), nous ne savons pas encore ce que j'aime. Il existe ici un « je » subjectif et un « tu » objectif qui sont liés, et dont la relation est la première chose à laquelle on s'intéresse avant même de savoir à quelle action elle donnera lieu. Cette relation entre ce « je » et ce « te », ce « moi » et ce « toi », est d'ailleurs renforcée par l'élision de la lettre E avant la première lettre du mot « aimer », une voyelle. La phrase « Je t'aime » devient donc presque un mot à elle seule, et encore plus lorsqu'elle est prononcée « J't'aime ». « Je t'aime » est une belle expression que l'on n'utilise pas assez, même lorsque l'on s'aime vraiment. Les Avett Brothers disaient d'ailleurs, dans une de leurs chansons, que ce sont « trois mots qui sont devenus difficiles à dire » (« three words that became hard to say »).

Joseph Campbell a écrit que la mythologie était l'avant-dernière vérité car l'ultime vérité ne peut pas être exprimée par des mots. Au début de son livre, Albert Camus se demande si la vie vaut la peine d'être vécue. En sachant que nous n'atteindrons jamais l'ultime vérité, ni le sommet de la montagne comme Sisyphe, nous devons, en tant que Louisianais francophones, nous poser la question suivante : la vie vaut-elle la peine d'être vécue en Louisiane sans le français ? Nous aussi, nous avons maintes fois déjoué la Mort et, comme Zachary Richard et Barry Jean Ancelet (et parfois moi-même) le rappellent habilement dès qu'une personne s'interroge sur la viabilité de la langue française, « Chaque fois qu'on veut fermer son cercueil, le cadavre [de la francophonie louisianaise] se dresse et demande une autre bière ». Pour combien de temps, par contre ? Le français va-t-il vivre ou mourir, ou va-t-il survivre dans un état comateux ?

Si nous voulons vraiment mettre fin à cette crise existentialiste que vit le français en Louisiane et redonner vigueur à cette langue afin qu'il y retrouve son droit de cité, il est possible que le mythe de Sisyphe ne soit pas la bonne métaphore. Peut-être devrions-nous plutôt penser au film « Un jour sans fin ». Comme le personnage joué par Bill Murray, nous nous réveillons chaque jour en revivant le même scénario, et en répétant plus ou moins les mêmes gestes à chaque fois. Néanmoins, comme lui, nous pouvons, grâce à une prise de conscience quotidienne et en apprenant chaque jour, nous rapprocher, petit à petit, d'un but qui nous semble pour le moment atteignable. Une fois cette montagne gravie, Sisyphe aura peut-être retrouvé le bonheur.

6. Le français, la ressource naturelle la plus durable, bien que non développée, de la Louisiane, ou comment tirer parti du tourisme culturel pour faire revivre les langues d'héritage de cet État

Joseph Dunn

Louisiane, La Nouvelle-Orléans, Bâton-Rouge, Lafayette : dans l'imaginaire collectif des Américains et des gens du monde entier, ces noms de lieux ont un fort pouvoir d'évocation. Aux États-Unis, ils sont utilisés dans leurs versions anglicisées (Louisiana, New Orleans, Baton Rouge, Lafayette), mais leur origine française demeure évidente. Depuis le milieu du 20e siècle au moins, ils viennent se glisser au côté d'expressions révélatrices comme « Bayou », « Cadien », « Zydeco », « Laissez les bons temps rouler », « Creole » (Créole), « Fleur de Lys », « Acadians » (Acadiens), « Gumbo » (Gombo), « Zachary Richard », « Jambalaya », « Tony Chachere's Creole Seasoning » (Assaisonnement créole de Tony Chachere) ou « Boudin » dans des campagnes de promotion du tourisme en Louisiane. L'histoire, l'héritage et la culture francophone sont mis en valeur pour encourager les visiteurs à découvrir l'État et à dépenser leur argent dans toute une variété de restaurants, d'attractions et d'hébergements. Le but de cette stratégie, hier comme aujourd'hui, est de donner l'impression, dans les pays et régions où l'on parle français, que la Louisiane est effectivement une enclave francophone où il est possible de consommer dans la langue de Molière. Dans la réalité, les choses sont cependant quelque peu différentes.

Les chiffres

Le tourisme et la culture font partie des cinq principaux moteurs économiques de l'État de Louisiane. En 2019, on comptait 242 000 emplois dans le tourisme et 171 486 dans la culture, et près de 20 milliards de dollars de dépenses dans ces secteurs-là. En mars 2020, le gouverneur de Louisiane a fait le choix de fermer les frontières de l'État en raison du COVID-19. Cette mise sous cloche imposée a été décidée au tout début de la saison touristique du printemps, réputée pour ses festivals et attirant généralement un nombre très élevé de visiteurs internationaux, y compris de nombreux francophones. La fermeture de la Louisiane a également coïncidé avec une annonce faite par le lieutenant-gouverneur (un agent élu de cet État chargé de superviser le Département de la Culture, des Loisirs et du Tourisme), révélant que les chiffres de 2019 avaient dépassé ceux des années précédentes, avec 53,2 millions de visiteurs et des dépenses directes équivalant à près de 19 milliards de dollars[21]. D'après des statistiques provenant de diverses sources et compilées par l'Office du tourisme de la Louisiane, environ 352 200 touristes provenant de pays ou de régions francophones ont visité l'État entre 2015 et le printemps 2020 et dépensé des sommes avoisinant les 40 638 820 dollars au total[22].

Les universités

Même si la part de visiteurs francophones est élevée, et alors qu'elle influe clairement sur l'économie de la Louisiane, un examen rapide des cursus permettant d'obtenir une licence en gestion hôtelière et touristique, dans l'une des universités de l'État, montre qu'aucun d'entre eux ne nécessite l'étude de cette langue mondiale qu'est le français. Ceci entre parfois en contradiction avec l'argumentaire employé pour attirer de nouveaux étudiants, comme l'atteste cet extrait provenant de la page dédiée au cursus en gestion hôtelière et touristique de l'université de la Louisiane à Lafayette :

> Lafayette, ville touristique. Lafayette, située en plein cœur du pays cadien, attire des milliers de visiteurs qui dépensent des centaines de millions de dollars chaque année. Alors que notre région est réputée pour sa délicieuse gastronomie, ses paysages uniques et l'hospitalité de ses habitants, vous apprendrez à partager notre culture avec les visiteurs de passage ou avec les personnes qui considèrent Lafayette comme leur chez soi[23].

Même cette université, qui aime se présenter comme « L'université des Acadiens » et met l'accent sur sa localisation en territoire cadien, ne requiert pas l'apprentissage du français par les étudiants se spécialisant en tourisme et en gestion hôtelière et touristique.

Les écoles

Beaucoup a été dit et écrit au sujet des écoles d'immersion française de la Louisiane. Ces programmes d'enseignement, permettant à plus de 5 000 élèves louisianais de suivre chaque jour jusqu'à 70 % de leurs cours en français, sont salués et considérés comme les réels incubateurs des futures générations de francophones louisianais. Du point de vue des parents, les enfants bilingues ont davantage de chance de recevoir une bourse d'études secondaires et de gagner un salaire plus élevé dans leur vie d'adulte. Du point de vue des directeurs d'école, les élèves bilingues sont plus susceptibles d'obtenir de bons résultats aux examens standardisés. Outre les élèves inscrits dans les programmes d'immersion, plus de 30 000 étudient le français en tant que seconde langue au collège et au lycée[24]. Cela dit, le nombre d'élèves étudiant l'espagnol est deux fois, voire trois fois plus important que celui de ceux apprenant le français. Étonnamment, l'apprentissage du français n'est plus proposé dans de nombreuses écoles louisianaises, et même dans des régions historiquement francophones. Le lycée Central Lafourche High School de Mathews, par exemple, n'a pas de professeur de français, alors même que la paroisse de Lafourche est l'une des régions les plus francophones de l'État.

Le nombre toujours croissant d'habitants d'origine hispanique, ainsi que le poids économique de la communauté hispanophone, peuvent expliquer ce retrait du français des écoles louisianaises. On notera d'ailleurs que certains élèves, parents et directeurs d'école considèrent que l'espagnol est plus « utile » dans la mesure où il s'agit, en Louisiane, d'une langue synonyme de consommation de masse, tout comme partout ailleurs aux États-Unis. Pour eux, ce n'est pas le cas du français. Cette constante opposition entre les deux langues a amené les officiels à s'interroger sur l'intérêt d'ouvrir et de maintenir des programmes d'immersion française et de français langue seconde. En effet, s'il n'existe aucune possibilité de pratiquer le français dans l'enseignement supérieur et dans le cadre d'un emploi, et ce même dans le tourisme (l'une des cinq principales sources de richesse de la Louisiane), pourquoi continuer ?

Les lois

À l'occasion de sa restructuration en 2010, le Conseil pour le développement du français en Louisiane (CODOFIL) a été chargé de travailler à la création d'un label destiné à mettre en valeur les festivals et entreprises en mesure de s'adresser aux francophones dans leur langue.[25] Conformément à l'Article 6 des Statuts révisés 25:651 de la Louisiane, le CODOFIL devait « développer un système de certification qui permettrait aux professionnels de la vente, aux festivals et aux restaurants ad hoc d'arborer un logo attestant de leur capacité à accueillir les francophones ».

Afin de faciliter l'identification des services et des autres entités à même d'assister les visiteurs en français, à l'oral ou à l'écrit, l'initiative « Oui ! » a également été lancée en 2019. Comme l'indique le site web du CODOFIL, « Avec l'Initiative Oui ! - autrefois FrancoResponsable /French-Friendly - le CODOFIL cherche à identifier et cataloguer les entreprises louisianaises qui peuvent offrir des services en français. Pour faire partie de ce réseau, une entreprise doit utiliser le français oralement (au moins un membre du personnel qui parle français) et/ou par écrit (une carte, des brochures, un site web, etc. en français) ».

Par ailleurs, le « Louisiana French Language Services Act » de 2011 (Statuts révisés 25:671-674 de la Louisiane) requiert d'identifier des membres francophones au sein des structures gouvernementales fédérales, « dans la mesure du possible, afin de fournir, en français, des services gouvernementaux aux citoyens francophones et aux autres visiteurs », ainsi que pour « aider les citoyens louisianais parlant français à traiter avec les structures gouvernementales, et à bénéficier des services de ces derniers, afin de préserver, sur le long terme, l'héritage culturel francophone historique de la Louisiane ».

En matière de tourisme, le texte indique également que de telles initiatives doivent être prises « pour assister les visiteurs francophones de l'État et, ainsi, favoriser l'augmentation du tourisme et des investissements par les pays francophones ». Par conséquent, « le Département de la Culture, des Loisirs et du Tourisme doit exhorter les Offices du tourisme à appliquer un programme similaire dans l'ensemble de l'État ». Le Louisiana French Language Services Act, non financé, n'a pas été appliqué malgré son inscription dans la loi en 2011.

Le marché du travail

Malgré l'existence de l'initiative Oui! et de l'adoption du Louisiana French Language Services Act, l'emploi de travailleurs francophones en Louisiane n'est toujours pas rendu obligatoire, encouragé ou synonyme d'avantages fiscaux. Les employeurs n'ont pas recruté et engagé activement du personnel francophone, alors que cela leur aurait permis, professionnellement et économiquement, de se placer en promoteurs de la francophonie. Au moment de l'écriture de ce chapitre (en 2021), toute personne souhaitant bénéficier et consommer des services en français, dans le secteur public ou privé, n'avait aucun moyen d'identifier clairement les professionnels et entités francophones.

Le français au travail

L'initiative Oui! a permis de faire l'inventaire des 88 entreprises louisianaises spécialisées dans le tourisme et étant en mesure de fournir des services en français à l'oral ou à l'écrit :

Hébergements (hôtels et bed and breakfasts) : 16
Restaurants : 24   Attractions/Centres de renseignements : 48

Parmi les attractions et centres de renseignements, 37 emploient du personnel francophone ou font appel à des bénévoles francophones, et 24 fournissent des supports écrits en français (brochures, panneaux d'exposition, sites web, etc.). Cependant, ce service ne peut pas toujours être garanti[26]. Parmi les sites patrimoniaux les plus populaires proposant des visites en français figurent la Laura Plantation à Vacherie et le village historique de Vermilionville à Lafayette. Depuis son ouverture en 1994, la Laura Plantation a activement mis en avant le fait qu'elle proposait des visites quotidiennes en français en créant un site web complètement bilingue, ainsi qu'en invitant des tour-opérateurs, des voyagistes et des médias écrits et télévisuels francophones à venir découvrir la riche histoire créole de cette ancienne plantation de sucre. Avant l'explosion de la pandémie de COVID-19 en 2020, des visites y étaient proposées en français trois fois par jour et sept jours par semaine. Entre 2015 et 2019, les visiteurs francophones de France, du Canada et d'ailleurs ont représenté plus de 12 % du total annuel de visites. Deux employés administratifs bilingues ont été employés à temps plein, ainsi que cinq interprètes francophones, spécialisés en histoire, à temps partiel[27]. Vermilionville se trouve à deux heures à l'ouest de la Laura Plantation. Comme l'indique son site web, « Depuis son ouverture en 1990, le village historique est devenu l'une des premières attractions touristiques de Lafayette et accueille plus de 50 000 visiteurs du monde entier chaque année ». Le village de Vermilionville emploie cinq employés francophones, parmi lesquels son directeur exécutif. Bien que les chiffres exacts n'aient pas été disponibles lors de l'écriture de ce chapitre, le nombre de visiteurs francophones équivaut à environ 60 % du total annuel de visites[28].

Les prochaines étapes

Le fait que le français ait été considéré, d'un point de vue éducatif, politique et social, comme une langue étrangère au cours du siècle dernier a provoqué une rupture entre les populations variées de l'État et leur relation avec leur propre histoire francophone et créole. Ce point constitue l'un des plus importants freins au développement d'une réelle économie touristique et culturelle francophone en Louisiane. Au niveau local et fédéral, les responsables et décideurs du secteur du tourisme qui assurent la promotion de la Louisiane dans le monde entier sont, dans l'ensemble, des anglophones monolingues qui ne reconnaissent pas le potentiel économique du français. Des écoles primaires et secondaires en passant par les universités et le monde du travail, des méthodes et des stratégies doivent être instaurées afin de refaire du français et du créole de Louisiane de réels atouts, au même titre que la musique, la cuisine et d'autres aspects de la culture louisianaise présentés comme des biens de consommation. Les données recueillies sur les inscriptions en programmes d'immersion, sur le nombre d'apprenants du français en tant que seconde langue, sur le nombre de touristes francophones et sur les dépenses réalisées par ces derniers doivent nous encourager à mettre en place des réseaux culturels au sein desquels des Louisianais plurilingues pourraient occuper des postes à responsabilités et fournir des services en français. Ce faisant, l'apprentissage et la réacquisition des langues d'héritage de la Louisiane, le français et le créole, ainsi que leur réintroduction sur le marché, seraient économiquement validés.

7. Gloire à la tribu Pointe-au-Chien

Georgie V. Ferguson

Je suis fière d'appartenir à la tribu indienne Pointe-au-Chien. Le français amérindien fait partie de mon identité, même si je ne le parle pas couramment. Le fait que ce ne soit pas le cas est inextricablement lié à notre histoire, et aux menaces auxquelles nous devons constamment faire face en tant qu'indigènes vivant sur la côte du golfe du Mexique. J'oscille toujours entre deux univers, mais, où que j'aille, j'emporte la tribu Pointe-au-Chien avec moi. Je partage ici mes expériences personnelles, ainsi que celles vécues par mes grands-parents, mes parents et mes enfants. Mes observations sur quatre générations me permettent d'effectuer des comparaisons et d'expliquer ces changements qui ont si rapidement affecté notre langue, notre environnement et notre mode de vie. Je suis honorée de vous faire entrer dans mon univers à moi, celui d'où je viens.

Avant l'arrivée des Européens, la tribu Pointe-au-Chien vivait déjà en harmonie avec la terre et les cours d'eau du bassin de Terrebonne, dans le sud de la Louisiane. Nous parlons un dialecte franco-amérindien du français qui est propre à notre communauté, basée dans le bayou Pointe-au-Chien. Bien que nous descendions principalement des Chitimachas et des Biloxi, nos ancêtres se sont également unis à des membres d'autres petites tribus qui résidaient dans la vallée du Mississippi. Ces mêmes ancêtres parlaient leur propre langue tribale, ainsi que le jargon de Mobile utilisé pour le commerce. Au cours de la période coloniale française et de la période coloniale espagnole, le français était également fréquemment employé dans le négoce. Certains de nos aïeux ont épousé des francophones qui vivaient parmi nous. Notre dialecte du français a progressivement intégré des mots amérindiens traditionnels issus des langues indigènes parlées par ceux qui nous avaient précédés dans l'Histoire.

Il existe plusieurs communautés dans le sud de la Louisiane, notamment dans les bayous situés à proximité du nôtre, qui parlent des formes de français influencées par toute une variété de facteurs historiques. D'après certains linguistes, les tribus des paroisses de Terrebonne et de Lafourche feraient partie des communautés francophones les plus vivantes et préservées de la Louisiane. Cela ne m'étonne pas, vu comme le français amérindien y est parlé couramment, et vu le nombre élevé de locuteurs monolingues de cette langue. En outre, les membres de la tribu Pointe-au-Chien ont toujours, en grande majorité, préféré parler le français chez eux. Plusieurs facteurs sociohistoriques peuvent expliquer cela. Très unis, et isolés physiquement et socialement des communautés anglophones voisines il y a seulement quelques décennies encore, les membres de notre tribu ont su préserver leur langue. Le racisme et le déni d'accès à l'éducation, que j'aborderai un peu plus tard, ont également contribué à cet isolement. Nous parlons un dialecte spécifique, mais ce n'est pas tout : d'après certains récits, dans la région des bayous du bassin de Terrebonne, le fait d'être francophone était autrefois forcément associé au fait d'être amérindien.

Au cours des années 1960 et 1970, des membres de la tribu ont commencé à se déplacer et à interagir davantage avec des personnes qui n'étaient pas amérindiennes. Ainsi, lorsque celles-ci entendaient quelqu'un parler français, elles partaient immédiatement du principe que cet individu était amérindien. À une certaine époque, notre tribu ne parlait *que* le français amérindien. Par exemple, mes grands-parents ne s'exprimaient *que* dans cette langue. Ils ne parlaient ni ne comprenaient l'anglais. La langue maternelle de ma mère était le français amérindien. En outre, ce n'est pas avant qu'une école religieuse ait été construite dans le bayou Pointe-au-Chien, et que les enfants amérindiens aient été autorisés à s'y rendre, que notre tribu a eu ses premiers contacts avec l'anglais. Même si *aucun* des élèves amérindiens (et aucun de leurs parents) ne parlait anglais, ils n'étaient pas autorisés à parler français à l'école. En réalité, ils étaient punis, et parfois sévèrement, s'ils le faisaient. Par ailleurs, la compréhension de l'anglais par les membres de notre tribu n'a pas augmenté jusqu'à l'abolition, à la fin des années 1960 et au début des années 1970, des politiques empêchant ces derniers de fréquenter le lycée.

Le français amérindien est la langue maternelle de beaucoup de membres de ma génération. La plupart ont aussi appris l'anglais et parlent couramment les deux langues. Malheureusement, ce n'est pas le cas de certains d'entre nous, moi y compris, car nous n'avons pas grandi dans le bayou Pointe-au-Chien et eu la possibilité de développer la même aisance que nos pairs. Mes enfants, et ceux d'autres parents, sont dans une situation similaire. En effet, l'acquisition du français dépend grandement de notre proximité avec lui et de la fréquence à laquelle nous y sommes exposés.

Petite, j'aimais entendre ma famille échanger, rapidement, en français amérindien. Aujourd'hui, il est toujours la langue préférée dans les foyers du bayou Pointe-au-Chien et lors des réunions du conseil tribal. Quand je me trouve dans un endroit où il est parlé, je ressens toujours une grande fierté et un grand respect. La tribu Pointe-au-Chien, et la plupart de ses membres, qui sont près de 800, vivent toujours principalement dans le magnifique bayou du même nom, ou près de celui-ci. Le bayou Pointe-au-Chien se trouve dans une région parsemée de lacs et d'estuaires alimentés par le golfe du Mexique, au bout de ce qu'on appelle « la botte » (« la botte » est le surnom donné à la Louisiane en raison de sa forme). Il sépare également deux paroisses : celle de Terrebonne et celle de Lafourche. Notre tribu francophone occupait auparavant un territoire luxuriant et fertile beaucoup plus vaste.

Néanmoins, il n'a de cesse de rétrécir chaque jour, en raison de l'érosion galopante des dernières décennies. Plus rapide que n'importe où ailleurs aux États-Unis, elle a déjà provoqué, couplée à l'intrusion d'eau salée, la disparition de certains de nos villages. Les régions où vivait notre tribu depuis des générations, notamment au niveau de certains affluents, sont désormais complètement immergées. Les résidents de ces villages autrefois prospères ont dès lors été forcés de partir s'installer sur des terres plus élevées. Les eaux continuant à envahir notre territoire à l'heure actuelle ; la menace est toujours présente. Malgré l'étendue des pertes terrestres, la majorité des membres de notre tribu continue de vivre à Pointe-au-Chien, en raison de la proximité de cette zone avec le village traditionnel situé le long du bayou Pointe-au-Chien, ainsi qu'avec le golfe du Mexique.

C'est là que certains d'entre nous ont dû reconstruire des maisons pour abriter leurs familles grandissantes. Si vous nous cherchez sur une carte, vous verrez que nous sommes tout bonnement entourés par l'eau. Nous vivons dans ce qu'il reste des villages traditionnels de nos ancêtres. Là où nous sommes, vous remarquerez souvent, lors des après-midi ensoleillées, les plus âgés de notre tribu discuter, à l'ombre, en français amérindien.

Traditionnellement, nos ancêtres étaient fermiers, pêcheurs, chasseurs et trappeurs. Au cours des années 1850, le chef de tribu Alexander Billiot et son frère géraient une plantation de canne à sucre si florissante qu'ils pouvaient vendre leur production à La Nouvelle-Orléans, où être francophone était un avantage. Jusqu'au début des années 1950, nos maisons étaient construites à l'aide de branches de palmier. C'est d'ailleurs dans l'une d'elles que ma mère a passé toute son enfance. Des branches entières recouvraient généralement une charpente en saule et le sol était fait de terre. Le soir, une lampe à pétrole permettait de s'éclairer. Pour ce qui est des repas, ils étaient préparés à l'extérieur sur un feu, et un seau permettait d'aller chercher de l'eau au puits. La plupart des membres de la tribu âgés de plus de 60 ans sont nés à la maison, avec l'assistance d'une sage-femme. Pour leur part, ceux qu'on appelait les « traiteurs » soignaient les malades à l'aide de plantes médicinales et de prières.

Nos vies se sont toujours articulées autour des ressources naturelles à disposition. De nombreux villages et sites sacrés où nous étions présents ne sont plus accessibles ou habitables. Nous nous inquiétons également de l'élargissement des canaux destinés au transport du pétrole et du gaz, qui provoque l'arrivée d'eau salée supplémentaire et détériore encore davantage nos conditions de vie. La majeure partie de la région que nous occupons a été exclue de la zone protégée des inondations par le système « Morganza to the Gulf », et nous sommes en première ligne en cas de tempêtes et d'ouragans. En 2021, l'ouragan Ida a touché notre communauté de plein fouet et seules 14 de nos maisons n'ont pas été détruites. Cependant, même si la situation climatique et environnementale menace toujours plus notre habitat naturel et notre mode de vie, nous continuons à nous adapter et à nous battre pour reconstruire nos zones humides et préserver notre culture.

En plus de demander davantage de protection, d'inclusion et de financement en cas de catastrophes naturelles, nous avons, en association avec d'autres tribus de Louisiane et une d'Alaska, déposé une plainte auprès des Nations Unies afin que des mesures soient prises pour remédier aux violations des droits humains et à l'injustice sociale provoquées par une protection inadéquate de nos communautés par le gouvernement. Nous avons entamé cette procédure avec l'aide du Unitarian Universalist Service Committee (UUSC). Notre environnement n'est pas le seul à être menacé, mais également notre langue et notre culture. Comme je l'ai dit plus haut, en raison des politiques mises en place, les membres de la tribu Pointe-au-Chien n'ont pas été autorisés à fréquenter les écoles publiques de Louisiane avant la fin des années 1960 et le début des années 1970.

Par conséquent, ils sont restés très largement isolés des citoyens non-Amérindiens et soumis à une forme de ségrégation. Quand ma mère a commencé à aller à l'école, elle se rendait dans un établissement pour Amérindiens tenu par des baptistes, à Lower Pointe-au-Chien. Comme aucun pont ne reliait les deux rives du bayou Pointe-au-Chien, elle devait prendre le bateau. Ma mère parlait et comprenait uniquement le français, or les cours étaient seulement dispensés en anglais et parler français exposait les élèves à des punitions.

Conformément à la législation de l'État, seul l'anglais devait être parlé dans les écoles de Louisiane et aucun programme bilingue n'était proposé par la paroisse de Terrebonne. Ces politiques ont eu un impact direct sur la langue parlée. Ma mère était monolingue, comme sa propre mère, mais a été forcée de s'immerger dans l'anglais à l'école, ce qui l'a rendue bilingue.

Aujourd'hui, lorsqu'ils doivent quitter notre communauté pour partir faire leurs études, les enfants issus de foyers francophones rencontrent des difficultés supplémentaires pour pratiquer et préserver notre dialecte unique. Néanmoins, les membres de notre tribu s'attellent activement à protéger ce dernier. Nous ne restons pas les bras croisés et prenons des mesures actives pour protéger nos traditions. Chaque année, nous organisons un camp d'été pour les enfants âgés de 8 à 14 ans. Leurs familles, des bénévoles et des membres de notre tribu et d'autres de la région les rejoignent pour célébrer notre langue, notre culture et notre héritage par le biais de diverses activités.

Les enfants y suivent des cours de français amérindien et apprennent, comme c'est devenu la tradition, une chanson tribale dans cette langue. Ils la répètent pendant la semaine et la chantent, chaque année, le dernier jour. Les aînés de notre tribu, en plus de leur préparer des repas traditionnels, leur enseignent également l'histoire orale en partageant des anecdotes au sujet de leur enfance qui concernent tous les aspects de la vie. Par ailleurs, chaque enfant se voit attribuer un ancêtre au sujet duquel il doit effectuer des recherches avant de partager, à la fin du camp, ses trouvailles avec ses camarades et la communauté. Les activités sont proposées en anglais et en français, et incluent notamment la visite en bateau de sites historiques et sacrés qui ne sont plus accessibles par la terre, la construction de cabanes traditionnelles à l'aide de branches de palmier et la découverte des plantes et médecines traditionnelles. Nombre de nos activités sont pensées pour favoriser le développement de liens forts entre nos jeunes et nos aînés, afin que la transmission des connaissances à la nouvelle génération ne soit pas empêchée par des facteurs externes.

Fiers et persévérants, nous continuons à maintenir notre particularité linguistique et culturelle malgré les tentatives de colonisation, la perte conséquente de nos terres en raison de l'érosion du littoral provoquée par l'Homme et l'absence de statut qui ferait reconnaître notre tribu au niveau fédéral. Même si nos membres, nos territoires et nos eaux sont exploités, et qu'un enseignement en français amérindien nous est refusé, nous faisons tout pour sauvegarder notre langue, nos connaissances et nos traditions.

De nos jours, les résidents du bayou Pointe-aux-Chênes, à la fois des Amérindiens et des non-Amérindiens (plus au nord), parlent principalement le français amérindien et le français cadien. La majorité des enfants de notre région parlent couramment le français amérindien ou le français cadien, ou proviennent de familles où ces langues sont pratiquées. D'ailleurs, le fait que l'école primaire du bayou Pointe-aux-Chênes soit celle qui rassemble toujours le plus de locuteurs natifs du français, par rapport à n'importe quelle autre école de Louisiane, est une source de fierté.

L'importance du français amérindien pour notre tribu est soulignée par cette déclaration d'un de ses membres :

> Tous nos aînés parlent français. Cependant, si vous vous rendez dans d'autres communautés, il est possible que vos interlocuteurs commencent à le faire en français, mais passent à l'anglais avant la fin de la conversation. Ce n'est pas le cas dans notre tribu. Je pense que nous sommes la seule communauté qui préfère s'exprimer en français. Selon moi, si nos réunions du conseil tribal ne se

déroulent pas en français, c'est uniquement parce que tout le monde ne le comprend pas, surtout si on le parle trop rapidement. Certes, la plupart des personnes qui viennent aux réunions le maîtrisent, mais pas la totalité.

Comme je l'ai expliqué plus tôt, la langue maternelle de ma mère, ainsi que celle de toutes les personnes de sa génération, est le français amérindien. Elles ont commencé à parler anglais quand elles ont été forcées de le faire à l'école. Leurs parents et grands-parents s'adressaient à elles exclusivement en français amérindien.

L'une des membres de notre tribu a souligné la chose suivante en évoquant son mari :

> Il lui était interdit de parler français à l'école. Cependant, il a continué à le faire avec ses cousins, ce qui leur a valu d'être punis et de devoir écrire 500 fois « Je ne parlerai pas français à l'école ». Il était naturel pour lui de discuter en français avec ses amis du bayou. Il se sentait plus à l'aise de parler cette langue avec eux, ainsi qu'avec sa famille. D'après lui, c'est le français qui devrait être parlé à l'école. C'est pourquoi nous avons besoin d'une école d'immersion francophone. Les enfants doivent parler français.

J'ai du mal à m'imaginer être forcée à parler une autre langue, sans le consentement de mes parents et sans que ceux-ci aient la possibilité d'échanger avec les personnes prenant des décisions si terribles. Penser trop longtemps au fait que des enfants aient pu être punis et physiquement « corrigés » pour avoir utilisé leur langue maternelle, plutôt qu'une langue étrangère qu'ils ne savaient pas parler et encore moins comprendre, est toujours difficile pour moi. Il est toutefois important de se *souvenir* de tout cela.

Ce sont ces situations, et les lois qui rendaient possible leur existence, qui ont provoqué un déclin rapide du français parmi les individus de ma génération. Les générations à venir de notre tribu sont également menacées. Les règlements interdisant l'emploi du français à l'école ont provoqué des disparités au sein de toutes les communautés francophones du sud de la Louisiane, en plus de les tenir à distance de l'enseignement. La mère d'un ami proche, de la tribu des choctaws, m'a récemment dit que leur situation était similaire à celle de nombreux citoyens d'origine acadienne vivant près de chez eux. En effet, les aînés des deux communautés parlent français, mais pas les jeunes.

Une membre de notre tribu, engagée dans la préservation de nos écoles, explique, par ces mots, comment les lois restrictives ont affecté sa famille et rendu encore plus compliqué l'accès à l'éducation pour nos semblables :

> Moi aussi, j'ai appris l'anglais à l'école. Je pense que toutes les personnes de mon âge, et celles plus âgées, ont appris l'anglais à l'école et été punies pour avoir parlé français. L'un de mes frères aînés a fini par quitter l'école la dernière fois qu'il a été réprimandé pour avoir parlé français. Le directeur n'était pas présent ce jour-là, mais son enseignante a dit à mon frère qu'elle lui signalerait la situation à son retour et qu'il recevrait une fessée. C'est pour cette raison qu'il n'est pas retourné à l'école.

Bien que notre dialecte soit distinct, nous n'avons jamais vécu, et ne vivons pas, en vase clos. Certes, nous avons été isolés des colons européens et anglophones qui ont occupé la région pendant de nombreuses générations, mais l'emploi du français était répandu dans plusieurs petites communautés. Ainsi, plusieurs tribus basées dans les bayous du bassin de Terrebonne ont des liens de parenté.

Il a été plusieurs fois relevé que la langue parlée dans le bayou Pointe-au-Chien était immédiatement identifiable par d'autres francophones familiers de la région. Notre tribu parle l'un des dialectes les plus distinctifs du français en Louisiane. En témoigne le récit de ce membre important de notre tribu, qui parle à la fois d'expériences passées et actuelles :

> Mon expérience du français est la même que celle de n'importe quel autre membre de notre communauté. J'ai été élevé en français et j'ai appris l'anglais à l'école. Ce que je peux dire, c'est que le français parlé par notre communauté est différent de celui des autres communautés. Au début des années 1970, certains d'entre nous sont allés à Montegut pour jouer au basket. Là-bas, une dame travaillant dans le centre sportif nous a demandé quelle langue nous parlions. Nous lui avons indiqué qu'il s'agissait du français, avant de commencer à lui parler dans cette langue. Il s'est trouvé que

notre dialecte était légèrement différent et que nous parlions trop vite pour qu'elle nous comprenne. Une autre fois, j'ai parlé au téléphone avec une dame qui avait grandi dans le bayou Pointe-au-Chien, mais avait déménagé en Alabama il y a plusieurs années de cela. Quand je me suis présenté, j'ai dit quelques mots en français, et sa réponse a été la suivante : « Vous, vous venez du bayou Pointe-au-Chien ». Elle avait reconnu mon dialecte. Aujourd'hui, lorsque j'assiste à une réunion ou me trouve dans un lieu où certains ne comprennent pas le français, je recherche une personne avec laquelle j'ai toujours parlé cette langue, et le français sort automatiquement de ma bouche. C'est un réflexe qu'il m'est impossible de perdre.

En dépit de la variété des dialectes, l'un des avantages de l'emploi répandu du français en Louisiane est ce fort sentiment d'appartenance à la Francophonie. Nous sommes ravis de collaborer avec le consulat général de France de la Louisiane, Télé-Louisiane et, plus récemment, avec le Conseil pour le développement du français en Louisiane (CODOFIL). Les actions menées par le CODOFIL vont de pair avec nos propres initiatives visant à préserver activement notre langue. Ces organisations soutiennent les efforts que nous déployons pour mettre en place un programme d'apprentissage en français dans nos écoles. Télé-Louisiane, en particulier, nous aide à offrir, le week-end, des cours de français aux enfants de notre tribu.

Lorsque vous prenez conscience du fait que votre langue et votre peuple sont menacés d'extinction, un sentiment d'urgence se développe, et vous vous sentez responsables. Les personnes qui ne parlent pas le français amérindien, moi y compris, peuvent parfois même ressentir de la culpabilité. Il est toutefois important de garder à l'esprit que le français n'a pas subi ce déclin à cause de nous, ou car nous l'avons souhaité. On ne le soulignera jamais assez.

La reconnaissance de ce fait nous motive et nous encourage à nous battre pour la survie, au sein des communautés francophones indigènes du sud de la Louisiane et d'ailleurs, du français amérindien. Notre expérience nous a dotés des outils nécessaires pour protéger notre patrimoine et offrir à nos enfants la possibilité de ne pas seulement parler la langue de notre peuple, mais également de recevoir un enseignement qui la célèbre réellement.

8. « Le cadavre de la francophonie demande une bière » : initiatives prises en Louisiane pour faire vivre la langue française

Marguerite P. Justus

Une semaine avant le confinement dû à la pandémie de COVID-19, je participais à une « Table Française » dans une petite ville du sud de la Louisiane. Les « Tables Françaises » sont des groupes de conversation qui jouent un rôle essentiel dans le maintien et le renouveau de la langue française dans l'État de Louisiane. La table à laquelle je me suis rendue venant d'être créée, nous avons chacun dû nous présenter en français. L'organisateur, un prêtre local, nous a expliqué ce qui l'avait encouragé à mettre en place un nouveau groupe de discussion dans cette région. Je me suis présentée en tant qu'employée du Conseil pour le développement du français en Louisiane (CODOFIL) et j'ai indiqué à quel point j'étais ravie qu'une nouvelle Table Française puisse être ajoutée au calendrier de notre site web. À ma gauche, un couple plus âgé, locuteur natif du français louisianais, nous a parlé de son enfance et de la manière dont il a vu la langue évoluer au cours de sa vie. Ensuite, une jeune femme dans la vingtaine, assise à côté de son grand-père, nous a salués d'un « Bonjour » avant de repasser à l'anglais et de nous dire la chose suivante, calmement : « Je m'appelle Yvette Cormier[29], et je ne parle pas français ».

Yvette nous a ensuite expliqué qu'elle souhaitait apprendre la langue et était, pour cette raison, venue participer au groupe avec son grand-père francophone. Néanmoins, la manière dont elle s'est présentée m'a marquée ; elle n'était pas sans me rappeler les réunions des Alcooliques anonymes que j'avais vues dépeintes dans les médias. Comme les personnes qui y assistent, elle a décrit sa situation personnelle avec une forme de simplicité sombre, teintée de gêne. Une telle attitude ne m'était toutefois pas étrangère. Pendant mon enfance, j'ai pris conscience du fait que mes grands-parents maternels avaient grandi en parlant une langue différente de la mienne. À partir de là, une question m'a toujours trotté dans la tête : pourquoi est-ce que je ne parlais pas français, moi ?

La famille de ma mère a vécu dans le sud de la Louisiane pendant des centaines d'années, en parlant français. J'ai vécu moi-même au même endroit. Pourquoi est-ce que je ne parlais pas français ? Je peux formuler cette question au passé, car j'ai eu la chance, pendant mon adolescence et le début de ma vingtaine, d'apprendre la langue. Cependant, pour nombre de mes amis, cette rupture est toujours une source de préoccupation. J'ai entendu des Louisianais assimiler le français à un « membre fantôme » ou à une « pièce manquante ». Ils se disent la chose suivante : « Je chasse comme mon pawpaw [grand-père]. Je pêche, danse et cuisine comme mon pawpaw. Pourquoi est-ce que je ne parle pas comme mon pawpaw ? ».

Petite, lorsque je posais cette question, la réponse que l'on me donnait faisait le plus souvent référence aux enfants francophones qui, pendant la première moitié du 20e siècle, étaient punis dans les écoles publiques de Louisiane. En grandissant et en étudiant l'histoire de la Louisiane au 20e siècle, je me suis toutefois rendu compte que les choses étaient un peu plus complexes. Le boom de l'industrie pétrolière contrôlée par les Anglo-Américains, les effets de la Seconde Guerre mondiale, le développement des axes routiers et l'avènement de la télévision, entre autres, ont tous joué un rôle dans le déclin de la langue française en Louisiane.

Si l'on examine les choses sous cet angle, le problème est bien moins évident qu'il n'y paraît. Par conséquent, les solutions possibles deviennent elles aussi moins tangibles. Lorsque l'on continue à parler français en Louisiane, toutes les forces contre lesquelles il est nécessaire de se battre peuvent décourager. Faire preuve de pessimisme n'est pas surprenant, dans la mesure où la langue française est minoritaire et « en compétition » avec l'anglais américain, véritable lingua franca hégémonique. Le déclin du français provoque chez nous un sentiment de perte. Certains remarquent avec tristesse les différences entre la langue parlée par nos aînés et celle enseignée dans un cadre scolaire plus formel, et d'autres déplorent le fait que des personnes aient tout bonnement abandonné et se soient pleinement « américanisées ». Il serait tout à fait illusoire d'affirmer que nous n'avons aucune raison de nous montrer pessimistes.

Paradoxalement, la solution à ce pessimisme réside dans le

problème lui-même. Pour moi, il n'existe rien de plus motivant que de me rappeler tous les nombreux Louisianais que j'ai rencontrés et qui regrettent amèrement de ne pas parler français. Je les entends encore me dire, qu'ils soient adolescents ou retraités, qu'ils savent que leur famille parlait français, mais que le fait que ce ne soit pas leur cas à eux les peine énormément. Or, tant que cette situation nous peine, nous avons la possibilité d'y remédier.

Un obstacle à la fois

Chez certaines personnes, le désir de parler la langue d'héritage de sa famille est intense, presque vital. Au lycée, j'ai pris des cours de français, mais j'ai également passé beaucoup de temps à regarder des films francophones, ainsi qu'à écouter de la musique, à lire et à écouter la radio dans cette langue. Quelque chose en moi me disait que je ne serais pas satisfaite tant que je ne pourrais pas communiquer en français. Beaucoup de mes amis louisianais dans la vingtaine, la trentaine et la quarantaine et aujourd'hui bilingues, ont ressenti la même chose pendant leur apprentissage. Cela dit, nous ne vivons pas tous la même expérience. Même si ce désir est présent, cela ne veut pas forcément dire que tous les Louisianais intéressés parviendront à maîtriser la langue.

Je suis persuadée que si la maîtrise du français était un bien pouvant être acquis comme un autre (en payant X dollars, vous saurez parler la langue, par exemple), le déclin de ce dernier freinerait immédiatement en Louisiane. Même si ce tarif était deux ou trois fois plus élevé, je suis sûre que les gens économiseraient quand même afin de pouvoir « racheter » cette part de leur héritage. Malheureusement, l'apprentissage d'une langue ne fonctionne pas comme cela. Vous pouvez débourser de l'argent pour vous inscrire à un cours ou pour effectuer un séjour linguistique dans un pays francophone, mais vous ne pouvez pas acheter une compétence. Vous pouvez uniquement la développer au prix de vos propres efforts. Il existe tant d'obstacles que l'on peut être amené à croire que seules les personnes extrêmement motivées parviendront à un tel niveau et feront volontairement le choix d'apprendre le français, alors même que l'anglais prédomine partout ailleurs. Tout attribuer à la motivation n'est cependant pas une bonne idée, en plus d'être peu productif. Si faire preuve d'une volonté inexplicable ou être élevé dans une langue constituait le seul moyen de parler couramment cette dernière, cela signifierait que certains sont prédestinés à la maîtriser, alors que d'autres non.

Si nous acceptons, au contraire, que l'apprentissage et l'emploi d'une langue soient des choix, nous devons aider les gens à opter pour le français en retirant les obstacles, nombreux, qui se trouvent sur leur chemin. Pour la plupart des apprenants adultes, trouver le temps nécessaire est le plus compliqué. Vient ensuite l'aspect financier. Trouver l'argent nécessaire pour payer les cours, les ressources d'apprentissage ou les séjours d'immersion peut être compliqué. Par ailleurs, la suprématie de l'anglais est tellement tenue pour acquise aux États-Unis qu'apprendre une autre langue n'est pas considéré comme essentiel. Ainsi, de nombreux Américains ne savent pas comment procéder s'ils n'ont pas accès à des leçons ou à des logiciels spécialisés, ou s'ils ne vont pas dans le pays où la langue en question est parlée. Par ailleurs, des apprenants découvrent qu'ils ont des facilités pour apprendre une langue, alors que d'autres font le constat inverse. Ces derniers peuvent rapidement décider d'abandonner, estimant qu'ils ne sont pas bons en langues, comme certains ne seraient pas bons en maths ou en rédaction. Des aptitudes différentes peuvent certes avoir une incidence, mais c'est l'état d'esprit général (« Je ne suis pas bon, donc pourquoi insister ? ») qui peut constituer un obstacle bien plus grand. Ce n'est pas tout : même en parvenant à un bon niveau en français, il n'est ensuite pas nécessairement simple de le pratiquer. En effet, l'anglais est partout et ceux qui n'ont pas pour habitude d'aller à contre-courant peuvent commencer à perdre leurs connaissances linguistiques, faute d'avoir « forcé » la pratique du français.

Il existe un moyen efficace de contourner les difficultés mentionnées plus haut : commencer dès l'enfance. Un élève qui apprend le français à l'école a du temps pour cela et n'a pas à débourser d'argent supplémentaire. Il peut étudier le français en tant que langue seconde, mais également au sein de programmes d'immersion, où l'apprentissage de la langue française est intégré aux autres matières. En Louisiane, plus de 5 000 élèves étudient actuellement le français en bénéficiant de tels programmes, et ce dans les écoles publiques de 14 paroisses. D'autre part, plusieurs organismes à but non lucratif et écoles de langues accordent des bourses à des

Louisianais afin de leur permettre d'étudier le français à l'étranger. Cependant, la demande dépasse souvent l'offre. Le CODOFIL encourage également l'emploi du français dans les espaces publics, notamment via l'initiative Oui! visant à répertorier, dans une base de données en ligne, les entreprises louisianaises qui proposent des services en français. Ainsi, si vous découvrez, sur le site web dédié à l'initiative Oui!, que le barista du café de votre quartier parle français, vous pourrez commander votre café dans cette langue lors de votre prochaine visite. L'un des principaux obstacles auxquels le CODOFIL doit faire face est le manque de supports à destination des personnes qui apprennent le français de façon indépendante. En 2021, nous avons créé le site web « Learn French Louisiana », qui répertorie des ressources d'apprentissage applicables aussi bien à la variante internationale qu'à la variante louisianaise du français[30]. Des supports gratuits ou à moindres coûts, facilement accessibles, sont notamment mis en valeur. Les ressources concernées englobent tout type de contenu, des chaînes YouTube en passant par les livres pour enfants, les podcasts et les applications pour smartphone. Le site comporte également un blog dont les publications portent sur l'expérience d'apprentissage et visent à rassembler, de façon plaisante, les apprenants autour des difficultés qu'ils rencontrent. Apprendre le français en Louisiane n'est pas qu'un passe-temps : les apprenants du français s'inscrivent également dans un mouvement.

Une nouvelle vague

Récemment, la promotion du français s'est intensifiée en Louisiane. Le CODOFIL a célébré son 50e anniversaire en 2018 et le nombre de Tables Françaises s'est multiplié, plusieurs faisant leur apparition dans de petites localités comme Erath, ou dans des villes plus grandes comme Bâton-Rouge. Il y a quelques années, alors que ce mouvement était encore naissant, j'ai demandé à une militante de longue date, engagée pour la promotion du français en Louisiane, quels changements elle avait remarqués au fil du temps. Elle m'a répondu qu'elle était à la fois impressionnée et ravie de voir à quel point les jeunes Louisianais s'investissaient de façon très concrète pour la langue. Elle a également évoqué les époques où l'héritage francophone de la Louisiane était célébré avec enthousiasme, bien que l'aspect culturel ait toujours prédominé sur l'aspect linguistique. À l'heure actuelle, il ne suffit plus d'être seulement fier de ses racines ; il est nécessaire d'aller plus loin en prenant les devants.

En décembre 2018, deux jeunes vingtenaires louisianais ont fondé *Le Bourdon de la Louisiane*, un webzine rédigé entièrement en français et en créole louisianais et axé, tout particulièrement, sur des sujets liés à la Louisiane. Son nom constitue un clin d'œil au dernier journal francophone publié en Louisiane, *L'Abeille de La Nouvelle-Orléans*. *L'Abeille* n'existe plus depuis 1923 mais, près d'un siècle plus tard, des personnes contribuent au *Bourdon* en rédigeant des articles en ligne qui donnent lieu à de fascinants débats. Les auteurs se demandent notamment pourquoi les services d'état civil de Louisiane n'autorisent pas l'emploi d'accents sur les certificats de naissance (toutes les Aimée devenant des Aimee, par exemple), ou s'interrogent sur les avantages et inconvénients de la création d'un jour férié qui rassemblerait toute la communauté francophone louisianaise.

Plus tôt en 2018, deux autres jeunes Louisianais ont pris conscience, au cours d'une conversation et alors qu'ils se rencontraient pour la première fois à l'occasion d'une Table Française, qu'ils ne connaissaient aucun podcast francophone mené par des Louisianais. Plutôt que de s'arrêter là, ils se sont inscrits auprès d'une chaîne communautaire locale et ont créé le podcast *Charrer-Veiller*. Les deux animateurs échangent entre eux et font également appel à des invités. En fonction de l'épisode, des sujets aussi variés que les loups-garous ou l'expérience des apprenants du français en Louisiane, ainsi que certaines célébrités (Lil Wayne, par exemple), sont mis à l'honneur. C'est aussi en 2018 que la startup *Télé-Louisiane* a vu le jour, suivie de la société *New Niveau*, spécialisée dans les médias, en 2020. *Télé-Louisiane* a débuté sa programmation avec une série de 16 interviews menées en français et filmées lors des *Festivals Acadiens et Créoles 2018*. Aujourd'hui, elle poursuit son activité en proposant des programmes tels que *Les Aventures de Boudini et Ses Amis*, un dessin animé diffusé dans des classes d'immersion française du cours élémentaire. *New Niveau*, pour sa part, propose *Les Nouvelles-Orléans*, une revue bihebdomadaire des actualités de la Louisiane et *Le Tac-Tac*, une série de vidéos traitant de sujets aussi éclectiques que l'exceptionnalisme du français louisianais et l'alternance codique au sein d'une société bilingue.

Télé-Louisiane et *New Niveau* permettent également à des créateurs indépendants de présenter leur travail. Ainsi, le *LA Créole Show*, fruit de l'imagination d'un lycéen franco-créolophone, est mis en vedette sur les deux sites web. *Télé-Louisiane* et *New Niveau* ne se limitent d'ailleurs pas à un seul canal pour faire la promotion du français. En effet, le fondateur de *Télé-Louisiane* s'engage pour le développement de l'immersion française dans les écoles, alors que les créateurs de *New Niveau* écrivent et jouent des chansons d'indie pop en français louisianais avec leur groupe *Sweet Crude*.

Certes, l'indie pop francophone est encore quelque chose de nouveau en Louisiane. Cependant, il n'en demeure pas moins que la langue française est, depuis longtemps, liée à la musique louisianaise traditionnelle. Ce lien perdure de nos jours. De jeunes Louisianais continuent à apprendre l'accordéon, le violon et le frottoir pour faire perdurer les canons de la tradition. Nombreux sont aussi ceux qui ajoutent à ces mêmes canons, comme les musiciens Louis Michot, Kristi Guillory, Cedric Watson ou Blake Miller qui mixent leurs créations originales avec des morceaux traditionnels plus anciens. Des artistes comme Jourdan Thibodeaux et les membres de *Sweet Crude* n'écrivent pas seulement des chansons en français louisianais, mais également à son sujet. Comme le chante Jourdan Thibodeaux dans *La Prière*, « Tu vis dans ta culture ou tu tues ta culture – y a pas de milieu ». *Sweet Crude* termine sa chanson *Finger Guns* avec un refrain qui s'apparente à un appel urgent à l'action : « On est la dernière génération ! On est la dernière génération ! ». Les Louisianais ne se contentent donc pas d'écrire de simples chansons, mais parfois de véritables hymnes.

En plus de la musique, une forme orale d'expression, l'écriture en français fait aussi son retour. En 2019, après une décennie de silence, la revue littéraire francophone de l'université de la Louisiane à Lafayette a été ressuscitée par un groupe d'étudiants motivés. Appelée *Feux Follets* et publiée annuellement en version papier et électronique, elle rassemble des poèmes, de courts textes en prose et des œuvres visuelles. *Ô Malheureuse! French Writings by Louisiana Women* est une autre publication récente d'intérêt. Ce qui n'était au départ qu'un appel à contributions auprès de femmes louisianaises, sur le blog *La Prairie des Femmes*, s'est transformé en un recueil publié par UL Press et rassemblant les écrits de plus de 40 contributrices d'âges et de milieux différents. *Les Éditions Tintamarre*, une maison d'édition francophone basée à Shreveport, réédite les œuvres d'auteurs louisianais du 19e siècle tout en proposant des travaux plus récents, comme *Le Hantage* de Nathan Rabalais. Même si des images en noir et blanc de cimetières se glissent parfois entre les poèmes qu'il contient, *Le Hantage* brille par ses jeux de mots réalisés dans une langue, elle, bien vivante.

Il ne s'agit là que de quelques exemples attestant de cette créativité actuellement si foisonnante. De nouvelles initiatives autour du français ont vu le jour dans des domaines aussi variés que les arts, l'éducation et l'urbanisme. Depuis 2017, le programme « French Culture Film Grant » finance la création de courts-métrages et de documentaires consacrés à la langue et à la culture en Louisiane francophone. L'Alliance Française de Lafayette propose depuis peu des cours de français et de créole louisianais. Enfin, la ville de Lafayette a installé des panneaux de signalisation bilingues en 2021, sur lesquels la police de caractère est plus grande en français qu'en anglais. « Le futur est en anglais, et uniquement en anglais » est un refrain, entendu si souvent par des générations de Louisianais, qui devient caduc.

Aucune de ces avancées n'aurait cependant pu être possible sans l'implication des individus ayant participé aux vagues militantes précédentes. Le projet de signalisation bilingue à Lafayette se base fortement sur le *Dictionary of Louisiana French* de 2010, un dictionnaire dont la rédaction, par des bénévoles, a pris plus d'une décennie et qui est devenu, depuis, un puissant outil de légitimisation du français en Louisiane. De jeunes musiciens écrivent et jouent aujourd'hui leurs propres chansons, mais ce sont des artistes comme Zachary Richard et Michael Doucet qui leur ont ouvert la voie. La militante dont je parle au début de cette section, et qui salue l'implication des jeunes Louisianais, a elle-même été professeure de français et inspiré de nombreuses personnes pendant plusieurs décennies.

Les vrais enjeux

Même si j'évoque de nombreuses initiatives fructueuses en faveur du français en Louisiane, je ne souhaite pas non plus donner l'impression que tout va parfaitement bien. La Louisiane francophone doit affronter de réels défis. Tous les 10 ans, les chiffres du recensement donnent à sérieusement réfléchir. En effet, nous ne semblons pas en mesure d'accroître le nombre de nouveaux locuteurs du français aussi rapidement que nous réduisons celui des locuteurs natifs de l'ancienne génération. Malgré cela, chaque fois que j'entends un francophone étranger évoquer le fameux « Cajun mort-vivant »[31], ou un voisin regretter que la langue soit « morte », je ne peux m'empêcher de considérer ces opinions comme trop tranchées. Je pense immédiatement à Zachary Richard ou Barry Ancelet qui, avec malice, nous disent que « Dès qu'on est prêt à fermer le cercueil sur le cadavre de la francophonie louisianaise, ben, le cadavre se lève, puis demande une bière »[32].

Parler de « guerre » pour illustrer la situation linguistique de la Louisiane peut sembler exagéré. Les tensions entre les francophones et les anglophones ne constituent pas un problème majeur, et il n'y a pas l'ombre d'un mouvement séparatiste en Louisiane. Néanmoins, c'est bel et bien dans une lutte que nous devons nous engager pour préserver notre langue en danger. Cette lutte est faite de batailles, mais en perdre certaines ne doit pas nous décourager. En réalité, beaucoup des batailles que nous menons sont psychologiques. Régulièrement, je dois rappeler aux autres, ainsi qu'à moi-même, les vrais enjeux de l'utilisation du français. C'est une des batailles les plus importantes que je mène. Parfois, on peut ressentir une forme d'angoisse lorsque l'on s'interroge sur la langue à employer. Est-ce que tous les membres de ce groupe comprennent le français ? Serait-ce étrange si je me mettais à parler en français ? Mon français est-il suffisamment bon ? J'ai l'impression que seules deux solutions s'offrent à moi : agir ou fuir. Dans ces moments-là, je dois me souvenir que même si j'ai l'impression de vivre une situation dangereuse, ce n'en est pas une. Si je parle français à quelqu'un et qu'il ne me comprend pas, personne n'en mourra. Si j'essaie de passer de l'anglais au français au cours d'une conversation, mais que ça ne fonctionne pas, personne n'en mourra. Si je conjugue incorrectement un verbe, personne n'en mourra. À l'inverse, chaque fois que je choisis le français, je donne vie à cette langue en Louisiane. Cette bataille-là, je l'ai déjà gagnée. Aux Tables Françaises, sur les réseaux sociaux et là où des initiatives créatives sont prises, des batailles telles que celle-ci sont aussi menées et gagnées tous les jours.

9. Être en marge de la marge : perception de l'apprentissage du français en Louisiane par un Afro-Américain

Jerry L. Parker

En Amérique, toute conversation portant sur l'origine ethnique est délicate. Quels que soient le contexte, l'environnement et les croyances, les conversations portant sur l'origine ethnique, le racisme (standard ou d'État), les préjudices raciaux, les préjugés implicites et l'injustice sociale nécessitent de définir ses propres positions. Que pense-t-on du concept polémique de « race » ? Qu'est-on ou non autorisé à dire à son sujet ? Qu'est-ce qui constitue une personne raciste ? Dans ce chapitre, j'oriente la conversation sur les langues étrangères. Plus spécifiquement, j'adopte une approche autoethnographique (Belbase, Luitel et Taylor 2008) : je me concentre sur mon expérience, en tant qu'homme afro-américain qui réside en Louisiane et apprenant du français langue seconde.

Je dresse tout d'abord un tableau général de l'enseignement des langues étrangères chez les jeunes afro-américains, particulièrement dans l'enseignement supérieur. Ensuite, je partage mon ressenti personnel et évoque les défis à relever lorsque l'on est un Afro-Américain évoluant dans un contexte très majoritairement blanc. Enfin, j'émets des recommandations visant à favoriser l'intégration de davantage d'étudiants afro-américains.

Recherches portant sur les étudiants en langues étrangères afro-américains

La relation entre les étudiants afro-américains et l'apprentissage des langues étrangères est explorée, tout au plus, depuis quelques décennies seulement. En 2005, Zena Moore a établi que dans les deux principales revues universitaires spécialisées dans les langues étrangères, le *Modern Language Journal* (créé en 1925) et les *Foreign Language Annals* (créées dans les années 60), seuls cinq articles s'intéressaient aux étudiants issus des minorités. Trois d'entre eux étaient consacrés aux étudiants noirs[33] et deux ont été coécrits par Zena Moore elle-même (Davis et Markham 1991 ; Moore et English 1997 et 1998). Alors que la diversité, l'équité et l'inclusion deviennent des valeurs de plus en plus centrales, ce sujet mérite d'être davantage étudié, d'où ma volonté de rédiger ce chapitre. Néanmoins, avant cela, intéressons-nous aux travaux déjà existants.

L'une des premières études a été réalisée par Linda Lassister en 1989. Dans sa thèse de doctorat, cette dernière a cherché à savoir si l'origine ethnique avait une incidence sur les raisons pour lesquelles une seconde langue était apprise par les étudiants. Elle a découvert que les étudiants noirs considéraient l'apprentissage d'une langue davantage comme un outil qui leur permettrait de communiquer, alors que c'est la sensibilité culturelle, après avoir été en contact avec des individus bilingues à l'école, lors de voyages ou au cours d'événements sociaux, qui poussait les étudiants blancs dans cette voie. Dans l'ensemble, les jeunes étudiants noirs ont indiqué que le bilinguisme rendrait leur profil plus intéressant et qu'il leur permettrait d'être plus facilement admis dans divers établissements d'enseignement supérieur. Linda Lassister en a conclu que tous les étudiants, qu'ils soient noirs ou blancs, présentaient une attitude positive à l'égard de l'apprentissage des langues, mais que l'aspect culturel se notait plus chez les étudiants blancs.

Plus récemment, Zena Moore a mené une étude exploratoire qui l'a amenée à recueillir des données pendant deux ans. 128 étudiants noirs (37 hommes et 91 femmes) y ont participé. La plupart ont indiqué qu'ils étudiaient une langue uniquement car cela était requis pour obtenir leur diplôme. Les langues qu'ils privilégiaient étaient l'espagnol, le français, le japonais et l'allemand et, selon eux, leur expérience d'apprentissage n'était ni bonne ni mauvaise. La sélection d'une langue spécifique n'était pas déterminée par les expériences linguistiques passées de leurs parents. En revanche, les participants ont souvent indiqué qu'ils avaient été découragés par d'autres étudiants leur ayant dit que l'apprentissage des langues était trop difficile. Néanmoins, ils ont estimé qu'un échange à l'étranger devrait être obligatoire pour tous les étudiants et qu'il était nécessaire, afin d'accroître le nombre d'inscriptions, de développer les cursus proposés et de mettre davantage l'accent sur la culture et les avantages de l'apprentissage des langues, et moins sur la grammaire.

Plus de cinq ans plus tard, en 2011, Katrina Watterson s'est également intéressée au sujet. Son étude a révélé que les étudiants noirs n'étaient généralement pas attirés par l'apprentissage des langues étrangères, car ils ne voyaient pas de lien direct entre leur héritage africain et le contenu des cours. En 2012, les recherches de Cassandra Lea Glynn ont confirmé cette tendance. Après avoir interrogé des étudiants Afro-Américains issus de villes et de banlieues, il est apparu que ceux-ci avaient l'impression que les professeurs entretenaient des sentiments négatifs à leur égard, et que la discrimination systémique était l'une des raisons pour lesquelles le nombre d'étudiants Afro-Américains inscrits à des cours de langues étrangères était si faible.

Cassandra Lea Glynn préconise l'enseignement des langues étrangères dès le primaire ou le collège, en mettant l'accent sur l'équité et la pédagogie différenciée. Elle souligne également l'importance de faire de l'apprentissage des langues étrangères un prérequis pour obtenir son diplôme de fin d'études secondaires et, pour les familles et les écoles, de s'investir à ce sujet. Enfin, afin de garantir la réussite de tous, elle estime qu'il serait judicieux de moins dépendre des manuels, de se distancier des cursus trop eurocentrés pour donner la priorité à des contenus correspondant davantage à la culture des étudiants, de revaloriser l'étude des langues au sein des écoles et de se focaliser sur la pédagogie critique et la justice sociale.

En 2012 également, les trouvailles de Comfort Pratt, qui s'est elle concentrée sur l'espagnol, sont semblables. Sur les 7 069 étudiants d'un district, seuls 1 034 (15 %) se considéraient comme des Afro-Américains, alors que 3 122 (44 %) se considéraient comme des Latino-Américains et 2 737 (39 %) comme des Blancs. 422 (14 %) de ces Afro-Américains étaient inscrits à des cours d'espagnol, contre 1 484 (49 %) étudiants blancs et 1 073 (35 %) étudiants latino-américains. Ses recherches ont révélé que les étudiants afro-américains choisissaient principalement l'espagnol pour des motifs économiques et afin de faciliter leur future carrière, pour des raisons familiales, par attrait pour la langue, afin d'être acceptés à l'université et car ils trouvaient cette discipline attrayante, entre autres.

Comfort Pratt souligne ensuite que les étudiants afro-américains ont choisi de poursuivre leur apprentissage de l'espagnol au-delà du minimum requis car leurs notes et leurs professeurs les motivaient, pour intégrer un établissement d'enseignement supérieur de qualité, pour améliorer leur connaissance de la langue, car ils appréciaient les activités associées, car ils ne souhaitaient pas interrompre ce qu'ils avaient commencé, car ils s'estimaient bons dans cette discipline, par intérêt pour la complexité de la langue, car ils considéraient que l'apprentissage de l'espagnol les aidait pour d'autres matières et car ils avaient l'impression de réellement progresser.

En 2012, Alicia Calhoun s'est aussi penchée sur la question, en s'intéressant à des étudiants noirs ayant choisi de se spécialiser dans une langue donnée à l'université. Après s'être entretenue avec trois étudiants, elle a mis en évidence le fait que l'identité constituait, pour eux, un point plus complexe que la seule origine ethnique, et que divers aspects de leur vie quotidienne les avaient encouragés à se spécialiser dans une langue étrangère. Mica Pollock, pour sa part, a relevé en 2018 que plusieurs facteurs influaient sur la volonté des étudiants noirs à apprendre une langue, parmi lesquels leur expérience éducative du primaire au secondaire, ainsi que le soutien de leur famille, de leurs camarades et de leurs professeurs (et plus particulièrement lorsque ces enseignants sont Afro-Américains).

Même si les travaux conduits sur les étudiants noirs demeurent peu nombreux, on remarque toutefois une progression des recherches effectuées à ce sujet au cours des quelques dernières décennies. Par ailleurs, chaque étude est plus ou moins arrivée aux mêmes conclusions : aucun problème intellectuel n'empêche les étudiants Afro-Américains d'apprendre une langue étrangère (Hubbard 2014), et ces derniers sont tout aussi aptes à maîtriser une nouvelle langue qu'un jeune d'une autre origine ethnique. Cependant, pour diverses raisons, les étudiants Afro-Américains sont moins enclins à étudier une langue étrangère et à poursuivre son apprentissage au-delà du minimum obligatoire (Glynn et Wassell 2018). En outre, on leur conseille très souvent de ne pas apprendre de nouvelles langues, certaines personnes estimant que cela serait trop difficile pour eux, constituerait une perte de temps ou ne présenterait aucun avantage (Hubbard 2014).

Afin d'assurer l'intégration de toutes les minorités au processus d'apprentissage des langues étrangères, nous devons nous atteler directement aux questions d'inégalité et d'inéquité (Anya et Randolph 2019). Même si certains enseignants estiment qu'elles sont trop politiques et n'ont pas lieu d'être abordées dans les écoles, il n'en demeure pas moins que l'origine ethnique, le genre, la sexualité et les facteurs économiques ont une incidence sur la socialisation des étudiants. Le racisme et l'origine ethnique sont d'ailleurs des concepts très liés à la société américaine, ce qui explique l'importance, au niveau fédéral, du Juneteenth (ou « Jour de la liberté »), du Martin Luther King Day, du Mois de l'héritage hispanique, du Mois de l'héritage des Américains d'origine asiatique et des îles du Pacifique, et du Mois de l'histoire des Noirs. Le concept de « colorblindness » (littéralement, « daltonisme social »), consistant à ne pas tenir compte des traits raciaux des étudiants et à la manière dont ces derniers opèrent individuellement, systématiquement et institutionnellement, est également au cœur des enjeux (Anya et Randolph 2019). Afin de contextualiser encore davantage les recherches portant sur l'intérêt porté aux langues étrangères par les étudiants Afro-Américains, je présente, dans la section suivante, des données relevées par le Centre américain des données statistiques en éducation et le Louisiana Board of Regents.

Tendances actuelles en matière d'inscription à des cursus de langues étrangères

Pendant et après la pandémie de COVID-19, le comportement des Américains a changé. Ils se sont davantage intéressés aux questions de diversité, d'équité et d'inclusion à tous les niveaux, et en particulier dans le domaine de l'enseignement. Les recherches effectuées sur les étudiants Afro-Américains[34] et leur attrait pour les langues étrangères s'articulent autour d'une notion spécifique, à savoir que « les écoles sont les institutions qui répondent aux besoins de la société et reflètent celle-ci » (Nieto 1992). Néanmoins, si l'on examine les données relevées, on ne peut que remarquer certains faits particulièrement parlants.

Celles regroupées dans le Tableau 1, et publiées récemment par le Centre américain des données statistiques en éducation, révèlent que le nombre d'étudiants noirs ayant obtenu, au cours des dernières années, une licence en langues étrangères est quasi nul. Le Tableau 2, pour sa part, s'applique plus spécifiquement aux étudiants de sexe féminin ayant obtenu un diplôme en langues étrangères entre 2017 et 2019.

Pour les étudiants de sexe féminin, les données sont un peu plus encourageantes. Sur les 23 143 individus s'étant déclarés de sexe féminin, les étudiantes noires représentent 5 % du total des diplômées. En comparaison, les étudiantes blanches représentent plus de la moitié du nombre total d'individus, contre un peu moins du quart pour les étudiantes latino-américaines. Les étudiantes noires constituent le deuxième groupe le moins représenté après celui des étudiantes d'ascendance asiatique et issues des îles du Pacifique. Néanmoins, elles ont obtenu légèrement plus de diplômes que les étudiantes métisses et non-résidentes.

Les femmes représentent la plus large part d'étudiants et les étudiantes noires sont celles dont le nombre de diplômes croît le plus. En comparaison avec le nombre total de diplômés, les étudiantes noires ont obtenu seulement 3,45 % de toutes les licences en langues étrangères entre 2017 et 2019. Cependant, pendant cette même période, elles ont obtenu 98,72 % des licences en langues étrangères pour toute la part d'étudiants noirs. Le Tableau 3 illustre cette différence entre les étudiants de sexe féminin et les étudiants de sexe masculin.

Les étudiants se considérant comme blancs constituaient la plus large portion parmi les étudiants de sexe masculin ayant obtenu une licence en langues étrangères entre 2017 et 2019. La deuxième portion la plus large correspondait aux étudiants de sexe masculin latino-américains, suivis des étudiants d'ascendance asiatique et issus des îles du Pacifique. En outre, le nombre d'étudiants noirs de sexe masculin ayant obtenu une licence en langues étrangères est le deuxième plus faible, après les étudiants métis et non-résidents. Ces données sont révélatrices d'une situation qui préoccupe les spécialistes, au niveau national, depuis des décennies. Intéressons-nous donc maintenant aux tendances en fonction des États, et plus particulièrement à la Louisiane.

Tableau 1 : Nombre d'étudiants tous sexes confondus diplômés en langues étrangères entre 2017 et 2019

	Total	Blancs	Noirs	Latino-Américains	D'ascendance asiatique/Issus des îles du Pacifique	Indiens d'Alaska/Amérindiens	Métisses	Non-résidents
2017 à 2019	33 549	19 198 (57,2 %)	1 172 (3,49 %)	7 733 (23,04 %)	2 128 (6,34 %)	86 (0,26 %)	1 499 (4,47 %)	1 333 (3,97 %)

Tableau 2 : Nombre d'étudiants de sexe féminin diplômés en langues étrangères entre 2017 et 2019

	Total	Blanches	Noires	Latino-Américaines	D'ascendance asiatique/Issues des îles du Pacifique	Indiennes d'Alaska/Amérindiennes	Métisses	Non-résidentes
2017 à 2019	23 143	12 897 (55,72 %)	1 157 (5 %)	5 640 (24,37 %)	1 462 (6,32 %)	56 (0,24 %)	1 007 (4,35 %)	927 (4 %)

Tableau 3 : Nombre d'étudiants de sexe masculin diplômés en langues étrangères entre 2017 et 2019

	Total	Blancs	Noirs	Latino-Américains	D'ascendance asiatique/Issus des îles du Pacifique	Indiens d'Alaska/Amérindiens	Métisses	Non-résidents
2017 à 2019	10 406	6 301 (60,55 %)	415 (4 %)	2 093 (20,11 %)	666 (6,40 %)	33 (0,32 %)	492 (4,73 %)	406 (3,90 %)

Tableau 4 : Nombre d'étudiants tous sexes confondus diplômés en langues étrangères en Louisiane entre 2009 et 2019

Année	2009	2010	2011	2012	2013	2014	2015	2016	2017	2018	2019	Total
Noirs	9 (9,77 %)	15 (13,39 %)	9 (7,69 %)	12 (14,46 %)	12 (12,90 %)	8 (10,81 %)	8 (10,26 %)	5 (6,50 %)	4 (7,55 %)	4 (7,41 %)	4 (5,71 %)	90 (9,88 %)
Non-noirs	84 (90,32 %)	97 (86,61 %)	108 (92,31 %)	73 (87,95 %)	82 (88,17 %)	66 (89,19 %)	70 (89,74 %)	72 (93,51 %)	53 (91,38 %)	50 (92,59 %)	66 (94,29 %)	821 (90,12 %)
Total	93	112	117	83	93	74	78	77	58	54	70	911

Données provenant du site web nces.ed.gov

Taux d'obtention de diplômes en langues étrangères en Louisiane

En termes de langue et d'apprentissage des langues, la Louisiane présente des particularités uniques. Des informations datant du 20e siècle ont révélé que de nombreuses langues indigènes, comme le choctaw, le chitimacha, l'atakapa, le tunica, le biloxi et le natchez faisaient partie des premières langues parlées dans la région (Dajko et Walton 2019). La Louisiane est également connue pour ses importantes communautés culturelles et linguistiques, tirant leurs racines de son héritage francophone et hispanophone. Le français cadien louisianais et le créole louisianais issu du français, incluant tous deux des termes issus des langues amérindiennes et de l'espagnol islingue anciennement parlé dans la paroisse de Saint-Bernard, sont toujours très présents et pratiqués en tant que première ou deuxième langue par de nombreux natifs de la Louisiane.

Dans la mesure où l'héritage linguistique de l'État semble particulièrement fort, il serait logique de penser que le bilinguisme concerne au quotidien une majorité de citoyens. Cependant, il n'en est rien. Si l'on examine le taux d'obtention de diplômes en langues étrangères sur une période de dix ans, on remarque, pour les étudiants noirs, la même tendance qu'au niveau national. En Louisiane, comme l'indique le Tableau 4, les étudiants noirs obtiennent bien moins de licences en langues étrangères que les étudiants d'autres origines ethniques.

Au cours des 10 dernières années, seul un dixième environ des diplômés en langues étrangères de cet État était noir. 90 % des diplômés étaient blancs, latino-américains, d'ascendance asiatique et issus d'autres origines ethniques. Le nombre moyen d'étudiants noirs diplômés en langues étrangères était de 8,18. Le nombre médian d'étudiants noirs diplômés était de 8, et le nombre d'étudiants revenant le plus fréquemment était de 4. L'étendue était de 17. À titre de comparaison, au cours des dix dernières années, le nombre moyen d'étudiants blancs ou d'une autre origine ethnique diplômés était de 74,64. Le nombre médian de ces étudiants était de 72, et le nombre d'étudiants revenant le plus fréquemment était de 66. L'étendue était de 58. Bien que les chiffres puissent sembler quelque peu excessifs, le nombre d'étudiants noirs étant mis en parallèle avec celui de tous les autres (blancs, d'ascendance asiatique, issus des îles du Pacifique et métis confondus), ils restent néanmoins extrêmement bas si on les compare à ceux obtenus dans d'autres domaines, comme les sciences politiques, la communication et même l'anglais. Le secteur de l'enseignement américain, qui manque de professeurs, n'est pas le seul à faire actuellement face à une pénurie : c'est également le cas des cursus de langues étrangères qui comptent peu d'étudiants noirs. Si des mesures ne sont pas prises pour remédier à des effectifs si bas, le risque est que le nombre de ces mêmes étudiants devienne inexistant.

Comme Uju Anya et L.J Randolph l'ont souligné en 2019, il importe de se concentrer sur l'accès aux études, les opportunités qui s'offrent aux étudiants et la réussite de ces derniers. Nous devons comprendre pourquoi des groupes issus des minorités choisissent ou non de s'inscrire à des cursus de langues étrangères, afin de pouvoir leur assurer une expérience optimale. Comme l'a déclaré l'American Council on the Teaching of Foreign Languages (ACTFL) en 2021, « les contributions ou talents d'aucun individu ne doivent être marginalisé(e)s en raison des attributs uniques de ces mêmes individus ». Il est clair que les étudiants afro-américains, et plus particulièrement ceux de sexe masculin, présentent peu d'intérêt dans les langues étrangères au niveau universitaire. La question à laquelle doivent répondre les promoteurs de l'apprentissage des langues étrangères, les défenseurs de la justice sociale et les enseignants est la suivante : pourquoi ? Qu'est-ce qui, dans ces programmes, n'encourage pas les Afro-Américains à devenir bilingues ? Par ailleurs, ce qu'il ressort de toutes ces recherches, c'est que l'expérience vécue par les Afro-Américains est l'élément le moins étudié. Je consacre donc le reste de ce chapitre à la mienne, en tant que natif de Louisiane ayant fait le choix d'apprendre le français.

La mise en marge

La langue française a fait son apparition en Amérique du Nord en 1604, lorsque les premiers Français sont arrivés au Canada (Ancelet 1988 et 2007, Brasseaux 2005 et Klingler 2003). Non préparés aux hivers rigoureux, leur survie s'est révélée particulièrement difficile dans cette région. Car ils ne savaient pas non plus comment cultiver leur propre nourriture et chasser, ils ont finalement fait le choix de revenir en France.

Une seconde vague de Français est arrivée en 1632 en Acadie afin de créer une colonie. Malheureusement, les Britanniques ont fini par prendre le contrôle du territoire en 1755 pendant la guerre de Sept Ans. Toute personne se définissant comme un Acadien et refusant de se convertir au protestantisme était dès lors arrêtée et déportée. Certaines de ces personnes sont retournées en France, alors que d'autres ont choisi de s'établir en Nouvelle-Angleterre, voire de partir en Louisiane (elle-même sous contrôle espagnol à l'époque) afin de pouvoir pratiquer librement leur religion. Ces individus, également connus sous le nom de « Cadiens », se sont installés dans le sud de la Louisiane où, tout en formant des communautés, ils ont recommencé à travailler la terre et à chasser comme ils le faisaient au Canada. C'est ainsi qu'une culture francophone s'est développée en Louisiane tout au long du 19e siècle. En raison de sa proximité avec les Caraïbes et de la vague d'immigration causée par la révolution haïtienne (Ancelet 2007 et Brasseaux 2005), la Louisiane a également commencé à être influencée linguistiquement et culturellement par les Antilles.

Au fil des années, une culture unique mêlant dialecte des colons, créole et français cadien (toujours parlés aujourd'hui), s'est développée dans le sud de la Louisiane. En raison de la forte mixité sociale et ethnique et des échanges interethniques au cours de cette période, il était rare de trouver une forme totalement « pure » de ces trois parlers. À l'heure actuelle, des Créoles blancs et des Cadiens noirs cohabitent encore très fréquemment dans plusieurs régions de l'État. Le terme « français régional louisianais » a été créé par des universitaires pour décrire le dialecte français né dans le sud de la Louisiane (Lindner 2008 et 2013). Cependant, d'autres spécialistes estiment que le français cadien et le créole louisianais (également appelé « kouri-vini ») sont deux langues distinctes. En raison de l'américanisation et de la croissance de l'industrialisation, l'anglais est devenu de plus en plus parlé en Louisiane, sauf dans les cercles créoles noirs et les communautés cadiennes plus pauvres du sud de l'État (Ancelet 1988 et 2007, Brasseaux 2005 et Klingler 2003). À la suite de la Guerre de Sécession, le nombre de francophones natifs de la Louisiane choisissant de s'intégrer à la société anglophone dominante s'est encore accru. En outre, en raison des lois Jim Crow et de la ségrégation, les francophones noirs et les descendants des « gens de couleur libres » (noirs et métis non esclaves sous l'Empire colonial français) ont été recatégorisés comme des Afro-Américains, et les Cadiens comme des blancs. Les Amérindiens, pour leur part, ont été intégrés à ces groupes sur la base de leur couleur de peau, ou selon qu'ils souhaitaient s'assimiler ou continuer à vivre dans les réserves.

En 1916, l'anglais est devenu la langue obligatoire de l'enseignement. Les enfants parlant le français et le créole, noirs comme blancs, ont été encore davantage forcés de s'intégrer à la culture anglophone dominante, sous peine d'être exclus. La première mise en marge était à l'œuvre. Après la Seconde Guerre mondiale, la Louisiane a connu un renouveau linguistique et culturel en raison du retour des jeunes soldats déployés en France pendant le conflit (Ancelet 1988 et 2007). La « renaissance cadienne » avait débuté. Au cours de cette période, le français et le créole sont devenus source de fierté pour les individus s'identifiant comme des Cadiens et des Créoles. En 1968, le Conseil pour le développement du français en Louisiane (CODOFIL) a été créé afin de promouvoir l'usage du français en Louisiane et préserver l'héritage francophone de l'État (Ancelet 2007 et Lindner 2008). Il se concentre tout particulièrement sur l'enseignement.

Être en marge de la marge

« Être en marge, c'est être une partie du tout, mais en dehors du corps principal (Hooks 1989) ». En tant que Noir bilingue, j'ai toujours vécu ma vie comme un participant, mais également comme un observateur. Le fait d'être né et d'avoir grandi en Louisiane a grandement influé sur ma personnalité, et notamment sur mon désir de devenir bilingue. Je fais partie d'un petit groupe d'Afro-Américains, originaires du Sud profond et y résidant, qui ont choisi d'apprendre le français en tant que langue seconde. J'ai commencé à être en marge de la marge dès mon enfance.

Pendant mes jeunes années, j'ai toujours éprouvé de l'intérêt pour les choses « exotiques ». Je me rappelle très bien de mon engouement pour le cinéma hongkongais, pour la nourriture chinoise, pour les pagodes japonaises et pour les pyramides d'Égypte. Mes parents n'ont pas encouragé ni condamné ces passions ; ils m'ont simplement laissé les vivre. Pendant mon adolescence, ma mère a étudié pour obtenir sa licence et son master, et son cursus nécessitait de participer à des cours de français. Une fois ses études terminées, elle a gardé ses manuels que je parcourais avec enthousiasme. Je me suis toujours intéressé à ces mots étrangers, ainsi qu'à la manière de les prononcer et de les utiliser correctement. C'est de là que vient mon intérêt pour les langues.

Les premières années

En passant mon enfance dans la Louisiane des années 1990, j'ai toujours su que le français y était présent et qu'il y occupait une place naturelle. « Mardi Gras », « Lafayette », « boudin » : ces mots peuplaient notre vocabulaire quotidien. Des noms tels que « Herbert », « Boudreaux » et « Decuir » étaient fréquemment entendus et prononcés à la française. Dans ma famille ou parmi mes camarades de classe, personne n'a jamais considéré ces termes comme exceptionnels, en partie car nous ne mesurions pas à quel point ils étaient spécifiques à notre culture.

Au fil des années, ma famille n'a pas cessé de me dire qu'il fallait que je devienne médecin ou avocat, comme c'est le cas pour de nombreux enfants du Sud profond (pas seulement les Afro-Américains). Ce n'est que plus tard que je me suis rendu compte que ma propre situation avait été parfaitement décrite par Carter G. Woodson en 1933 :

Lorsqu'un enfant noir termine ses études dans nos écoles, on lui a fourni les outils nécessaires pour débuter une vie d'homme blanc américanisé ou européanisé. Cependant, avant qu'il ne quitte son établissement, ses professeurs lui disent qu'il doit retourner auprès de la communauté qu'il a quittée dans le but de poursuivre des idéaux qui finiront, malheureusement, par lui paraître inatteignables.[22]

J'étais conditionné par mes amis, mes proches et mes professeurs à grandir, à réussir et à contribuer en retour à ma communauté locale et à ma famille. En raison de notre passé, les questions financières concernent tout le monde en Louisiane. La pauvreté n'a pas d'origine ethnique ; aucune distinction n'est faite. L'éducation, les études à l'université et la réussite personnelle constituent des privilèges que seuls quelques individus peuvent s'offrir.

Ce que de nombreuses personnes extérieures à notre État ne savent peut-être pas, c'est que les écoliers du primaire étaient tenus, en

Louisiane, de participer quotidiennement à des cours de français de 30 minutes. Avec mes camarades, nous passions en réalité cette demi-heure à faire les idiots, à rire des sons étranges du français et à réfléchir à ce que nous allions manger à midi. Aucun de nous ne prenait le sujet au sérieux, alors que notre professeur cherchait simplement à vivre son rêve américain en faisant du mieux qu'il pouvait pour nous intéresser.

Le passage à l'âge adulte

Pendant tout le collège, je n'ai pris aucun cours de langue étrangère. Il en existait, mais le personnel enseignant ne m'a pas encouragé à y participer. J'ai réellement commencé à étudier les langues étrangères au lycée. J'ai choisi l'espagnol, et, pour être honnête, j'ai détesté. Je ne savais pas ce que je faisais là et ne comprenais pas pourquoi j'avais été forcé à suivre ce cours. Je m'y rendais chaque jour à reculons, en passant surtout mon temps à m'amuser avec mes amis. Le cours d'espagnol était vraiment le cadet de mes soucis.

Comme ma professeure d'espagnol était aussi ma professeure d'anglais, je la voyais deux fois par jour. C'est l'une des femmes les plus intéressantes que j'ai rencontrées dans ma vie. Très excentrique, elle avait néanmoins un cœur d'or et nous traitait tous comme si nous étions ses enfants. Elle pouvait nous faire des reproches et, seulement quelques minutes après, nous donner des petits noms et nous dire à quel point elle était fière de nous. Peu importe votre origine ethnique, votre genre, votre orientation sexuelle ou autre : les femmes louisianaises d'un certain âge sont connues pour leur affection et vous accompagnent toute votre vie. J'ai pu m'en rendre compte à plusieurs reprises lors de mon parcours.

Comme je voyais ma professeure quotidiennement, cinq jours par semaine, j'ai appris à très bien la connaître. J'ai découvert qu'elle enseignait également le français dans mon école et, pour la première fois, j'ai pris conscience du fait que des gens pouvaient parler plusieurs langues couramment. En termes de bilinguisme et de trilinguisme, elle est devenue mon premier modèle. Je me rappelle d'une conversation que j'ai eue avec elle lorsque j'ai dû sélectionner une option pour mon passage en première. Elle m'a suggéré de choisir le français. Je n'ai jamais regretté d'avoir suivi son conseil.

En première, le français était ma première langue, et l'espagnol la deuxième. À cette époque, je voulais devenir professeur d'histoire américaine, et j'étais ravi de m'être inscrit en parallèle à un cours de préparation à l'université consacré à l'histoire des États-Unis. Bien que ce dernier ait été très stimulant, j'adorais également mes cours de français. Les sons, les mots, les tournures : tout ce qui était lié au français me rendait heureux. Ma professeure de français était également très gentille et bienveillante et a réellement contribué à optimiser mon expérience d'apprenant. Amie avec mes professeurs de français et d'espagnol, elle parlait aussi un peu l'espagnol. Tout cela a fait une grande différence dans mon enseignement, car j'avais dès lors plusieurs points communs avec elle.

En terminale, tous les élèves devaient effectuer un stage d'observation dans un domaine qu'ils souhaitaient ensuite étudier à l'université. Ma mère, qui travaillait dans ce que l'on appelait une « université historiquement noire », a pu me mettre en relation avec la directrice du département des langues étrangères de celle-ci.

Afro-Américaine du Mississippi, grande, belle, aux cheveux bouclés et vêtue de tailleurs-pantalons élégants, cette dernière parlait couramment le français et l'espagnol et enseignait les deux langues. Pendant toute mon année de terminale, elle m'a accompagnée et m'a énormément appris sur le poste de professeur d'université, en particulier lorsque l'on est noir et bilingue. Elle m'a pris sous son aile et m'a encouragée à faire preuve de courage et de ténacité pour que je contribue, moi aussi, à renforcer la communauté des étudiants noirs en langues étrangères. J'étais loin de me douter que cela finirait par devenir ma réalité.

Mes camarades trouvaient « cool » que j'étudie à la fois le français et l'espagnol, et que je sois en stage d'observation avec une professeure d'université. Pour eux, il était même logique que je prenne ce chemin, moi qui avais toujours été un bon élève. Aujourd'hui, je me rends compte que personne, moi y compris, n'imaginait que je puisse en faire ma carrière. Ce n'est pas avant ma première véritable prise de contact avec le français louisianais dans un cadre académique, via l'Association louisianaise des clubs de français des écoles secondaires (ALCFES), que mes aspirations ont changé.

À cette occasion, j'ai découvert les termes « piastres » (faisant référence à l'argent) et « asteur » (ayant le sens de « maintenant »). On m'a appris dans quelles régions de la Louisiane le français était parlé, ainsi que la signification de certains noms de rue et de ville en français, et l'on m'a présenté différents aspects de la culture cadienne et créole. C'est depuis ce moment-là que je me définis, avec fierté, comme un francophone. À la fin du lycée, mon plan était le suivant : m'inscrire dans un établissement public où l'enseignement du français et l'enseignement de l'espagnol seraient mes deux majeures, et l'italien ma mineure. Ensuite, j'enseignerai le français et l'espagnol et finirai par retourner dans mon ancien lycée pour y proposer des cours de préparation à l'université dans ces deux langues.

La licence

En entrant à l'université, je n'aurais jamais imaginé que, trois ans plus tard, j'en ressortirai avec une licence en français avec mineures en espagnol, études créoles et francophones et études internationales. À cette époque, l'enseignement supérieur en Louisiane faisait l'objet de coupes budgétaires et de nombreux diplômes, notamment ceux consacrés au français, en pâtissaient. Malgré cela, j'ai pu devenir coprésident du club de français et président du club d'espagnol, et rejoindre de nombreuses autres organisations. C'est également à ce moment-là que j'ai rencontré mes amis et collègues les plus proches. Je me suis battu pour la préservation de notre cursus de français et, plus important encore, j'ai été repéré par le responsable de mon département qui a fini plus tard par devenir mon patron. J'ai enseigné les langues dans une école locale et travaillé au développement d'un programme qui existe toujours après plus d'une décennie. Mes années de licence ont été très fructueuses, mais il y eut quand même quelques ombres au tableau.

Mes professeurs étaient diplômés de l'université de Yale, de l'université d'État de Pennsylvanie, de l'université d'État de Louisiane et de l'université du Maryland. Tout au long de ma formation, on m'a appris le français parisien et enseigné la culture française. Parfois, certains professeurs mentionnaient des mots, tournures et détails directement liés au français louisianais. Cependant, ce n'est pas avant mon dernier semestre que j'ai réellement commencé à étudier le sujet.

Je me suis inscrit au cours « Éloge de la créolité », consacré à la culture créole en Louisiane et tirant son nom du livre phare dédié aux Caraïbes. Même s'il s'est révélé instructif, il ne m'a pas permis de parler et d'interagir plus facilement avec d'autres personnes en français louisianais. Par ailleurs, je cherchais toujours à retrouver mon héritage dans les cours que je suivais, à me reconnaître dans le cursus. À l'école primaire, un de mes enseignants était africain francophone, mais je n'ai malheureusement jamais rien su de sa culture, or il était important pour moi de connaître le lien qui unissait la mienne avec les grandes œuvres littéraires françaises que j'étudiais, et qui étaient les seules dont j'étais familier. Cela n'a jamais été possible pendant mes années de licence, mais j'étais déterminé à y parvenir. C'est pourquoi j'ai poursuivi mes études dans un autre établissement d'enseignement supérieur situé en plein cœur de la Louisiane francophone.

Le master et le doctorat

L'établissement où j'ai obtenu mon master et mon doctorat est aujourd'hui toujours une référence dans le domaine des études françaises et francophones. Pendant tout mon cursus, j'ai été entouré de spécialistes, de militants et de politiciens bilingues, tous passionnés. Quand j'allais faire mes courses ou me promenais dans la ville, je rencontrais des vendeurs et d'autres professionnels qui parlaient eux aussi le français louisianais. J'ai assisté à de nombreux cours dédiés partiellement ou intégralement au français louisianais, ainsi qu'à pléthore de cours magistraux et d'interventions sur le sujet. En outre, j'ai pu étudier sous la tutelle de multiples professeurs renommés, qui m'ont enseigné la valeur de la culture, de l'héritage et du dialecte de mon État.

Pendant mon premier semestre, je me suis inscrit à un cours portant sur le créole louisianais. C'est là que mes interrogations portant sur ma relation au français, et qui m'avaient occupé pendant tant d'années, ont trouvé leurs réponses. Le cours était donné par une créole louisianaise noire, qui me rappelait ma grand-mère et lui ressemblait. Elle parlait d'une petite voix, mais sa sagesse et la connaissance de son peuple étaient conséquentes. Elle m'a appris qui j'étais et quelle était ma place dans le monde francophone. Au cours de ce même semestre, j'ai également suivi un cours de littérature axé sur les Antilles françaises. Dans les œuvres que nous avons étudiées, j'ai remarqué énormément d'éléments qui m'ont rappelé la Louisiane. Le professeur était un homme blanc originaire de Californie, mais j'avais l'impression qu'il venait vraiment des Antilles. De par ses connaissances, extrêmement vastes, il m'a permis de découvrir cette région et de développer un intérêt personnel pour celle-ci.

Mes études de master et doctorat m'ont encouragé à aller encore plus loin. Une fois celles-ci terminées, j'ai commencé à enseigner dans l'université où j'avais obtenu ma licence. Constamment, je veillais à promouvoir l'emploi du français en Louisiane, en m'investissant personnellement et par le biais de mes cours. C'est dans cette université, alors que j'y officiais en tant que professeur, que j'ai également obtenu mon doctorat en éducation. J'ai consacré ma thèse à l'inclusion, à l'exclusion et à la déformation du contenu ayant trait aux Antilles et à la Louisiane, ainsi qu'aux préjugés en découlant, dans les manuels français et espagnols. Enfin, j'ai publié des articles traitant de l'apprentissage du français et pris part à diverses initiatives visant à optimiser l'expérience des étudiants.

Ne plus être en marge de la marge

Au vu de mon parcours universitaire et de ma condition d'individu en marge de la marge, mes compétences en langues constituent une grande fierté pour moi. Souvent, les personnes qui me rencontrent pour la première fois sont stupéfaites quand elles apprennent que j'enseigne dans le supérieur. Je remarque qu'elles sont très étonnées lorsque je commence à parler et qu'elles se rendent compte à quel point je m'exprime bien. Comme je mesure 1,80 m, que j'ai la peau noire et que mon physique est athlétique, je ne corresponds pas aux stéréotypes véhiculés par la société au sujet des individus issus de ma communauté.

La conversation s'oriente généralement vers la question « Vous enseignez quoi ? ». Quand je réponds que j'enseigne les langues étrangères, on me demande lesquelles, et j'indique qu'il s'agit du français et de l'espagnol. Je vis cette situation depuis des décennies. Longtemps, j'ai pensé que j'étais le seul dans mon cas, le seul Afro-Américain à avoir étudié les langues étrangères ou à être professeur de langues. Néanmoins, grâce aux réseaux sociaux, j'ai découvert que ce n'était pas le cas et que toute une communauté existait.

Il y a quelques années, j'ai rencontré mon professeur de français du primaire à une conférence. Il ne m'a pas reconnu, mais moi, je me souvenais très bien de lui. C'était un honneur pour moi de faire désormais partie de ses confrères et de pouvoir lui prouver que tout son travail avait porté ses fruits. J'avais fait des études supérieures, m'étais spécialisé en français et enseignais désormais la langue à l'université. En le voyant, je me suis rappelé l'importance de la représentation des minorités, l'importance de voir une personne de ma communauté réussir professionnellement et l'importance de la diversité dans l'apprentissage des langues étrangères.

Mon parcours dans le système éducatif a changé ma vie. Je n'en serais pas là aujourd'hui si je n'avais pas été aimé, accompagné et guidé par tous ces individus si spéciaux qui ont croisé ma route. Je suis la preuve que des étudiants noirs peuvent réussir, notamment dans les langues étrangères, même si, comme l'a souligné Bell Hooks en 1994, « En dépit de l'attention portée au multiculturalisme dans notre société, en particulier dans l'enseignement, il n'existe pas suffisamment de discussions pratiques sur la manière dont les salles de classe peuvent être transformées afin que l'expérience d'apprentissage soit plus inclusive ». Nous avons, quoi qu'il en soit, la possibilité de cultiver un sentiment d'appartenance culturelle et sociale.

Mon histoire résonne également avec les travaux de recherche effectués par le passé sur la manière dont la communauté noire doit être accompagnée et représentée. La raison principale pour laquelle les étudiants noirs choisissent ou non d'étudier une langue étrangère est due à leur environnement. Moi-même, j'ai été entouré d'individus bilingues qui, après avoir remarqué mon potentiel, m'ont encouragé à suivre mes rêves. Certes, j'ai aussi connu des moments de découragement lorsque l'on m'a dit que les budgets dédiés à l'enseignement des langues étrangères étaient très limités, mais l'on m'a néanmoins poussé à être unique et à me démarquer.

Afin que le nombre d'étudiants noirs augmente dans le domaine des langues, nous devons revoir notre manière de penser. Tout d'abord, nous devons aider chaque étudiant à s'accomplir, quelle que soit son origine ethnique. Dans nos écoles et structures, nous devons collaborer pour mettre en place et renforcer les programmes dédiés aux langues. Il est important que les étudiants perçoivent le potentiel pratique, social, émotionnel et culturel du bilinguisme et du biculturalisme. Des initiatives doivent être prises pour leur prouver qu'il existe un lien entre les langues qu'ils apprennent et leur bagage immédiat.

Ce n'est pas tout : la manière dont on parle des cours de langues étrangères doit changer. Les langues ne sont pas « difficiles » à apprendre. Il n'est pas « impossible » de les apprendre uniquement en classe. En effet, il est très probable que vous finissiez par rencontrer quelqu'un qui la parle et avec qui vous pourrez la pratiquer à l'extérieur. Les avantages du bilinguisme en termes de carrière professionnelle doivent aussi être mis en valeur de façon plus appuyée. Je n'aurais jamais su qu'apprendre plusieurs langues était une bonne alternative si de multiples personnes ne me l'avaient pas démontré au fil des années.

N'oublions pas non plus l'exposition et l'innovation. L'essor des technologies nous a offert la possibilité, depuis le confort de notre domicile, de découvrir le monde entier et de communiquer avec lui. Pendant la pandémie de COVID-19, le nombre de visioconférences et d'échanges sur les réseaux sociaux a sensiblement augmenté. Nous devons tirer parti de ces outils pour montrer à nos élèves que maîtriser une langue est un objectif atteignable par tous.

La technologie constitue également un moyen d'optimiser nos pratiques, ce qui se révèle idéal dans la mesure où les étudiants noirs indiquent souvent que ce sont des pratiques d'enseignement de haute qualité qui les ont poussés à étudier une langue étrangère. Je ne peux que confirmer cela, car je suis en mesure de faire bien plus aujourd'hui grâce aux progrès techniques. Enfin, faire en sorte d'exposer davantage les étudiants aux langues via YouTube, Wordpress et Google Earth permettrait à ceux-ci de découvrir, en contexte, ce qu'ils apprennent traditionnellement dans les manuels.

Plus important encore, la création d'un véritable réseau est la clé pour aider les étudiants à s'extraire de la marge. Tous mes professeurs collaboraient les uns avec les autres pour s'assurer que je progresserai et réussirai. À chaque nouvelle étape, on me conseillait afin que je puisse faire les meilleurs choix. En tant que professeur d'université, je bénéficie d'ailleurs toujours d'un tel accompagnement. Tous les étudiants, et particulièrement les étudiants noirs de sexe masculin, doivent pouvoir, à chaque niveau, profiter du même soutien que moi pour avoir l'opportunité, eux aussi, de réussir. Le français est une langue qui peut être apprise par tout le monde, indépendamment de l'origine ethnique, du genre, de l'orientation sexuelle ou de tout autre aspect propre à l'identité.

Conclusion

Afin de valoriser des groupes variés et de les encourager à poursuivre leur apprentissage des langues, notamment les étudiants noirs, l'enseignement supérieur doit être ciblé en priorité. Si nous souhaitons séduire les générations à venir, les missions et objectifs de chaque université doivent être alignés, et un lien doit être fait avec le français louisianais pendant les cours pour en assurer la préservation. Même si de nombreux programmes de licence en français et en enseignement du français ont été supprimés en Louisiane entre 2010 et 2011, les possibilités s'offrant aux universités après le COVID-19 sont innombrables. De même, car toujours plus d'attention est portée à la diversité dans le pays, les institutions travaillent à mettre en place des cursus qui reflètent réellement toutes nos communautés.

Comme l'a expliqué Bell Hooks en 1989, « Souvent, lorsqu'une voix radicale s'élève pour parler de domination, nous parlons à ceux qui dominent. Leur présence change la nature et la direction de nos mots ». C'est en réponse à cette idée que j'ai décidé d'écrire ce chapitre. En raison de la diversité de mon parcours et des données présentées, je pense qu'il peut aussi intéresser de nombreuses personnes qui ne sont pas forcément des hommes noirs comme moi.

J'espère que tous s'inspireront de mon histoire et de mes recherches afin de travailler à une meilleure représentation de toutes les minorités dans le domaine des langues étrangères. Quelles que soient les circonstances, tous les étudiants peuvent apprendre le français. En 2020, à l'occasion d'une interview avec *Télé-Louisiane*, j'ai inventé le terme de « louisianophonie » afin de donner un nom au multilinguisme de la Louisiane. Pour renforcer cette « lousianophonie », nous devons en premier lieu renforcer la place de nos propres locuteurs, et cela passe par la diversification de nos mesures d'accompagnement.

Comme on dit en Louisiane, « Lâche pas la patate ! ».

10. Au carrefour de la Francophonie

Scott Tilton

Lorsque l'on grandit en Louisiane, on remarque vite que ce n'est pas seulement une question de lieu géographique, mais également de style de vie. Avant la pandémie de COVID-19, notre calendrier était surtout marqué par les festivals et les fêtes : en plus de Mardi-Gras qui tombe en février et du festival de jazz qui a lieu en avril, plusieurs événements incontournables se déroulent dans notre État tout le reste de l'année. Nous chérissons le fait de vivre dans un lieu où la culture est toujours présente, mais il importe également de nous interroger sur ce qui caractérise celle-ci.

En premier lieu, nous pouvons dire que la Louisiane est un État du Sud. Effectivement, elle ne pourrait pas l'être plus, géographiquement parlant. Par ailleurs, elle partage de nombreux points communs avec cette partie méridionale des États-Unis : l'amour du football, une culture culinaire et des habitants souvent tentés d'employer l'expression « Bless your heart » quand ils sont énervés. Cependant, dès que l'on franchit sa frontière et qu'on est accueilli par ce fameux panneau bleu clamant « Bienvenue en Louisiane », il devient évident que ce qui fait la particularité de la Louisiane est également ce qui la distingue tellement des autres États du Sud. Allez manger dans un restaurant vivant comme Galatoire's ou Antoine's de La Nouvelle-Orléans, des établissements au charme Ancien Monde qui ravissaient les grandes dames créoles de l'époque et rappellent les brasseries parisiennes, et vous le remarquerez encore plus. Promenez-vous également dans le Vieux carré français, ou dans les quartiers Marigny et Trémé, pour vous rendre compte que l'architecture est plus proche de celle de La Havane et de Cap-Haïtien que d'une ville américaine.

Si l'on s'arrête à la culture locale, il est impossible de ne pas percevoir l'influence très importante de la francophonie. Aux États-Unis, parler français peut sembler étrange de prime abord, même si cette langue est pratiquée depuis des siècles par toute une myriade de communautés. À l'heure où de nombreuses personnes n'ont pas eu l'opportunité d'apprendre le français, et alors que l'identité liée à cette langue tend à s'amoindrir, nous pouvons néanmoins nous poser la question suivante : est-il utile, aujourd'hui, d'être francophone aux États-Unis ? Si l'on considère la richesse culturelle des communautés francophones du pays, ainsi que les opportunités induites par l'adhésion à la Francophonie, la réponse est un grand « Oui ».

La Louisiane constitue un cas d'étude particulièrement intéressant. Autrefois, beaucoup de Louisianais parlaient français. En 1970, on estimait encore leur nombre à un million. Être francophone en Louisiane n'a jamais renvoyé à une identité ou à une réalité unique. Dès la fondation de l'État, il était clair que la diversité linguistique de la région du golfe du Mexique ne pouvait pas être englobée sous une seule étiquette. Dans les années 1720, les victimes de l'esclavage transportées en Louisiane ont commencé à développer une magnifique langue qui deviendrait le créole louisianais, toujours parlé aujourd'hui. Les Acadiens, qui ont quitté le Canada et sont arrivés sur les côtes louisianaises dans les années 1750, ont emporté avec eux un français qui rappelait celui parlé dans l'Ouest de la France. Les Africains, Français, Espagnols, Allemands et Indigènes qui se disaient Créoles à l'époque parlaient des variantes du français qui se sont répandues dans le Sud.

Cette atmosphère francophone unique n'a jamais disparu, même lorsque la Louisiane a rejoint les États-Unis en 1803. Le français était enseigné dans les écoles et utilisé en politique, et a contribué à façonner la culture de la région tout au long du 19e siècle. Au lendemain de la Guerre de Sécession, des militants francophones Afro-Créoles, qui se trouvaient en grande partie en France lorsque ce pays a enfin aboli l'esclavage en 1848, se sont inspirés des travaux de philosophes des deux rives de l'Atlantique pour s'engager dans la lutte contre l'esclavage aux États-Unis et s'impliquer en politique. Ces militants, dont *La Marseillaise* était l'hymne, ont fondé des journaux francophones, comme *La Tribune de La Nouvelle-Orléans*, pour faire la promotion de l'égalité. C'est l'arrivée des lois Jim Crow et d'autres politiques réactionnaires ciblant la diversité de la Louisiane francophone qui ont mis à mal ces cultures francophones. L'année 2021 a marqué le triste centenaire de la loi, votée par l'Assemblée de Louisiane et suivie ensuite d'autres réglementations restrictives toujours plus fortes, qui a interdit l'utilisation du français dans les écoles. Dans les années 1950, le déclin du français et du créole louisianais était tel que certains parlaient d'une disparition inévitable du français en Louisiane. Finalement, les vrais Américains ne parlent que l'anglais, n'est-ce pas ?

Au cours des dernières décennies, un fort mouvement visant à redonner vie au français et au créole louisianais s'est toutefois développé. Les personnes qui se sont impliquées pour ces deux langues ne sont pas moins Américaines que leurs concitoyens monolingues. Elles défendent une politique d'ouverture qui laisse place à la diversité linguistique. À l'heure actuelle, près de 40 écoles ont mis en place des programmes d'immersion en français et toute une nouvelle génération de Louisianais apprend cette langue. Il est devenu « branché » d'être francophone, grâce à des jeunes, qui, par fierté, ont su accroître la visibilité du français. Car toujours plus d'individus souhaitent s'investir pour le futur francophone de la Louisiane, il est nécessaire de mettre en place une communauté inclusive, promouvant l'idée que la pratique de la langue française n'a que des avantages pour un adolescent louisianais d'aujourd'hui.

L'adhésion à la Francophonie

C'est dans cette optique que mon mari Rudy Bazenet et moi-même avons lancé et piloté l'initiative ayant fait de la Louisiane le premier État américain à rejoindre l'Organisation Internationale de la Francophonie (OIF). L'OIF est la deuxième plus vaste organisation internationale après les Nations Unies. Basée à Paris et promotrice du multilinguisme, elle encourage la coopération entre les 88 pays et régions qu'elle rassemble et qui comptent un milliard d'habitants, en plus de contribuer à 16 % du PIB mondial. Lorsque nous avons lancé cette initiative avec Rudy, je vivais à Paris où je faisais mes études. Originaire de La Nouvelle-Orléans où j'ai appris le français en grandissant, j'ai eu la chance de pouvoir intégrer Sciences Po dans le cadre de mon master. C'est en assistant à une conférence sur l'économie de la Francophonie, à Paris, que l'adhésion de la Louisiane à l'OIF m'est venue pour la première fois à l'esprit. Nous avons eu la chance, avec Rudy, de jouer le rôle de coordinateurs. Nous avons notamment été chargés de nous renseigner sur la procédure à suivre, par la Louisiane, pour présenter sa candidature. En outre, nous avons géré les échanges entre l'État de Louisiane, le Sénat américain et le Département d'État des États-Unis afin d'obtenir l'autorisation qui permettrait à la Louisiane de rejoindre l'OIF. L'obtention de cette autorisation a constitué un processus long mais nécessaire, le gouvernement fédéral devant au préalable donner son aval à tout dépôt officiel de candidature. Alors que les choses avançaient, notre enthousiasme s'est multiplié : l'implication de la population pour le français en Louisiane, avec un objectif commun et inédit en ligne de mire, devenait évidente. C'est en collaborant avec le Conseil pour le développement du français en Louisiane (CODOFIL) que nous avons pu soumettre, avec succès, la candidature de la Louisiane en avril 2018. En octobre 2018, elle était acceptée.

L'adhésion de la Louisiane à la Francophonie constitue une étape décisive pour quatre raisons principales :
- L'héritage francophone de la Louisiane, qui s'est forgé grâce à des individus et des idées provenant de différentes parties du monde francophone (Afrique de l'Ouest, Caraïbes, Europe et Canada) a été reconnu.
- Les États-Unis sont désormais présents dans la Francophonie. Même si le pays a toujours été un pays francophone, son héritage n'était pas forcément mis en valeur dans un contexte majoritairement monolingue. En faisant entendre notre voix, via la présence de la Louisiane dans l'OIF, nous permettons aux 11 millions d'Américains francophones d'être pris en compte.
- Nous avons maintenant la possibilité de promouvoir l'emploi et de valoriser l'enseignement et la culture en échangeant et en dialoguant avec des pays francophones. C'est une chose de pouvoir coopérer avec le Québec par le biais d'accords bilatéraux entre les États-Unis et le Canada, mais le fait de faire tous deux partie de la Francophonie nous permet de mieux tirer parti de notre contexte linguistique commun.

Nous nous sommes rendu compte que la société civile jouait un rôle clé dans la revitalisation linguistique. Depuis que nous avons rejoint la Francophonie, diverses organisations prospères et dirigées par de jeunes entrepreneurs ont fait leur apparition dans l'État. Afin que cette revitalisation perdure sur le long terme, nous devons, en plus de créer un espace qui leur est dédié, leur fournir les ressources nécessaires pour qu'elles puissent se développer.

Faire une place à la création et au français

Pour être tout à fait honnête, pendant longtemps, je n'ai pas voulu retourner en Louisiane, car je lui préférais les boulevards haussmanniens de Paris. Par ailleurs, j'ai dû remplir tellement de papiers et patienté si longtemps dans des files d'attente interminables, pour obtenir le bon visa, que j'avais envie de rester un moment en France afin de ne pas avoir fait tout cela pour rien. Cependant, la Louisiane a toujours trouvé le moyen de nous ramener à elle, Rudy et moi.

Après l'adhésion à la Francophonie, nous nous sommes interrogés, avec Rudy, sur les infrastructures à mettre en place afin d'assurer, en Louisiane, la pérennité de cet élan pour le français et le créole. L'un de nos sujets de réflexion portait sur l'obligation, pour cette nouvelle génération de jeunes souhaitant œuvrer à la préservation du français, de faire, à un moment donné, des sacrifices professionnels afin de concrétiser un projet. La Louisiane comptant entre 150 000 et 200 000 locuteurs du français, cette langue ne constitue pas le marché principal. En outre, notre État n'est pas non plus aussi grand que la Californie ou celui de New York, où le nombre de personnes potentiellement intéressées par l'action de votre entreprise ou de votre organisme à but non lucratif est quasi illimité. De plus, dans la mesure où l'anglais est parlé par tous en Louisiane, il n'est pas toujours aisé de savoir qui maîtrise le français, et où trouver ce genre d'interlocuteur. Par conséquent, le français peut littéralement se cacher sous nos yeux. Une personne se trouvant à vos côtés peut le parler, mais il serait étrange de lui indiquer, soudainement, que c'est également votre cas.

Afin de remédier à cela, Rudy et moi-même avons envisagé la création d'un espace où les langues d'héritage de la Louisiane auraient clairement leur place. Nous avons pensé à un lieu où, dès la porte franchie, les visiteurs sauraient qu'ils y trouveraient des personnes qui y parlent le français. Des activités culturelles y seraient également proposées. Ce n'est pas tout : il nous semblait aussi important, afin d'encourager la création et le partage d'idées, de mettre en place un fonds qui pallierait les risques devant être pris par les jeunes professionnels qui s'engagent pour la revitalisation linguistique. C'est pourquoi nous avons créé la Nous Foundation en juin 2020. Nous avons travaillé à son lancement pendant plus de deux ans, ce qui a nécessité de rencontrer des personnes sur le terrain, ainsi que de passer de nombreuses soirées à déterminer la manière dont nous pourrions au mieux répondre aux besoins de la communauté.

Notre mission consiste en trois points. Tout d'abord, faire la promotion de la culture créolophone et de la culture francophone de la Louisiane. Ensuite, connecter la Louisiane et les États-Unis avec le monde francophone en développant des partenariats et en valorisant le dynamisme de la Francophonie. Enfin, lever des fonds pour construire un centre culturel à La Nouvelle-Orléans, dans lequel on trouvera un café, des expositions, un concept store et des espaces pour organiser des ateliers et des tables rondes.

Depuis le lancement de la Nous Foundation, nous avons développé une communauté de 10 000 personnes. Nous avons également aidé à la création d'un réseau international regroupant 35 institutions culturelles francophones du monde entier, le Réseau International des Maisons des Francophonies (RIMF). Seules deux de ces institutions sont basées aux États-Unis. À cela s'ajoutent de nombreux séminaires et ateliers qui rassemblent militants et grand public afin d'échanger autour de sujets déterminants pour l'avenir de nos initiatives, comme le dépassement des questions d'identité et la peur que le français et le créole finissent par disparaître. Globalement, les actions entreprises par la Nous Foundation ont été fructueuses, ce qui prouve que les nombreux projets visionnaires en cours, visant à préserver nos langues d'héritage, sont synonymes de carrières viables. Nous sommes parvenus à lever des fonds pendant une pandémie et espérons pouvoir ouvrir notre centre culturel l'année prochaine. Le français et le créole sont des langues d'opportunités.

Un futur plus inclusif pour les francophones américains

Personnellement, je suis très optimiste quant au futur de la revitalisation linguistique aux États-Unis. En effet, il est de plus en plus reconnu que les langues minoritaires, qu'il s'agisse du français, du navajo, du gullah et de bien d'autres, doivent être préservées afin d'assurer la diversité culturelle du pays. Par ailleurs, car toujours plus de monde est connecté en ligne, il est possible, comme jamais auparavant, d'échanger des idées et de mettre en place des programmes favorisant la mise en avant du français et du créole en Louisiane. D'après notre expérience dans cet État, l'envie d'être francophone est partagée par un grand nombre de personnes. Le français intéresse aussi bien les citoyens d'ascendance acadienne ou créole que les individus provenant d'autres régions des États-Unis, ou d'autres pays. La redéfinition du français dans un contexte américain, en réponse à ceux qui expriment le désir de l'apprendre ou de découvrir la diversité des cultures francophones, peut se révéler être une manière unique d'accroître la visibilité de cette langue.

Les défis à venir peuvent être relevés en développant une identité francophone inclusive qui saurait combler les failles socioéconomiques caractéristiques de l'Amérique d'aujourd'hui. Faire s'opposer le français et l'anglais est l'un des écueils à éviter. Le français aux États-Unis ne doit pas être défini par ce qu'il n'est pas. Trop souvent, la francophonie est défendue au niveau mondial en dénigrant l'anglais, or ceci peut dissuader un large nombre de francophones potentiels aux États-Unis. En effet, ces derniers ne souhaitent alors plus s'investir dans l'apprentissage d'une langue qui semble être celle d'un club fermé. Le français profite d'une identité unique aux États-Unis et était parlé dans plusieurs endroits du pays avant même sa création. Néanmoins, ce seul héritage ne suffit pas à transmettre la langue si la population pense qu'elle est obligée de choisir entre parler anglais et apprendre le français. Arrêtons de stigmatiser l'anglais.

Il est également important d'éviter de trop assimiler l'emploi du français à certaines communautés uniquement. Le français peut être appris pour d'innombrables raisons, chacune étant aussi valide que l'autre. Une personne dont la grand-mère était acadienne peut souhaiter apprendre la langue de son aïeule. Un immigrant sénégalais peut chercher à participer à des cours de conversation pour continuer à pratiquer la langue. Ou il peut simplement s'agir de réaliser le rêve de toute une vie en allant à Paris. Je parle de cela, car un certain argumentaire a fait son apparition en Louisiane. Il consiste à dire qu'une personne apprenant le français pour des raisons autres que la préservation de l'héritage local ne peut pas réellement faire la promotion de cette langue sur le long terme. Les individus à l'origine de ce courant de pensée qualifient d'ailleurs les francophones qui s'investissent dans l'avenir de la Louisiane de « louisianistes » afin de les distinguer clairement des non-francophones, soi-disant moins impliqués. Cette idée, fausse, sépare et éloigne les gens.

D'autre part, il devient nécessaire de relier davantage les francophones dispersés dans tout le pays (et, curieusement, souvent basés à proximité d'une étendue d'eau plus ou moins vaste !). Qu'il soit question des communautés immigrantes basées dans les villes de la côte Est, des personnes qui apprennent le français par simple passion, des descendants des Québécois qui ont quitté leur pays pour la Nouvelle-Angleterre ou des francophones issus de l'ancien territoire de Louisiane, nous sommes tout simplement partout. Nous ne sommes pas concentrés dans une seule région, contrairement aux communautés latino-américaines qui, car elles se trouvent majoritairement dans le Sud-Ouest des États-Unis, peuvent plus facilement assurer la transmission de leur langue. Pour que la transmission du français continue à s'effectuer, nous devons tirer parti des réseaux sociaux pour faire la promotion d'une francophonie partagée et interagir les uns avec les autres. À la Nous Foundation, nous mettons en pratique ce que nous préconisons. Nous collaborons avec la librairie du *Caribou à lunettes* à Détroit, ainsi qu'avec l'équipe du « French-Canadian Legacy Podcast and Blog » en Nouvelle-Angleterre. Ce qui nous lie, c'est notre amour du français, même si nous avons chacun nos petites spécificités (certains marchent sur un « trottoir », mais moi sur une « banquette », par exemple). Aujourd'hui, être francophone aux États-Unis signifie faire partie d'une communauté variée, inclusive et en changement constant. En adhérant à cette idée, et en aidant les Américains à prendre conscience du fait que parler français aux États-Unis est quelque chose d'unique, et qui les met en relation avec toute la Francophonie, nous nous assurons un futur prometteur.

En conclusion

En Louisiane, on entend trop souvent des jeunes dire à quel point ils regrettent que leurs grands-parents, locuteurs du français ou du créole louisianais, ne leur aient pas transmis la langue car ils en avaient honte. Même si cette période de l'Histoire est toujours dans les mémoires (les blagues désobligeantes insinuant que les francophones ne sont pas intelligents sont encore très répandues), une nouvelle génération est prête à se libérer de cette honte et à apprendre le français. C'est le cas partout aux États-Unis, et les bienfaits de l'apprentissage d'une autre langue commencent à être reconnus. En affirmant qu'être à la fois francophone et américain n'est pas une contradiction mais bel et bien une tradition de longue date, nous sommes non seulement inclusifs, mais pouvons également séduire de nouveaux locuteurs.

Maintenant que la Louisiane fait partie de la Francophonie, nous pouvons aller plus loin dans cette discussion, en faisant entendre notre voix. Nous ne sommes pas une communauté linguistique oubliée, ni en voie de disparition. Au contraire, nous sommes un groupe persévérant, même si dispersé. On ne s'en doute pas forcément au premier abord, mais nous sommes, avec nos 11 millions de francophones, l'une des régions les plus francophones de l'hémisphère ouest. Les États-Unis, tout comme la Louisiane, se trouvent au carrefour de la Francophonie : nous accueillons des francophones du monde entier tout en réaffirmant notre propre héritage francophone unique. En assumant pleinement notre position au sein de la Francophonie, nous donnons encore plus de sens au fait d'être, aujourd'hui, francophone aux États-Unis.

11. « *Fais-toi plaisir, lis en français !* » : Faire vivre et transmettre la langue française et les cultures francophones grâce à la littérature jeunesse

Mélissa Baril

« Maman, si les Français avaient gagné la guerre contre les Britanniques, on parlerait tous français aux États-Unis aujourd'hui ! » : voilà ce que mon fils de 11 ans m'a dit, en souriant, après avoir eu une révélation. Bien sûr, c'est la remarque naïve d'un enfant, qui en laisserait sûrement certains perplexes. Après tout, il s'agit d'événements ayant eu lieu il y a 300 ans, et il nous est impossible de changer le passé. Cependant, en est-il de même avec le futur ? Aujourd'hui et demain, comment pouvons-nous vivre, interagir, partager la langue française et toute cette myriade de cultures associées dans notre vie quotidienne ? Quel est l'avenir de notre communauté aux États-Unis ?

En tant que locutrice native du français, je sais très bien où se situent mes racines. Par contre, ce n'est pas forcément une évidence pour mes enfants, mes futurs petits-enfants, et leurs enfants à venir. Et cela m'effraie. Il ne suffit donc pas de me reposer sur mes origines, mais également d'offrir à mes enfants les connaissances et outils qui leur feront découvrir le monde francophone et en être fiers. Je m'assure que ce soit attrayant, utile, dynamique, adapté à leur âge, émouvant et original. Je vous présente ici les actions qui, selon moi, peuvent favoriser l'utilisation et l'apprentissage d'un français vivant, moderne et pluraliste.

L'impact du français sur ma vie

Je suis originaire du Québec, mon mari est français et nos enfants sont nés en France. Le français fait donc partie intégrante de notre identité. Il est une évidence. Au sein de notre famille, le français est parlé avec des expressions et des accents différents. Aujourd'hui, nous vivons dans le Michigan, et nous parlons anglais au travail, à l'école et dans le cadre de nos loisirs. En tant que parents, notre objectif est le suivant :

faire en sorte que nos enfants conservent un attachement à leurs racines, tout en les aidant à développer un sentiment d'appartenance à leur nouveau pays, et en trouvant le juste équilibre entre toutes ces cultures différentes. Cela peut se révéler complexe. Lorsque nous sommes arrivés à Détroit il y a quelques années, j'ai été étonnée de voir que tant de familles francophones y vivaient. Certes, l'industrie automobile attire des entreprises étrangères et leur personnel expatrié qui va et vient. On remarque néanmoins très rapidement que la présence du français est ancienne. À Détroit, ville avec un nom français donc, on se balade sur les rues Beaubien, Lafayette, Riopelle, Rivard, Vincennes. On peut aussi profiter de Belle Isle et d'une promenade à Grosse Pointe. Plus au nord, vous arriverez à Marquette et Sault-Sainte-Marie. Le français est partout autour de nous ! Par conséquent, pourquoi est-il si compliqué de trouver des ressources pour connecter mes enfants aux cultures francophones dont ils sont familiers ?

Le *Caribou à lunettes* en action

En tant que parent (et enseignante du français à mes enfants), une chose m'a frappée à mon arrivée. Il n'existait aucune librairie ou bibliothèque francophone. Comment allais-je faire pour obtenir de nouveaux livres, ici dans le Michigan ? Lorsque vous rencontrez des difficultés pour accéder à des ressources qui permettront de relier vos enfants à votre culture, vous vous sentez isolée, déconnectée, voire découragée. En septembre 2017, j'ai été contactée par Nadine Robert, une autrice et éditrice du Québec qui se rendait à Détroit à l'occasion d'un événement parrainé par la Délégation du Québec à Chicago. « Vous auriez le temps de prendre un café ? », m'a-t-elle demandé. Attendez. Vraiment ? Une autrice francophone de livres pour enfants qui vient à Détroit ? On ne va pas se contenter d'un café, et vous allez rencontrer autant de familles que possible ! C'est ainsi que, quelques jours plus tard, une lecture a été organisée, un vendredi soir, avec cette artiste dans la bibliothèque d'une école publique. En plus des enfants, les parents ont aussi participé, et la bibliothécaire, anglophone, a pu découvrir des livres en version originale qu'elle a ensuite achetés en anglais pour l'école.

« Mélissa, à quand le prochain événement ? » Oui, c'est comme cela que la rencontre s'est terminée.

Le message était clair : quelle est l'étape suivante ? Nous ne pouvons pas nous arrêter là !

Voilà comment le *Caribou à lunettes* a vu le jour. J'ai commencé à partager les livres que j'avais déjà avec d'autres familles et, grâce au bouche-à-oreille, celles-ci ont été, à mon grand étonnement, toujours plus nombreuses. J'ai aussi mis en place des ateliers créatifs axés sur la littérature jeunesse. Certains enfants, issus de familles biculturelles et dont le français n'était pas la langue principale, ont pris conscience qu'il s'agissait d'une langue vivante et utile, pouvant être apprise dans un environnement agréable et partagée par d'autres enfants.

Un autre de mes objectifs était d'organiser des rencontres avec des auteurs et des illustrateurs, et ces événements ont produit des résultats spectaculaires. Les gens se sont rendu compte qu'un livre est plus qu'une pile de feuilles collées les unes aux autres : il s'agit du fruit du travail d'un autre humain qui a créé quelque chose pour s'adresser à ses lecteurs, pour nous parler et établir une connexion. C'est ce qui encourage un enfant à se saisir d'un livre et à le lire, tout comme ses parents.

En mars 2019, Lucile de Pesloüan nous a rendu visite. Elle était sur le point de démarrer, avec des adolescents, un atelier de création de fanzines[35] sur le féminisme et les rôles sociaux. Mais les parents ne partaient pas ! Eux aussi voulaient la rencontrer, l'écouter et participer à ses travaux. Nous avons fini par mettre en place deux groupes, d'un côté les enfants et de l'autre les parents, afin que tous puissent partager leurs idées et créer leur propre fanzine. Tout le monde faisait preuve d'une telle énergie, d'une telle volonté pour être ensemble et échanger en français ! Avec la pandémie, néanmoins, nous avons dû passer au virtuel. J'ai dès lors lancé une librairie en ligne afin que les parents et les enseignants puissent continuer à accéder à des livres en français de qualité, variés et inclusifs. En effet, il y a bien plus que les ouvrages habituels sur la Tour Eiffel et Jacques Cartier ! En mars 2020, à l'occasion du Mois de la Francophonie, des ateliers et des conférences ont été proposés en ligne. Grâce au *Caribou*, j'ai la possibilité d'encourager des auteurs, des illustrateurs et des éditeurs issus d'horizons variés en présentant leurs œuvres, et d'aider en même temps notre communauté à les découvrir. L'idée principale, c'est de promouvoir la littérature jeunesse en français. Cependant, plus encore, il est question de faciliter les connexions entre les cultures francophones, entre les gens.

Mes réflexions pour l'avenir

Maintenant, quelle est l'étape suivante ? Il est important de se poser à nouveau la question. « Il était une fois 11 millions de francophones vivant aux États-Unis. Ils se marièrent, eurent beaucoup d'enfants et vécurent heureux pour toujours ». C'est tout, fin de l'histoire ? Si 11 millions de personnes parlant et apprenant le français vivent vraiment aux États-Unis, comme le suggère le Centre de la Francophonie des Amériques[36], c'est plus que le nombre de francophones au Canada ! Qu'est-ce qui nous empêche, alors, de prospérer ? Avons-nous peur de parler français ? Si l'on souhaite qu'une langue vive et se développe, il faut la parler. Ce que je remarque ici, c'est que certains ont honte de leur français. Ils ont cette impression qu'il n'est pas assez bon, qu'il n'est pas aussi beau que celui parlé à Paris, que leur accent est mauvais. Arrêtons ! Ça, c'est ce qu'on appelle de l'insécurité linguistique.

Je connais cette sensation. Quand je vivais en France, on m'a dit de nombreuses fois que mon accent était « mignon », que je n'employais pas les bons termes, que mes expressions ne convenaient pas au contexte, ou que l'on ne pouvait pas dire telle ou telle chose. Même si le français était ma langue maternelle, que j'avais obtenu mon diplôme universitaire en rédaction et révision dans cette langue et que j'avais travaillé pendant 15 ans dans la communication et l'édition, j'ai fini par douter de moi-même. À tel point que j'ai décidé de m'inscrire à un cours de grammaire et de correction dans une école parisienne de journalisme. Vous savez quoi ? J'y ai appris une chose : « ma » grammaire était la même. Je savais déjà tout ce qui était enseigné (et féminisais le vocabulaire et utilisais l'écriture inclusive bien plus facilement que mes camarades). Mon français était parfaitement « correct », car il existe de multiples français « corrects ».

Toutes les langues évoluent, et notamment le français, qui est une langue pluraliste. Soyons fiers de la variante unique du français que nous parlons, et arrêtons de nous comparer aux autres ou de chercher leur approbation.

Le français a, en lui, un potentiel merveilleux. Cet attrait a déjà été là. L'histoire nous l'a enlevé. Les têtes couronnées qui ont associé le français à leur propre prestige ont obligé les francophones à lui mettre une perruque et, depuis, on semble avoir oublié qu'il est beau sans cette perruque. Qu'il est un superbe troubadour. Qu'il est inventif, et qu'il peut même être un tant soit peu sournois et voler les mots des autres langues, sans les leur rendre. Et, surtout, qu'il peut être bon même quand il est mauvais. Que l'idée du mauvais n'est qu'une idée. Que si on veut que ce mauvais soit du bon, on n'a qu'à décider que c'en est, et c'en sera.[37] (Anne-Marie Beaudoin-Bégin, *La langue affranchie,* page 112)

Achetez local !

Chaque communauté est caractérisée par des particularités historiques, géographiques et sociales qui lui sont propres. Certaines régions américaines ont des racines françaises plus fortes que d'autres. L'immigration a également une incidence importante sur la pratique du français. Comment démarrer ou inspirer un mouvement global ?

L'organisation, au niveau local, d'actions adaptées aux besoins de la communauté régionale peut rapidement avoir un impact décisif et rassembler les individus. Vous aimez la gastronomie ? Pourquoi ne pas aller chez Baobab Fare, à Détroit, pour déguster des plats d'Afrique de l'Est et rencontrer Nadia et Mamba qui parlent français ? Vous aimez le basket ? Pourquoi ne pas rencontrer Sekou Doumbouya des Lakers ou Killian Hayes des Pistons, après un match ?

Pour ma part, je concentre mes actions sur les jeunes, car ils sont l'avenir. Comment pouvons-nous attirer leur attention ? Comment faire en sorte que le français les séduise ? Comment les inciter à valoriser les multiples cultures dont ils sont issus ?

L'apprentissage du français est une question importante qui me préoccupe. Les enseignants doivent savoir qu'il existe d'autres outils que les traditionnels manuels arborant la tour Eiffel sur leur couverture. Tant de ressources sont disponibles pour aider les élèves à apprendre la langue. C'est un plaisir pour moi d'en présenter toujours de nouvelles et de montrer aux enfants que le français est une langue dynamique utilisée partout dans le monde. Là encore, l'apprentissage est toujours plus fructueux s'il se fait activement. Les arts et la culture sont mes instruments préférés, car ils induisent du plaisir. Les artistes inspirent, ils sont des modèles. Les activités axées sur la musique, le théâtre, la danse, les travaux manuels, la gastronomie et les livres (évidemment !) sont des outils qui permettent d'élargir ses connaissances et de développer un sentiment d'appartenance. En outre, si toutes sont organisées en tenant compte des spécificités de l'environnement local, les résultats sont encore plus tangibles. À Détroit, il est facile d'organiser des événements à caractère historique ou avec des entreprises proposant des produits d'origine francophone, ou dirigées par des francophones. Par ailleurs, la frontière canadienne n'est qu'à un pont ou un tunnel de distance et, là-bas aussi, la communauté franco-ontarienne fait valoir ses droits, s'investit pour ses écoles et organise des activités en français. Pas besoin de faire des milliers de kilomètres ! Approprions-nous notre francophonie et affichons-la localement. Cela donnera du poids et du sens à nos actions.

Vous parlez français aussi ?

Les millions de francophones basés aux États-Unis proviennent d'horizons variés et sont dispersés sur tout le territoire. Mais est-ce que nous nous connaissons ? Une habitante du Michigan m'a dit qu'elle ne savait pas qu'il existait une communauté francophone dans le Maine or, quand nous savons qu'il existe d'autres personnes comme nous, dans notre propre pays, on se sent soulagé, compris, rassuré, en confiance, satisfait, heureux. Et bien moins seul.

Regardons autour de nous. De multiples communautés parlent français. Dans des régions historiquement francophones, les familles transmettent leur héritage. Les expatriés, qui vont et viennent, sont originaires de différents pays francophones. Les immigrants et les résidents permanents font aussi fleurir une variété de cultures, et nous ouvrent les yeux sur le monde francophone. N'oublions pas non plus les étudiants qui apprennent le français, et leurs professeurs. Il y a un vrai monde francophone aux États-Unis mais, ce qu'il nous manque, c'est une passerelle entre chacun de nous. Une passerelle (ou plusieurs) qui nous permettrait d'interagir et de partager avec des personnes de notre région, mais aussi du pays entier. Si nous parvenons à entrer en contact, nous nous sentirons plus forts et solidaires. Il existe déjà des organisations étrangères ayant été fondées pour accompagner les citoyens d'un pays en particulier et faire la promotion de ce dernier. Afin d'accroître et de renforcer la visibilité des francophones, il est essentiel de faire équipe.

Et maintenant ?

Le français ne doit pas être assimilé au passé, à la guerre, à l'époque de nos arrière-arrière-grands-parents. C'est une langue qui se vit maintenant, et pas seulement dans les manuels scolaires, mais à tous les niveaux : voilà l'un des points clés pour attiser l'intérêt. Le français est lié à bien plus qu'un seul pays, et il est pleinement vivant aux États-Unis. Favoriser les actions régionales en s'adaptant à la culture et aux besoins locaux est également fondamental. Quelle que soit l'origine de notre francophonie, en nous regroupant et en rassemblant nos forces plutôt qu'en nous comparant, nous ferons bouger les choses. Nous devons être en action et insuffler une nouvelle vague d'enthousiasme. Dans mon cas, c'est la littérature jeunesse qui me motive et m'aide à agir. Grâce à elle, il est possible de valoriser la diversité du français et des cultures francophones afin de proposer un nouveau regard et une ouverture sur le monde. Le *Caribou* va continuer à faire la promotion de la lecture plaisir et de l'apprentissage en français, dans la région de Détroit et à plus grande échelle, afin d'établir des ponts entre les communautés. Je ne recommanderais jamais assez le documentaire Bagages de Mélissa Lefebvre et Paul Tom, produit par Picbois Production et visible sur Vimeo.[38] Basé sur une pièce de théâtre, il donne la parole à des adolescents immigrants dans une école secondaire de Montréal.[39]

Comme le montre le film, vous n'avez pas besoin de vous « diviser » entre les multiples cultures qui vous constituent. Vous pouvez être 100 % américain *et* 100 % français ou 100 % canadien, 100 % cadien, 100 % libanais, 100 % tunisien et autres. Les multiples cultures s'additionnent pour faire de vous la personne que vous êtes. Quelle richesse ! Prenons possession de notre identité et exprimons-nous.

12. L'héritage français dans le Minnesota

Mark Labine

Au début, c'est le français qu'on parlait là-bas. Pendant près de deux siècles, et avant que la région que nous appelons aujourd'hui le Minnesota ne fasse officiellement partie des États-Unis, le français était la langue européenne la plus parlée dans cet État. Cette réalité a été pleinement soulignée par William H. Keating en 1817, quand il a déclaré la chose suivante au cours d'une expédition militaire le long du fleuve Mississippi, alors qu'il était accompagné du major Stephen Harriman Long :

> Si la diversité des habitants vous est méconnue, le passage soudain d'une population américaine à une population française peut provoquer un effet surprenant, et pour le moins déplaisant. Pendant les premières 24 heures, le voyageur a l'impression de se trouver dans une vraie Babel.[40]

La devise officielle du Minnesota est « L'étoile du Nord », en français dans le texte. Elle a été choisie en l'honneur des origines françaises de l'État. Comme le révèlent plusieurs récits historiques, il s'agissait souvent de la langue privilégiée pour le commerce lorsque le Minnesota était encore un territoire, mais également au début de son existence en tant qu'État. C'est notamment ce qu'expliquait le juge Charles Flandrau quand il évoquait les débuts de la ville de Saint Paul, en 1855 :

> Pratiquement tout le monde était français, et le français était presque autant parlé que l'anglais. La ville de Mendota était quasi exclusivement composée de Français et de Sioux métis. Ces derniers parlaient français quand ils ne s'exprimaient pas dans leur langue maternelle.[41]

Quiconque étudie les migrations européennes en direction de l'Amérique du Nord et s'intéresse à l'exploration de cette région ne peut être surpris par la « saveur » française du Minnesota. Des explorateurs francophones sont arrivés dans le Minnesota dès 1659, lorsque Pierre-Esprit Radisson (1636 – 1710) et Médard Chouart des Groseilliers (1618 – 1696) sont partis, à l'est, explorer les rives du lac Supérieur.

Pierre-Esprit Radisson et Médard Chouart des Groseilliers, qui s'adonnent au commerce des fourrures au cours de leur voyage, joueront un rôle clé dans la création de la Compagnie de la Baie d'Hudson. D'autres explorateurs français suivront leurs traces. En 1680, le Père Louis Hennepin, prêtre catholique francophone, découvre, après avoir remonté le Mississippi, les « chutes de Saint-Antoine » (situées à proximité de l'actuelle Minneapolis).

En 1683[41], un explorateur du nom de Pierre-Charles Le Sueur arrive, avec ses quatre acolytes français, à l'endroit « où les eaux se rencontrent », ou « Mdote aka Bdote » comme le disent les Dakotas. Cette expression donnera son nom à la ville de Mendota. Ces mêmes explorateurs remarquent également l'existence d'une large rivière qui se jette dans le Mississippi, et que les Dakotas appellent « Wakpa Mni Sota ». Baptisée « rivière Saint-Pierre » par Pierre-Charles Le Sueur, elle gardera ce nom pendant de longues années avant de devenir la rivière Minnesota. Ces informations nous viennent des récits de Pierre-Charles Le Sueur, mais également des cartes créées par des cartographes français, comme Guillaume Delisle (1675 – 1726)[42].

Sous l'impulsion de Pierre-Charles Le Sueur, un commerce de fourrures s'est développé entre les Français et les tribus amérindiennes locales. Radisson, Duluth, La Salle, Joliet, La Vérendrye, Perrot (et bien sûr Le Sueur) : pour les habitants actuels du Minnesota, le nom des premiers Français ayant fait leur entrée dans le territoire en tant que négociants en fourrures est familier. D'autres Français, moins connus, se sont également aventurés dans la région. Certains étaient des négociants autorisés, mais bien d'autres ne disposaient d'aucun permis délivré par les autorités françaises au Québec, ce qui leur a valu le surnom de « coureurs des bois ». En 1700, on estime que 400 négociants en fourrures autorisés, contre plus de 3 000 coureurs des bois, faisaient commerce dans les territoires revendiqués par la France. Il est fort probable qu'ils aient poursuivi leurs activités lorsque le Minnesota est devenu un État.

Les Français ont commencé à établir des comptoirs partout dans la région. En 1732, Pierre Gaultier de La Vérendrye construit le fort Saint-Pierre sur les rives de la rivière à la Pluie et le fort Saint-Charles au bord du lac des Bois. Un troisième fort sera édifié sur la rivière Roseau. René Bourassa, qui s'est rendu dans l'ouest avec Pierre Gaultier de La Vérendrye, a construit un fort en 1736 à l'embouchure de la rivière Vermilion, à proximité du lac Crane. En 1737, c'est au tour du fort Beauharnois, parfois appelé le « comptoir Sioux », de faire son apparition sur les rives du lac Pépin, à proximité de l'actuelle ville de Frontenac (Minnesota). René Boucher de La Perrière est son premier commandant, suivi de Jacques Legardeur de Saint-Pierre. Ce comptoir devait servir uniquement au commerce avec les Dakotas, qui formaient l'une des tribus dominantes du Minnesota.

En 1763, le Traité de Paris, qui met fin à la guerre de la Conquête, permet aux Britanniques de prendre possession d'une grande partie de l'Amérique du Nord intérieure[43]. Ces derniers commencent dès lors à prendre le contrôle des comptoirs français de la région. Cette situation suscite des remous, les Amérindiens entretenant de bonnes relations avec leurs partenaires commerciaux français et de nombreux Français s'étant mariés avec des femmes issues des tribus locales[44]. Les Britanniques ont rapidement pris conscience du fait qu'ils ne pourraient pas traiter avec les tribus amérindiennes sans l'aide des Canadiens français, qui représentaient toujours la majorité des négociants se rendant à l'ouest.

Après la révolution américaine, les États-Unis ont revendiqué la région située à l'ouest du Mississippi. Une fois le traité de Londres signé en 1794, les commerçants britanniques et canadiens-français ont été autorisés à poursuivre leurs activités dans le Midwest[45]. La guerre anglo-américaine de 1812 vient perturber le commerce des fourrures et de nombreux négociants canadiens-français, basés dans le Minnesota, combattent aux côtés des Britanniques. À la fin de la guerre, les États-Unis conservent la partie ouest et les étrangers sont exclus, par décret du Congrès, du commerce des fourrures sur le territoire américain. Des comptoirs de la Compagnie du Nord-Ouest sont rachetés par la Compagnie américaine des fourrures de John Jacob Astor. Cependant, entre-temps, les Britanniques avaient déplacé le centre de leur commerce des fourrures au nord de la frontière canadienne, notamment à Fort William[46].

Après le conflit de 1812, la guerre du pemmican, qui durera plusieurs années, éclate et voit s'opposer la Compagnie de la Baie d'Hudson et la Compagnie du Nord-Ouest. La bataille de la Grenouillère du 19 juin 1816 fait 21 victimes, parmi lesquelles des colons de la rivière Rouge et des employés de la Compagnie de la Baie d'Hudson. Le conflit prend fin en 1821, lorsque la Compagnie du Nord-Ouest fusionne avec la Compagnie de la Baie d'Hudson[47].

L'une des conséquences de la guerre du pemmican est le départ, plus au sud à Fort Snelling, de nombreux négociants en fourrures canadiens-français, qui travaillaient auparavant dans la région de la rivière Rouge et faisaient partie de la colonie de Selkirk. La plupart d'entre eux ont fini par travailler pour l'American Fur Company basée à Saint Peter (l'actuelle Mendota). Cette colonie, créée en 1811 par Thomas Douglas, cinquième Comte de Selkirk, était composée d'Écossais, de Suisses francophones et de Canadiens français. Entre 1821 et 1835, on estime que 489 réfugiés sont arrivés à Fort Snelling en provenance de la colonie de Selkirk. D'autres les rejoindront les années suivantes[48]. Ces individus font partie des premiers Européens s'étant implantés au Minnesota. Catholiques, ils ont construit des chapelles à Saint Peter et Saint Paul[49] et les membres de leur clergé ont fondé des établissements d'enseignement qui existent toujours aujourd'hui.

L'année 1837 a constitué un tournant pour le Minnesota, diverses communautés se voyant accorder des droits de propriété. Après la signature, entre les Dakotas et Ojibwés et le gouvernement américain, d'un traité portant sur les terres situées à l'est du Mississippi, des personnes ont commencé à migrer dans cette zone afin de s'y établir de manière permanente. La plupart de ces personnes ne parlaient pas français. Par conséquent, celui-ci a fini par perdre définitivement son statut de langue dominante. Cependant, il n'en a pas moins laissé des traces dans la culture et les paysages du Minnesota.

Partout dans l'État, les divers noms de lieux à consonance française sont particulièrement révélateurs de l'héritage francophone du Minnesota. Plusieurs ont conservé leur orthographe française. Nombre d'entre eux ont, toutefois, été anglicisés[50], comme le Lac la Pluie qui est devenu le Rainy Lake, le Lac du Bois qui est devenu le Lake of the Woods, le Lac aux Érables qui est devenu le Maple Lake et la Rivière Voleuse qui est devenue la Thief River. Voici des exemples de noms de lieux aux origines françaises :

Accault Bay, Argonne, Audubon, Bain, Battle Creek, Baudette, Beauford Township, Beaulieu, Beaudry, Bejou, Belgium Township, Bellaire, Belle Fontaine, Belle Plaine, Belle Prairie Township, Belle River, Belle Rose Island, Bellevue Township, Benoit, Bernadotte Township, Big LaSalle Lake, Birch Coulee, Blanchard, Boisberg, Bois Blanc Lake, Bois de Sioux River, Bois Forte, Bois Franc Creek, Brule River, Brule Mountain, Burdette, Burau, Cannon River, Caribou Lakes, Chaudière Falls, Chaudière Portage, Chapeau Lake, Cloquet, Cloquet River, Cloutier's Island, Coteau des Prairies, Dalles of the Saint Croix, De Forest, Delorme, Demarest, Des Moines River Township, Demontreville Lake, Detroit Lakes, Desnoyer Park, Du Forte Lake, Duluth, Dumont, Duquette, Emard Township, Embarrass Township, Faribault, Flacon Portage, Flandreau, Folles Avoines, Fond du Lac, Fortier Township, Fremont, French, French Creek, French Lake, French Lick, French River, Frenchman's Bar, Frenchy Corner, Frontenac, Gentilly, Gervais Lake, Gervais Township, Girard Township, Goodin Island, Gooseberry (issu du nom de l'explorateur Groseilliers) River, Grand Cote, Grand Marais, Grand Portage, Gratiot Lake, Groseilliers and Radisson Lakes, Hennepin, Henriette, Huot, Isle, Isle Royale, Jessenland Township, LaBathe Island, LaBelle Lake, Lac qui Parle Lake, Lac Plé Lake, Lac Vieux Desert Lake, La Crescent, La Croix Lake, La Crosse Township, Lafayette, LaFleche Prairie, Lafond Avenue, Lafontaine, Lagarde, Lambert Township, Lamoille, La Grande Prairie, Lake Antoinette, Lake Fremont, Lake Gervais, Lake LaBelle, Lake Marquette, Lake Pepin, La Porte, La Prairie, Lake Superior (issu de l'adjectif « supérieur »), Lake Traverse, Lake Vadnais, Lake Vermillion, Larpenteur, La Salle, La Salle Lake, Le Center, LeClaire, L'Étoile du Nord, Le Homme Dieu Lake, Lemond Township, Le Sauk Township, LeRoy, LeSueur, Little Canada, Little Marais, Louisville Township, Maine Township, Marcoux Corner, Marillac Lane, Marine on St. Croix, Marquette, Mille Lacs Lake, Montcalm Place, Neville, Nicollet County, Nord Lake, Orleans, Otter Tail Point, Pape de Terre, Parent Lake, Pelland, Perrault, Peltier Lake, Pettit, Picard Lakes, Pig's Eye Lake (issu du surnom de l'explorateur Pierre Parrant, appelé « Pig's Eye », ou « Œil de cochon »), Plantagenet Lake, Platte River, Pomerleau Lake, Pomme de Terre Fort, Pomme de Terre River, Pomme de Terre Lake,

Portage de Rideau, Portage River, Portage Lake and Township, Poupore, Prairie, Prairie Island, Rabideau Lake, Racine Township, Ravoux Street, Renville, Revere, Robert Creek, Rochert, Rondo (issu de « Rondeau » ; nom d'un quartier de Saint-Paul), Rolette, Roseau, Saint Anthony, Saint Clair, Saint Cloud, Saint Croix, Saint Francis, Saint Hilaire, Saint Lawrence (issu de « Saint-Laurent ») Township, Saint-Louis County, Saint-Louis River, Saint-Louis Township, Saint Paul, Saint Peter, Saint Vincent, Saulteurs, Terrebonne Township, Tetagouche Lake, Tettegouche State Park, Traverse County, Traverse des Sioux, Vadnais Heights, Vermillion, Voyageurs National Park, Wyandotte Township, Zumbro (rivière dont le nom est dérivé de « des Embarras »)

Les premières communautés européennes s'étant établies dans l'État au 19e siècle ont également contribué à cet héritage français, celles-ci incluant les Canadiens français qui se sont installés dans le Minnesota en plusieurs étapes.

L'arrivée des Canadiens français débute dans les années 1820 et 1830. Bien que les implantations étrangères soient officiellement interdites dans le Minnesota, des avant-postes agricoles isolés sont créés dans les comptoirs destinés au commerce des fourrures, à la base militaire de Fort Snelling et dans la région que les traités américains nomment « Half-Breed Tract », située à proximité du lac Pépin[51]. Les négociants en fourrures, et en particulier ceux ayant eu des enfants avec des femmes amérindiennes, commencent, avec leurs familles, à cultiver la terre, à élever du bétail et à construire des maisons. Nombre de ces colons francophones font partie de la colonie de la rivière Rouge et ont voyagé vers le sud en charrette à bœufs pour s'établir temporairement à la base militaire de Fort Snelling, entre 1821 et 1837.

La deuxième vague de migration canadienne-française se produit entre 1837 et 1862, après la signature, avec les Dakotas et Ojibwés, de traités concernant les terres situées entre la rivière Sainte-Croix et le fleuve Mississippi. Deux traités sont signés en 1837 : l'un avec les Dakotas, l'autre avec les Ojibwés. Ces immigrants canadiens-français commencent à arriver aux États-Unis et dans le Minnesota dans les années 1840. Au cours de cette décennie, la population canadienne-française de Nouvelle-Angleterre double presque[52]. Les membres de la colonie Selkirk, pour la plupart des Canadiens français provenant de la base militaire de Fort Snelling, s'établissent dans la région de Mendota et de Saint Paul. Les Canadiens français arrivent également en grand nombre dans les États du Midwest comme le Michigan qui, en 1850, comptait près de 20 000 Français dans sa population[53].

La troisième vague de migration dans le Minnesota démarre après la signature, en 1862 et par les États-Unis, du Homestead Act, qui permet le peuplement de terres supplémentaires. Possibilité d'acquérir des terres, économie américaine stable et crise économique majeure au Canada de 1873 à 1896 : ces trois éléments contribuent à une forte immigration en direction des États-Unis[54]. On estime que plus d'un million de Canadiens français émigrent dans ce pays entre les années 1840 et 1930. Ces immigrants ne sont pas liés au commerce des fourrures, car généralement fermiers. Beaucoup se rendent dans le Minnesota, et certains en Nouvelle-Angleterre avant de se diriger vers le Midwest. Le Minnesota attire principalement pour des raisons économiques, de vastes parcelles pouvant y être achetées à bas prix.

En 1891, environ 18 000 Canadiens français vivent dans la région des Twin Cities (Minneapolis et Saint Paul). Hors de cette région, les Canadiens français s'implantent principalement dans le comté de Polk et dans la vallée de la rivière Rouge[55]. Lors du recensement de 1900, le Minnesota abrite la deuxième plus forte concentration de francophones aux États-Unis. Les 79 endroits dans lesquels des églises catholiques francophones ont été établies dans le Minnesota sont listés ci-dessous. En effet, la population francophone y était telle que la construction d'une église se justifiait. Les Canadiens français se sont également installés dans d'autres lieux, mais en nombre trop faible pour qu'une communauté religieuse puisse y voir le jour. Il est d'ailleurs difficile de retracer l'origine de ces individus, ce qui explique pourquoi certains endroits peuvent ne pas être répertoriés ici.

Afton, Albertville, Anoka, Argyle, Badger, Belle Prairie Breckenridge, Brooks, Brown's Valley, Buffalo, Centerville, Chaska, Cloquet, Corcoran, Crookston, Dayton, Delano, Delavan, Dorothy, Duluth, East Grand Forks, Elk River, Faribault, French Lake-Annandale, Fort Ripley, Gentilly, Ghent, Grand Marais, Grand Portage, Green Valley, Greenbush Township, Hamel, Henderson, Hugo, Huot, International Falls, Iron Range, Lake Benton, Lambert, Little Canada, Little Falls, Louisville, Marshall, Medicine Lake, Medina, Mendota, Minneapolis, Minnesota River Valley, Oklee,

Oakwood, North Dakota, Osseo, Red Lake Falls, Red River Valley, Réserve indienne de Red Lake, Réserve indienne de White Earth, Saint Anthony, Saint Boniface, Saint Paul, Saint Vincent/Pembina, Somerset, Wisconsin, Stillwater, Terrebonne, Tower, Two Harbors, Wabasha, Warroad, Waverly, White Bear Lake

Les Canadiens français se sont aussi fortement impliqués dans le développement d'écoles, ainsi que dans l'enseignement. Leur rôle a été déterminant. Les sœurs de Saint-Joseph de Carondelet, francophones, créent la première école à Saint Paul le 7 novembre 1851. Elles administrent ensuite 78 écoles dans le Minnesota, où elles enseignent. En outre, elles fondent le Collège Sainte-Catherine en 1905, un institut d'enseignement supérieur qui existe toujours aujourd'hui sous le nom de « St. Catherine University » (université Sainte-Catherine).

Les Franciscaines, pour leur part, dirigent le Couvent et l'Académie de Saint-Anthony à Belle Prairie et y dispensent leurs cours en français pendant un certain nombre d'années[56]. D'autres ordres religieux français ont également contribué à l'enseignement dans le Minnesota, parmi lesquels l'Institut des Frères de la Sainte Famille (fondé dans le diocèse de Belley en France), l'ordre des Croisiers (fondé en 1210 en France et ayant donné naissance à la communauté des Croisiers d'Onamia), les Frères des écoles chrétiennes (également appelés « Lasalliens »), la Congrégation de Sainte-Croix (également appelée « Congregatio a Sancta Cruce » et fondée au Mans, en France), les Sœurs de la Charité de Montréal et les Sœurs de Saint-Joseph qui enseignent dans 16 écoles du Minnesota[57].

Les Canadiens français n'influent pas exclusivement sur l'enseignement. Au 19e siècle, ils fondent ainsi près de 40 journaux francophones dans le Midwest, plus particulièrement dans le Michigan, l'Illinois[58] et le Minnesota. La plupart n'ont pas été publiés longtemps, mais *Le Canadien* a survécu plus de deux décennies à Saint Paul[59]. Certaines des organisations liées à la langue et à la culture francophones au Minnesota sont listées ci-dessous :

Afoutayi Dance, Music and Arts Company, Alliance Française, Association of French-Canadian Pioneers (créée à Duluth en juillet 1911)[60], Club des Bons-Vivants (se disant ouvert aux « personnes gentilles, souriantes et au caractère joyeux »)[61], Club Démocrate Franco-Américain (rassemblant des démocrates canadiens-français et fondé en mars 1884)[62], Commanderie de Bordeaux aux États-Unis d'Amérique (créée en 1957), Écho de l'Ouest, Franco American Literary Club of Sister Cities, French-American Heritage Foundation (créée en février 2013), French American Chamber of Commerce, French-Canadian Dramatic Club, French Club in Duluth (créé au début des années 1900), French Sister Cities (à l'origine des initiatives « Foumies, France to Fridley » et « Tours, France to Minneapolis »), Initiatives in French Midwest, Organisation Internationale de la Francophonie (créée en 1970), Société Canadienne Française (entre 1979 et 2001), Lafayette-Papineau Republican League of Minneapolis[63] (créée en 1898), *La Voix du Lac* (journal publié à Duluth et créé en 1892)[64], *L'Étoile du Nord* (journal publié entre 1874 et 1876)[65], *Le Canadien* (journal créé en 1877), *Le Citoyen Américain* (journal créé en 1884)[66], Les Amis de la France, *Le Courrier de Duluth* (journal créé en 1890), *Le Franco-Canadien* (journal créé en 1877)[67], *Le National* (journal créé en 1877)[68], Les Amis du Théâtre (début des années 1970), *Les Veillées Canadiennes* (journal créé en 1852), L'Association des Français du Nord, *L'Œil* (journal créé en 1893), Les Survivants (groupe se consacrant à la culture et à la langue franco-canadienne), Minnesota Chapter of the American Association of Teachers in French, National Huguenot Society, Poulenc Academy, Saint Vincent de Paul Society, Saint Jean Baptiste Society (1834), Société de Bienfaisance Franco-Canadienne de Saint Paul[69], Société des Voyageurs (créée en 1976), Théâtre de la Jeune Lune, Théâtre du Monde, Union Française (1867)[70], Union Saint-Jean-Baptiste (entre 1870 et 1900)[71], Union Catholique de l'Abstinence Totale (1871)[72]

L'héritage français est aujourd'hui toujours vivant dans le Minnesota et, selon le recensement américain de 1980, environ 8,2 % de la population de l'État a des origines françaises, principalement via le Canada. Les habitants d'origine française incluent également les descendants des huguenots français qui faisaient partie des premiers implantés aux États-Unis. Par ailleurs, la population francophone englobe également, entre autres, des immigrants d'Afrique de l'Ouest provenant de pays francophones et des immigrants provenant d'Haïti. Au Minnesota, le français peut être appris ou pratiqué de diverses façons, notamment via des écoles d'immersion francophones, des cours de français à l'université ou dans des établissements d'enseignement supérieur, des cours organisés dans les communautés locales, des groupes de conversation informels, des cours particuliers, des autoformations et des ressources en ligne. D'autre part, il est toujours possible d'assister à la messe en français à l'église Saint-Louis-Roi-de-France de Saint Paul la veille de Noël, ainsi qu'à l'église Saint-Boniface de Minneapolis les dimanches. À Minneapolis toujours, l'église Notre-Dame de Lourdes se démarque aussi par sa forte histoire française.

Chaque année, L'Association des Français du Nord (AFRAN) parraine le festival Chautauqua d'Huot, qui fait la part belle à l'héritage français du Minnesota. En outre, la French-American Heritage Foundation et l'Alliance Française soutiennent plusieurs événements dans ce domaine tout au long de l'année, comme la Fête de Saint-Jean-Baptiste sur le site historique de Sibley à Mendota, ou le 14 juillet. Enfin, un certain nombre de festivals ou manifestations rendant hommage aux anciens négociants en fourrures et explorateurs français sont organisés.

La French-American Heritage Foundation a répertorié, dans le Minnesota, 71 sites historiques d'origine française. Ils sont énumérés dans le chapitre 18 du livre *They Spoke French* qu'elle a elle-même publié. L'héritage français du Minnesota est riche et constitue une part importante de l'histoire de notre État. Il se présente sous différentes formes et son influence est plurielle, d'autant que des émigrants francophones continuent à arriver sur nos terres à ce jour. Il ne doit pas être oublié, mais compris, valorisé et apprécié.

13. Repenser la culture franco-américaine en Nouvelle-Angleterre

Timothy Beaulieu

Près d'un million de Canadiens français sont venus aux États-Unis entre les années 1840 et 1930. Ceux évoqués dans ce chapitre (et dont les descendants sont aujourd'hui appelés « Franco-Américains ») ont travaillé, aux 19e et au 20e siècles, dans les usines de textile de Nouvelle-Angleterre. Résidant dans de petites enclaves appelées « Petits Canadas » à proximité des usines, ils menaient leurs vies, axées sur le travail, la famille et la religion, principalement en français. Ils ont lutté plus longtemps que la plupart des autres populations immigrantes pour ne pas être assimilés à la culture américaine dominante, et leur histoire s'est terminée dans les années 1960. Aujourd'hui, ils sont américains comme tout le monde, à ceci près que leur nom de famille est difficile à prononcer, avec un accent français que peu de gens maîtrisent aux États-Unis. C'est tout.

C'est généralement l'histoire que j'ai entendue au cours de toutes les années que j'ai passées à me familiariser avec mon héritage et avec ma culture, en quelque sorte, perdue. Je vais vous parler un peu de moi, afin que vous sachiez à qui vous avez affaire. Je suis un Franco-Américain lambda de troisième génération, marié et père de famille, et je travaille dans un bureau. Le stéréotype du rêve américain, quoi. En grandissant, je savais que mon nom était français, mais je ne connaissais pas son origine. Ce n'est pas avant la vingtaine que j'ai découvert l'histoire de mes ancêtres, lorsque mon grand-père a décidé, quelques années avant son décès, de nous en parler. Certains ont du mal à le croire, mais des millions d'autres personnes sont dans la même situation que moi en Nouvelle-Angleterre. Comment faire pour que cette prise de conscience ait lieu plus tôt, pour aider ceux qui font connaissance avec leurs racines canadiennes-françaises de façon quasi fortuite ? Je m'intéresse à cette culture francophone depuis 2010 environ et je suis devenu membre du Franco-American Centre of New Hampshire (FACNH, ou « Centre Franco-Américain du

New Hampshire ») en 2014. Malgré cela, comme je l'ai dit, le monde franco-américain demeurait encore relativement nouveau pour moi. C'est pourquoi j'ai choisi de siéger au conseil d'administration du FACNH de 2015 à 2021. En 2015, j'ai eu l'idée de la New Hampshire PoutineFest et l'ai inaugurée en 2016 avec le FACNH. Ce festival, rassemblant des milliers de personnes, est similaire à d'autres ayant lieu au Québec et dans le Midwest. Célébrant la gastronomie québécoise et la culture franco-américaine du New Hampshire, il s'agit actuellement du plus important festival dédié à la poutine aux États-Unis.

Situation actuelle

Actuellement, notre communauté vit une période particulièrement intéressante. Je suis né dans les années 1980 et je n'ai pas entendu le terme « Franco-Américain » jusqu'à la trentaine (ma famille ne l'employait pas). Que s'est-il passé ? Comment avons-nous pu lutter contre l'assimilation autrefois, mais ne même pas connaître notre identité aujourd'hui ? Je vais laisser les historiens réfléchir à cela, toute une myriade de facteurs ayant contribué à ce que nous sommes aujourd'hui, mais voici, selon moi, les différents types de Franco-Américains :

- Les personnes qui ont un nom de famille français, mais sont totalement détachées de leur héritage
- Les personnes qui ne croient plus en leur culture et ne veulent pas du tout y être liées
- Les personnes qui ont conservé certaines traditions, comme la pratique du français
- Les personnes qui s'intéressent à leur héritage et cherchent à se reconnecter avec lui (et qu'on appelle parfois des « reborn Francos », littéralement « francophones nés à nouveau »)

Le monde francophone est complexe, n'est-ce pas ? En outre, même si des millions de personnes peuvent se reconnaître dans ces catégories, ou apprennent le français, nous sommes toujours presque invisibles et notre langue subit un déclin rapide.

Des périodes sombres

Les immigrants canadiens-français venus aux États-Unis ont, incontestablement, rencontré des difficultés pour s'adapter à leur nouveau lieu de vie. Ils ont été persécutés par les autres groupes d'immigrants, les protestants de Nouvelle-Angleterre, les factions du Ku Klux Klan présentes dans le Maine et les acteurs du programme d'eugénisme du Vermont, pour ne citer qu'eux. Au 21e siècle, des plaisanteries moqueuses sont toujours faites sur les Franco-Américains ou le nom de certaines familles, qu'elles choisissent parfois même de changer, est encore mal prononcé. Cette communauté a vécu de nombreuses expériences négatives, et les cicatrices laissées par de tels traumatismes nous ont conduits à développer une forme de fatalisme.

Vous vous demandez peut-être ce que j'entends par là ? Tout d'abord, nous avons tendance à *beaucoup* parler du passé. Lorsque vous parlez du même traumatisme encore et encore, c'est intéressant au début, mais il est nécessaire, à un moment, de passer à autre chose. Nous ne pourrons jamais revenir en arrière et vaincre les Britanniques en 1759, ou mater les immigrants irlandais lors des bagarres de rue si fréquentes à l'époque où nous travaillions dans les usines de textile. Il est important de se rappeler d'où l'on vient. Cependant, l'énergie d'une communauté ne doit pas exclusivement servir à revivre d'anciennes blessures, mais plutôt à changer les choses qui peuvent l'être, et ce aujourd'hui et demain.

D'autre part, je rencontre souvent des personnes qui tentent désespérément de se raccrocher au passé. Parfois, c'est une bonne chose, car nous devons clairement nous battre pour la préservation de certaines spécificités. Néanmoins, le faire sans agir ne produira que peu de résultats. Si vous n'agissez pas, vous disparaissez. Il n'est pas sain de nous focaliser constamment sur ce que nous avons perdu. Cela nous fait redouter d'autres pertes et nous décourage dès lors d'aller plus loin. L'Histoire est effectivement importante, mais je considère également cet héritage et cette culture comme des entités vivantes qui peuvent perdurer dans le futur. La meilleure manière d'honorer les sacrifices faits par nos ancêtres, qui ont directement vécu ces traumatismes, est de nous mobiliser.

Comment nous mobiliser

Avant de pouvoir nous mobiliser, nous devons accepter le fait que le passé est derrière nous. D'une certaine manière, ce constat est triste, mais il représente aussi une opportunité. Rassembler tous les types de Franco-Américains dont je parle plus haut (à l'exception de ceux qui ne veulent pas du tout être liés à cette culture) serait déjà un bon commencement. Nos expériences dans le monde canadien-français sont toutes différentes. Nous n'allons pas recréer de Petit Canada, et ce n'est pas grave. Les cultures se développent et changent au fil du temps. D'ailleurs, même si la poutine n'existe que depuis 60 ans à peine, elle est devenue indissociable du Québec. Ce qui est exceptionnel en Nouvelle-Angleterre, c'est qu'il existe déjà des groupes d'individus qui s'investissent pour mettre en place ce dont je parle plus loin. Il nous suffit de nous réunir, sans tenir compte des frontières établies par les anciens colons entre les États.

Par où commencer ?

Il est facile de se plaindre après-coup et de chercher des coupables, mais agir pour corriger les choses, c'est une tout autre histoire. Comment faut-il faire, alors ? Cela commence par encourager les jeunes franco-américains à être fiers de leur héritage et leur culture et à développer un lien fort avec ceux-ci. C'est la seule et unique solution, celle grâce à laquelle d'autres groupes ethniques ont su trouver un sens à leur histoire et se renouveler. Pourquoi est-ce que nous, nous ne le pourrions pas ?

Les Irlando-Américains et les Italo-Américains constituent de très bons exemples contemporains. Ils font partie des autres groupes d'immigrants les plus importants en Nouvelle-Angleterre et la fierté qu'ils entretiennent envers leurs racines est plus forte. Eux aussi ont vécu des traumatismes, mais cela n'empêche pas les trèfles et les pizzas d'être présents partout dans la région. Quand j'écoute des membres de ces communautés parler de leur vécu d'immigrants, ils évoquent presque toujours les difficultés qu'ils ont rencontrées pour en arriver là où ils sont. La rivalité entre l'anglais et le français, et le fait que l'anglais soit la langue dominante aux États-Unis, influent probablement sur notre faible sentiment de fierté, mais pourquoi ne pas essayer d'améliorer les choses ? La tâche est conséquente, mais, après tout, Montréal ne s'est pas faite en un jour et est toujours en évolution. Voici quelques stratégies dont l'application pourrait se révéler fructueuse en Nouvelle-Angleterre. Il s'agit de mes propres idées, glanées au fil de mes observations au cours de la dernière décennie.

Un guide pour réaffirmer notre fierté et notre intérêt

Dans certaines régions de Nouvelle-Angleterre, principalement dans le nord et l'est du Maine, la culture canadienne-française ou acadienne est très présente. Pour accroître sa visibilité, nous devons repenser notre identité, en créer une nouvelle. Pendant trop longtemps, ce sont les autres qui nous ont définis, or nous avons d'excellents moyens à notre disposition pour nous démarquer pleinement.

La fleur de lys

La fleur de lys, présente sur le drapeau du Québec, est un symbole très reconnaissable, clair et simple. Comme c'est le cas au Québec, elle devrait être associée à n'importe quel élément renvoyant aux Franco-Américains. Pas sous n'importe quelle forme : il doit s'agir de celle apparaissant sur le drapeau québécois. Lorsque des habitants de la Nouvelle-Angleterre voient une fleur de lys, ils doivent penser en premier lieu à l'héritage francophone de la région, et non aux scouts ou aux Saints de La Nouvelle-Orléans.

L'Histoire sous un autre angle

Notre histoire est celle de l'Amérique du Nord. Même si nous avons également connu des victoires, nous avons tendance, comme je l'ai expliqué précédemment, à nous focaliser beaucoup trop sur les périodes sombres. Tout n'a pas été noir, pourtant. Après tout, nous sommes toujours là aujourd'hui. L'Histoire est souvent écrite par les vainqueurs, et je considère que notre existence et nos succès sont des victoires. Nous pouvons, même en anglais, partager notre version de cette même Histoire avec les nouvelles générations, sans avoir à dépendre des écoles pour cela.

Pour débuter, il suffirait simplement de disposer de davantage de ressources détaillées, et aisément accessibles, sur la Nouvelle-France et l'Acadie. Notre histoire n'est que très brièvement mentionnée aux

États-Unis, si ce n'est, généralement, lorsque l'on aborde la guerre de la Conquête. Il y a pourtant bien plus à dire à ce sujet. Nous devons aborder ce qu'il s'est passé avant que George Washington ne démarre cette guerre, ce qui nous amènerait à parler du moment où nous avons traversé la frontière, ainsi que de nos vies dans les Petits Canadas. Et tout ne s'arrête pas dans les années 1960, comme on l'a si souvent dit ! Le fait que d'importantes figures franco-américaines aient été célébrées des années 1940 à aujourd'hui en est d'ailleurs la preuve. C'est exactement ce que les autres communautés basées aux États-Unis font, alors pourquoi pas nous ?

La poutine

Parlons nourriture, maintenant. La poutine a été inventée par les Québécois, nos cousins d'autrefois. Quel meilleur plat pour célébrer notre héritage francophone ? Au cours de la dernière décennie, le nombre de restaurants proposant de la poutine a explosé en Nouvelle-Angleterre. Il est important que les origines géographiques de celle-ci soient parfaitement connues partout dans la région. Pourquoi ? Car cela permet aux Québécois de se démarquer dans le monde anglophone, et car elle constitue une fierté que les Franco-Américains peuvent célébrer. D'ici 20 à 30 ans, la poutine fera partie intégrante de la culture de la Nouvelle-Angleterre et sera pleinement associée, de par son pays de provenance, aux descendants des Canadiens français. Le meilleur moyen de faciliter cela est d'organiser des festivals culinaires ou des événements de moindre envergure qui célèbrent ce plat et la culture associée.

J'en reviens donc à la New Hampshire PoutineFest. Au départ, personne ne pensait que cela fonctionnerait. Néanmoins, en six ans d'existence, tous les billets d'entrée se sont à chaque fois envolés. Ce qui est fabuleux avec de telles manifestations, c'est qu'elles sont aussi appréciées des membres de la culture dominante de notre région. En effet, les gens aiment soutenir les bonnes idées. Ainsi, nous pouvons sortir de notre bulle et montrer à tous à quel point la culture franco-américaine est divertissante !

C'est aussi l'occasion de lever des fonds, utilisables ensuite pour mettre notre culture à l'honneur ou enseigner la langue. Cela nous donne l'impulsion dont nous avons besoin pour accompagner les apprenants du français et développer des ressources. Vu le succès de la poutine, un événement encore plus conséquent devrait être créé en plus de notre festival dans le New Hampshire. Quelques milliers de personnes ravies qui viennent la déguster, c'est déjà extraordinateur, mais pourquoi ne pas multiplier leur nombre par 10 ? C'est possible. Il faut juste que le mot « poutine » rime avec « héritage français » pour les habitants de la Nouvelle-Angleterre, et avec « fierté » pour les Franco-Américains.

Les échanges avec le Québec et les Québécois

Précédemment, j'ai cité les Irlando-Américains et les Italo-Américains. Imaginez s'ils pouvaient aller à Dublin ou à Rome en une seule après-midi. Ils n'en reviendraient peut-être jamais, d'autant que partir là-bas nécessite normalement de faire un grand voyage en avion. Pour les Franco-Américains, en revanche, un simple trajet en voiture suffit. Nous avons sous-exploité la proximité avec notre terre d'origine. La plupart des Franco-Américains font désormais partie de la culture dominante des États-Unis. Nous n'avons pas été habitués à nous intéresser au Nord, encore moins car c'est de là que viennent les rivaux historiques des Boston Bruins, à savoir les Canadiens de Montréal. Oui, vraiment, le hockey a aussi eu son impact. Lorsque vous êtes en présence d'amateurs de sports en Nouvelle-Angleterre, vous ne pouvez pas exprimer la moindre sympathie pour un rival de Boston. Aimer les Canadiens de Montréal, c'est un peu comme aimer les Yankees de New York. Alors que les fans de Boston se contenteront de taquiner gentiment les fans des Yankees, c'est différent quand on parle de Montréal.

La culture et la langue francophones ont toujours été moquées car considérées comme inférieures. C'est un problème, probablement voué à perdurer, mais il est important que les Franco-Américains sachent se distancier de telles attaques. On ne compte plus, par exemple, les commentaires parfois virulents de Michael Felger, commentateur sportif sur la station de radio 98.5 FM à Boston (et, ironiquement, originaire du Wisconsin). Les Québécois ne doivent pas constituer une énième communauté dont on se moque à grand renfort de stéréotypes absurdes. Nous n'en sommes d'ailleurs pas à un paradoxe près, car la ville de Boston soutient, par contre, le retour de l'équipe de baseball des Expos à Montréal... En plus de lutter contre les préjugés anti-Canadiens, nous devons développer des liens forts avec les Québécois. Une chose doit toutefois être gardée à l'esprit : régulièrement, je me rends compte que les Franco-Américains sont largement méconnus au Québec. Seul un petit nombre de Québécois savent qui nous sommes. Après avoir passé quelques années à interagir avec des Québécois sur les réseaux sociaux, je peux les placer dans deux catégories :

- Catégorie 1 : Ceux qui considèrent que les Franco-Américains se sont assimilés et qu'ils n'existent plus
- Catégorie 2 : Ceux qui s'intéressent à leurs cousins des États-Unis et sont ravis d'apprendre que les Franco-Américains s'intéressent également à eux

J'avoue être un grand supporter de la deuxième catégorie. Je ne ressens pas d'animosité pour la première, car je comprends son point de vue. J'ai essayé d'échanger avec ces personnes, mais cela ne s'est pas très bien passé. Peut-être qu'elles finiront par changer, mais nous n'en sommes pas encore là. Établir des liens avec les personnes de la deuxième catégorie n'implique pas nécessairement, à ce stade, de communiquer exclusivement en français. Par chance, de nombreux bilingues vivent dans la Belle Province, ainsi qu'aux États-Unis. Grâce aux réseaux sociaux, il n'a jamais été aussi simple d'entrer en contact. L'objectif est de collaborer, de chaque côté de la frontière, pour mettre en place des événements ou des échanges culturels.

Une visite de Montréal permet facilement, aux Franco-Américains, de se rapprocher de leurs racines francophones. Car elle est cosmopolite, Montréal est similaire aux grandes villes américaines. Des cultures et des langues différentes y cohabitent, mais le français y demeure toutefois très, très présent. Cela suffit pour marquer un enfant américain. La ville de Québec, pour sa part, est un peu le pendant canadien-français de Plymouth Rock, le lieu où les pèlerins britanniques du Mayflower ont accosté pour créer une colonie. C'est une ville très francophone, là où tout a commencé. Elle est la destination idéale pour un échange culturel ou un séjour effectué afin de découvrir notre histoire.

Quelles sont les étapes suivantes ?

Je suis conscient que mes recommandations équivalent, pour l'instant, surtout à du rêve. Néanmoins, j'ai essayé ici de procéder d'une manière différente, en essayant de positiver et d'avancer, plutôt que de me cantonner à nos peurs. Si nous voulons que cette culture et cet héritage survivent, nous devons agir. Les changements ne se produiront pas du jour au lendemain ; des initiatives doivent être prises en continu. J'estime que nous avons beaucoup de chance, car de nombreuses pièces du puzzle sont déjà en place. Il ne reste plus qu'à reconnecter les gens avec leurs racines et les encourager à en être fiers ; le reste de la population suivra. J'espère que mes enfants liront ce texte un jour et qu'ils penseront que leur vieux père avait raison. Le temps nous le dira !

14. Faire vivre la Franco-Amérique : langue, communauté et Clubs Richelieu en Nouvelle-Angleterre

Elizabeth Blood

J'ai découvert que j'étais franco-américaine à l'âge de 42 ans. J'ai toujours su que ma grand-mère paternelle, Mimi, était née au Québec et que sa langue maternelle était le français. Je savais également que mon père, né aux États-Unis, avait passé les étés de son enfance à la ferme familiale de Saint-Félix-de-Valois. Il m'a appris quelques mots de français quand j'étais petite et nous rendions visite à des cousins francophones de Montréal pendant les vacances. Il avait également pour habitude, en me montrant les érables de notre jardin de la banlieue new-yorkaise, comment on en faisait du sirop, et nous préparions une bûche de Noël chaque 24 décembre. Tous les ans, après la messe de minuit, nous allions dîner chez nos voisins. Adolescente, j'ai appris à préparer la tourtière québécoise en m'aidant d'une recette de ma grand-mère Mimi publiée dans un livre de cuisine vendu par son église pour récolter des fonds. Je restais toutefois une enfant américaine, de mère irlando-américaine et avec un nom anglophone. Je n'ai jamais eu l'impression d'appartenir à un groupe ethnique particulier. En outre, je n'avais jamais entendu le terme « Franco-Américain » utilisé pour faire référence aux Américains d'ascendance canadienne-française jusqu'à ce que j'effectue des recherches sur la communauté francophone de Salem, dans le Massachusetts, et découvre le Club Richelieu de cette ville en 2008.

Au départ, j'ai rejoint ce club francophone local dans le cadre de mon travail à la Salem State University, où j'enseignais le français. Cependant, j'y ai ensuite fait la connaissance d'une communauté ancrée dans ses propres traditions et dont les membres, nombreux, racontaient leur enfance en tant que Franco-Américains. Plus j'écoutais leurs témoignages, plus je m'intéressais aux liens de ma famille avec le Québec, et plus je me considérais comme une Franco-Américaine.

Ne plus se concentrer exclusivement sur la France

Aujourd'hui, en tant que professeure de français, mes recherches se focalisent sur l'Amérique du Nord francophone, en particulier sur l'histoire culturelle du Québec francophone et sur les Franco-Américains basés dans le nord-est des États-Unis. Mon objectif est de favoriser une meilleure compréhension et une meilleure reconnaissance de ces cultures par les chercheurs, les étudiants et le grand public. Cela dit, je ne suis pas devenue professeure de français en raison de mon héritage canadien-français. Loin de là. Quand j'étais jeune, je voyais le français comme une langue étrangère et j'étais fascinée à l'idée de l'apprendre pour le parler et voyager en Europe. En réalité, il m'enthousiasmait autant que l'italien et la culture italienne, alors qu'aucun de mes ancêtres ne venait d'Italie. L'italien est d'ailleurs devenu ma troisième langue à l'université. Je voulais apprendre ces langues pour voyager et découvrir un nouveau continent, et pas car ma famille avait des liens avec lui. À l'époque, ce dont je n'avais pas conscience, c'est que mon parcours universitaire me ramènerait à mon enfance, pendant laquelle j'ai appris certains mots de français et fait l'expérience de la culture franco-américaine.

Même si mon père et ma grand-mère m'ont enseigné ces quelques mots quand j'étais petite, ce n'est pas avant le lycée que j'ai réellement commencé à parler cette langue. Encore une fois, l'apprentissage du français n'avait pour moi aucun lien avec mon héritage canadien-français, et les cours que je suivais ne m'encourageaient d'ailleurs pas à m'y sentir connectée. Tout au long de ma scolarité au lycée et à l'université dans les années 1980 et 1990, et même pendant mon master et mon doctorat, mes cours de français étaient uniquement axés sur l'histoire, la culture et la langue de la France métropolitaine. Au lycée, j'ai fait un voyage scolaire en France. À l'université, j'ai passé un semestre en France. Lorsque l'on m'a accordé la bourse Chateaubriand pour mes recherches doctorales, c'est à Paris que j'ai étudié le théâtre français du 18e siècle, mon domaine de spécialisation jusqu'à ce que je me passionne pour le Québec et les études franco-américaines.

En 2001, j'ai entendu parler de la possibilité de voyager au Québec avec un petit groupe de professeurs. Ce séminaire, financé par l'American Association of Teachers of French (AATF, ou « Association américaine des enseignants du français ») et le gouvernement québécois, nous a permis de passer une semaine à Québec et une semaine à Montréal afin de visiter des sites historiques et des musées, d'assister à des conférences menées par des experts locaux et de nous informer sur l'histoire, la culture et la littérature, riches, du Québec. Cette expérience m'a encouragée à m'informer encore davantage sur le sujet et j'ai, par la suite, aidé à mettre en place un programme annuel qui offrait la possibilité à mes étudiants de premier cycle de suivre des cours, l'été, à l'université Laval. En tant que coordinatrice, je les accompagnais à l'École de Langues de l'université Laval pour les aider à s'y intégrer au mieux, puis je prolongeais ensuite mon séjour pour étendre ma connaissance de la province. Pendant une décennie, j'ai lu et appris tout ce que je pouvais sur le Québec et dont on ne m'avait jamais parlé pendant mes études de français. Paradoxalement, même si j'avais de la famille francophone à Montréal, j'avais réellement l'impression de découvrir une culture inconnue. Cela a toutefois fini par changer, car dès la fin de ce séminaire au Québec, j'ai débuté mes recherches sur la Franco-Amérique et pris conscience qu'il s'agissait, en fait, d'une partie de mon identité.

Quand je suis arrivée à la Salem State University à l'automne 2003, de nombreuses personnes m'ont dit que la ville de Salem comportait une importante communauté francophone. J'avais hâte de rencontrer ses membres et d'en savoir plus à leur sujet. Malheureusement, ils n'ont pas été simples à trouver au début. L'ancien « Petit Canada » de Salem, le quartier historique de Point Neighborhood, était principalement habité par des hispanophones et les églises locales semblaient proposer uniquement des messes en anglais et en espagnol. De plus, les monuments, musées et sites d'intérêt se concentraient principalement sur l'histoire anglo-américaine de la ville, avec ses puritains et ses chasses aux sorcières, ses capitaines de navire et son célèbre écrivain Nathaniel Hawthorne. J'ai toutefois, en plus de mes recherches sur le Québec, commencé à glaner des informations sur la communauté francophone de Salem.

Je suis tombée sur un journal en langue française, le *Courrier de Salem*. Publié au début du 20e siècle, il dépeignait la vie des immigrants canadiens-français de la région et de leurs enfants nés aux États-Unis, et donc appelés « Franco-Américains ». Intriguée par plusieurs articles dans lesquels des responsables de la communauté franco-américaine qualifiaient Salem de « ville que nous avons adoptée », j'ai élaboré une présentation portant sur la métaphore de l'adoption dans le contexte de l'immigration et de l'identité franco-américaines. Après tout, ce sont les Canadiens français qui ont adopté la ville, et pas l'inverse, ce qui en faisait dès lors les « gardiens » de leur nouveau domicile.

J'ai présenté mes recherches à la conférence de 2008 de l'American Council for Quebec Studies. Pendant la session de questions et réponses, j'ai été interrogée au sujet de la communauté franco-américaine de Salem aujourd'hui et ai expliqué comment il m'avait été difficile d'entrer en contact avec elle. Une professeure présente à la conférence m'a suggéré de me tourner vers le Club Richelieu local. Je n'en avais jamais entendu parler, mais elle m'a assuré qu'il était actif. Finalement, par le biais d'une amie de la Salem State University, qui le connaissait car faisant partie du conseil d'administration de l'organisme Plummer Youth Promise (une association soutenue par le Club Richelieu de Salem), j'ai pu entrer en relation avec le club et assister à ma première rencontre.

Les Clubs Richelieu de Nouvelle-Angleterre

Les premiers Clubs Richelieu, francophones, ont été créés en Ontario, au Canada, dans les années 1940, sur le modèle des clubs anglophones comme le Rotary Club. L'objectif était d'insuffler un sentiment de solidarité parmi les francophones basés hors du Québec, ainsi que de faire la promotion de l'entraide et de la contribution à la communauté. Les clubs tirent leur nom du cardinal de Richelieu. Non pas en raison du rôle joué par ce dernier dans la politique française du 17e siècle, mais en hommage à la Maison Richelieu, un foyer pour orphelins et enfants dans le besoin fondé en 1637 en Nouvelle-France par la duchesse d'Aiguillon grâce aux fonds privés de son oncle, le cardinal lui-même. Cet établissement, plus tard rebaptisé « Hôtel-Dieu de Québec » et toujours en activité aujourd'hui, est considéré comme le premier hôpital du Canada. Dans les années 1940, la Société Richelieu est fondée pour perpétuer les actions de la Maison Richelieu en soutenant les associations qui œuvrent pour les enfants défavorisés dans toutes les localités où un Club est créé.

Dans les années 1950, la Société Richelieu devient

Richelieu International, des Clubs se formant au sein de communautés franco-américaines aux États-Unis et, plus tard, dans des pays francophones d'Europe et d'Afrique. Aux États-Unis, le premier Club a été créé en 1955 à Manchester, dans le New Hampshire. Ce même Club en parrainait plusieurs autres en Nouvelle-Angleterre, comme le Club Richelieu de Salem, fondé en 1965 grâce à l'impulsion de Monseigneur Arthur O. Mercier. Alors prêtre de l'église de Saint-Joseph, une paroisse au service de la communauté franco-américaine de Salem, Monseigneur Mercier a estimé qu'il était nécessaire que ses paroissiens préservent la langue et la culture françaises. En effet, toujours plus de Franco-Américains choisissaient de s'assimiler à la culture américaine et de quitter le « Petit Canada », qui avait abrité une communauté francophone soudée entre la fin du 19e siècle et le milieu du 20e. Il invita dès lors un porte-parole des Clubs Richelieu pour faire la promotion de ceux-ci et chargea George Aubertin, un dirigeant d'entreprise local, de créer un Club à Salem et d'en devenir le président.

La première rencontre du Club de Salem est organisée le 16 janvier 1965 à l'Hawthorne Hotel. Au départ, seuls les hommes étaient autorisés à adhérer au club, et de nombreux entrepreneurs et professionnels franco-américains parmi les plus éminents de la ville l'avaient rejoint. Une organisation jumelle et exclusivement féminine, le Club Richelieu Nord de Boston, est fondée en 1984. Bien que le Club de Salem ait ouvert ses portes aux femmes dans les années 1990, les deux Clubs existent toujours et continuent à se réunir à Salem. Un dîner est organisé chaque année pour rassembler l'intégralité de leurs membres. En 2012, les Clubs Richelieu de Nouvelle-Angleterre se sont dissociés de l'organisme Richelieu International (toujours basé dans l'Ontario) pour former leur propre groupe régional, baptisé « Richelieu États-Unis ». Le groupe « Richelieu États-Unis » rassemble tous les Clubs situés dans les villes de Nouvelle-Angleterre au fort héritage franco-américain. En plus des deux Clubs de Salem, il existe à l'heure actuelle des Clubs à Lowell et New Bedford dans le Massachusetts, à Nashua et Manchester dans le New Hampshire et à Woonsocket dans le Rhode Island. Tous les printemps, un concours oratoire est organisé pour les lycéens qui apprennent le français. Chaque Club sélectionne le meilleur élève de sa région, parrainé par son professeur de français, avant que tous les participants ne soient départagés et que le vainqueur remporte un titre et une somme d'argent en récompense.

La mission du Club Richelieu de Salem est restée fidèle à l'aspiration des fondateurs d'origine, à savoir promouvoir la préservation de la langue française (via des dîners francophones mensuels et des événements tels que les concours oratoires) et soutenir les associations qui viennent en aide aux enfants en détresse. Chaque année, le Club récolte des fonds à destination, entre autres, de l'organisme Plummer Youth Promise et du Boys and Girls Club de Salem.

Lorsque j'ai rejoint le Club Richelieu de Salem en 2008, il était toujours principalement constitué de Franco-Américains qui étaient nés et avaient grandi dans des foyers francophones de Salem et des villes situées aux alentours. Seuls 25 membres actifs environ, pour la plupart des hommes âgés de plus de 60 ans, se rendaient aux dîners francophones à l'Hawthorne Hotel chaque mois. Ils constituaient toutefois un groupe des plus vivants ! Ils parlaient français avec cet accent franco-américain caractéristique, très proche de l'accent québécois que j'avais appris à adorer. Ils aimaient plaisanter, chanter des chansons folkloriques françaises et canadiennes-françaises, boire du vin, raconter à quoi ressemblait leur enfance en tant que Franco-Américains et évoquer l'âge d'or du Club de Salem, dans les années 1970, quand celui-ci était encore fréquenté par des centaines de personnes.

Comme je l'ai mentionné au début de ce chapitre, j'ai à l'origine rejoint le Club Richelieu car j'estimais qu'il serait bon pour moi, en tant que professeure de français à l'université locale, d'établir des contacts avec la communauté francophone de la région, et également car l'histoire des Franco-Américains de Salem m'intéressait. Cependant, après chaque réunion du Club à laquelle je participais, je me sentais toujours plus connectée à ce groupe d'un point de vue personnel. Quand je rentrais chez moi après avoir passé une soirée à parler français avec les membres du Club, j'avais souvent l'impression d'avoir passé un moment avec mes tantes, oncles et cousins francophones. Je commençais aussi à reprendre possession de ma propre identité franco-américaine, voire à la construire. Je me suis rendu compte que, même si je n'avais pas grandi dans un foyer francophone et n'avais jamais vécu dans un « Petit Canada », j'étais tout de même une Franco-Américaine. Faire partie de cette communauté m'a permis de prendre conscience du fait que je faisais également partie de la culture. Petit à petit, je me suis davantage investie dans le Club, en l'aidant à organiser le concours oratoire annuel, en devenant membre de son conseil d'administration et, même, en occupant le rôle de vice-présidente pendant quelques années. Récemment, le processus d'adhésion a fait l'objet de changements. Le Club de Salem ouvre désormais ses portes à des francophones de tous les horizons. Beaucoup de nos membres sont toujours des Franco-Américains (certains sont anglophones et souhaitent apprendre le français, ou simplement renouer avec la langue de leur enfance), mais nos rencontres s'adressent aujourd'hui également aux personnes originaires de Suisse, de Belgique, de France, du Burkina Faso, de Côte d'Ivoire, de la République démocratique du Congo, du Congo-Brazzaville, d'Haïti, de Tunisie, du Liban et d'autres pays francophones, ou ayant vécu dans ces États. Nous accueillons également des individus ayant appris le français en tant que deuxième langue et voulant le pratiquer.

Le Club Richelieu de Salem, fondé pour aider les Franco-Américains à préserver leur langue et leur culture, est toujours là, dans la ville que je considère maintenant comme mon chez-moi. Il ne s'est pas départi de ses engagements et cherche à s'ouvrir à d'autres francophones afin de continuer à encourager l'usage du français aux États-Unis.

Valoriser la langue et la culture francophones d'Amérique du Nord

En raison de mes expériences personnelles et intellectuelles qui m'ont conduite de la France au Québec, puis à revenir à la Franco-Amérique, mes travaux universitaires des 20 dernières années se sont concentrés sur la promotion de la langue et de la culture francophones en Amérique du Nord. En tant que professeure de français, je m'assure que mes étudiants se familiarisent avec le riche héritage culturel de toutes les cultures francophones, et en particulier celle de l'Amérique du Nord. Je brise cette idée reçue consistant à dire que le français québécois n'est pas du « vrai français » en les invitant à s'intéresser aux régionalismes et aux expressions locales, à prendre en compte les accents et les différents registres de langage (on ne s'exprime pas, par exemple, de la même façon selon que l'on parle avec un ami ou rédige une dissertation) et à considérer le rôle de la politique dans l'expansion et le développement des langues. Je leur enseigne l'histoire du Québec et leur raconte ce que j'ai appris, auprès des membres du Club Richelieu, au sujet du « Petit Canada » qui ne se trouvait qu'à quelques pâtés de maisons du campus universitaire. Nous abordons aussi les autres cultures francophones d'Amérique du Nord, comme la Louisiane et Haïti. Plusieurs de mes étudiants ont étudié le français au Québec par le biais du programme d'été que j'ai aidé à mettre en place. Toute une nouvelle génération de jeunes gens s'intéresse donc aux Nord-Américains francophones.

Via des conférences régionales et nationales, la création de deux ouvrages et l'organisation de nombreux ateliers consacrés au Québec et à la Franco-Amérique, j'encourage d'autres professeurs de français à enseigner la culture, la langue et la littérature francophones d'Amérique du Nord. Mon premier ouvrage est un manuel de français de niveau intermédiaire. Publié en 2004 par Pearson Education et intitulé *Intrigue – Langue, culture et mystère dans le monde francophone*, il explore, via une intrigue mystérieuse, une culture francophone différente à chaque chapitre, en débutant par la Louisiane et en se terminant par le Québec. Bien qu'il soit actuellement épuisé, il a fait l'objet de trois éditions et a été utilisé dans plusieurs universités du pays. Mon deuxième ouvrage constitue une introduction aux études québécoises et s'adresse aux étudiants du français langue seconde. Coécrit avec J. Vincent Morrissette, *Je me souviens – Langue, culture, et littérature du Québec francophone*, a été publié par les presses universitaires de l'université de Georgetown en 2015. Par le biais d'une approche interdisciplinaire, il présente aux étudiants de français le riche héritage culturel du Québec. Bien qu'il existe de nombreuses ressources en français sur le Québec, la plupart sont trop complexes à comprendre par des apprenants. Grâce à ce manuel, les professeurs de français peuvent plus facilement intégrer un cours consacré au Québec à leur programme de premier cycle.

Mes travaux universitaires, davantage consacrés à l'histoire publique qu'à la littérature ces dernières années, visent également à faire la promotion du Québec et de la Franco-Amérique. Avec ma collègue Elizabeth Duclos-Orsello de la Salem State University, nous avons conduit un projet axé sur l'histoire orale qui a impliqué l'enregistrement et la transcription d'entretiens menés avec plus d'une douzaine de Franco-Américains ayant grandi à Salem et qui étaient, pour beaucoup, membres du Club Richelieu. Les informations recueillies au cours de ces échanges, désormais accessibles au public dans les archives de la Salem State University, ont permis d'organiser des conférences publiques, des visites guidées et autoguidées des quartiers franco-américains de Salem, de créer un site web dédié aux Franco-Américains de Salem et de mettre en place des événements valorisant le rôle joué par ceux-ci dans l'histoire et la culture de la ville. Les réactions ont été exceptionnelles, de nombreuses personnes s'étant ensuite portées volontaires pour partager d'autres témoignages, notamment au sujet de leurs grands-parents et arrière-grands-parents qui ont grandi à Salem en parlant français.

Mon dernier travail à cette date a consisté à créer la French-Canadian Heritage Collection, un recueil de traductions, en anglais, de témoignages de Canadiens français et de Franco-Américains publiés initialement en français. De nombreux Franco-Américains (nous sommes près de 10 millions aujourd'hui) ne parlent plus français. Ce recueil de traductions en anglais permet ainsi aux personnes qui ne maîtrisent pas cette langue de s'informer au sujet de nos ancêtres et de leurs contributions à nos vies en Amérique du Nord. Même si j'estime que la préservation du français en Amérique du Nord est importante, car elle assure le développement constant des communautés canadiennes-françaises et franco-américaines, je ne pense pas qu'il faille forcément parler couramment français pour être considéré comme un Franco-Américain.

Les témoignages rassemblés dans cette collection illustrent le quotidien des Canadiens français et de leurs enfants dans les villes du Massachusetts à forte communauté franco-américaine, comme Salem, Southbridge, Worcester et Fall River. Les traductions sont téléchargeables gratuitement sur le portail numérique de l'université et peuvent se révéler utiles aux personnes effectuant des recherches généalogiques sur leur famille, ou s'intéressant à la vie des Franco-Américains aux États-Unis.

Tous ces projets, quelle que soit leur nature, ont un même but :

améliorer la connaissance des cultures francophones nord-américaines, pas seulement parmi les universitaires mais, plus important encore, au sein des communautés locales et auprès des Franco-Américains s'étant établis ailleurs dans le pays. La technologie joue un rôle important dans cette entreprise, car elle permet d'accéder facilement à des ressources en ligne, à des groupes Facebook interactifs, à des podcasts, à des blogs et à d'autres discussions. Plus que jamais, les Franco-Américains qui, comme moi, ont grandi en se sentant déconnectés de leur héritage culturel peuvent échanger pour partager leurs expériences et apprendre les uns des autres. Selon moi, c'est cela qui assurera, dans les années à venir, la revitalisation et la préservation des traditions canadiennes-françaises et de la communauté franco-américaine.

Conclusion

En adhérant au Club Richelieu, en enseignant, en effectuant des recherches, en traduisant et, plus récemment, en participant à des groupes de discussion en ligne rassemblant des Canadiens français et des Franco-Américains, j'ai pris conscience du fait que se connecter avec les autres et ressentir un sentiment d'appartenance constituaient des points essentiels pour développer une identité culturelle forte, même si vous devez pour cela chercher votre communauté car vous n'y êtes pas né, ou car elle ne vous a pas automatiquement intégré. Vous pouvez trouver votre communauté et l'adopter, tout comme nos ancêtres canadiens-français ont, il y a un siècle, adopté leurs nouvelles communautés aux États-Unis. Le moment est venu, pour les Franco-Américains, de rendre visible ce qui ne l'est pas et de connecter ce qui doit l'être. Il est l'heure de revendiquer et de cultiver les traditions d'autrefois tout en inventant de nouvelles manières d'appartenir à la Franco-Amérique. Les Franco-Américains qui ont perdu le lien avec leur histoire peuvent le rétablir : en étudiant le français, en voyageant, en lisant des témoignages ou en effectuant des recherches généalogiques et en entrant en contact, dans la vie réelle ou en ligne, avec d'autres membres de la diaspora d'ascendance canadienne-française, aujourd'hui dispersés partout aux États-Unis. Ensemble, nous pouvons nous assurer que l'héritage de nos ancêtres est transmis aux générations futures.

15. Impact de la culture francophone sur ma vie et recommandations pour faire avancer notre cause aux États-Unis

Melody Desjardins

« La prochaine fois qu'on va dans l'Est, on va aller voir ma mémère ! » : voilà ce que je disais, avec excitation, à mes camarades de l'école élémentaire. Immédiatement, mon enthousiasme était accueilli par des regards perplexes. Certains enfants s'écartaient de moi, comme souvent lorsque je parlais de ma mémère. Ils n'avaient pas de mémère, eux ? Ce n'était pas le cas de tout le monde ? Ce n'est pas le seul moment où j'ai provoqué ce genre de réactions à l'école en utilisant des mots français. Un jour, un enfant m'a demandé ce qu'était un « bureau ». Je n'arrivais pas à le croire. C'est pourtant le terme que nous utilisons, aux États-Unis, pour faire référence à un meuble en bois à tiroirs dans lequel nous rangeons nos habits. Bien sûr, à six ans, je n'avais pas encore une telle répartie. J'ai donc continué à essayer de « forcer » les autres enfants à intégrer « bureau » à leur vocabulaire. J'utilisais le bon terme, mais pas eux ! Non seulement j'étais la seule élève originaire d'un État situé à l'autre bout du pays, mais j'étais également la seule à parler à tort et à travers de « mémères », de « bureaux » et de voyages dans le New Hampshire d'où vient ma famille.

Pour les habitants du sud de l'Iowa, le New Hampshire était une terre étrange et lointaine. De ma première année d'école jusqu'à l'obtention de mon diplôme, nos différences culturelles se sont opposées, mais je n'ai jamais arrêté d'utiliser des mots français. Ils étaient tout à fait normaux pour moi, donc pourquoi les changer ? C'est seulement à l'âge de 12 ans que j'ai entendu, pour la première fois, ma mère dire que nous étions des « Franco-Américains ». Je savais que nous avions des origines françaises, mais pas du tout qu'il existait un mot pour qualifier les personnes d'ascendance canadienne-française en Nouvelle-Angleterre. Bien que très peu connectée à mon héritage (je ne parlais pas français et ne connaissais pas l'histoire des Québécois ayant migré dans le New Hampshire pour travailler dans les usines de textile), j'étais déterminée à trouver des réponses.

J'ai créé mon blog, *Moderne Francos*, pour défendre la cause des Franco-Américains aux États-Unis. En m'inspirant du passé, je rédige des articles afin de promouvoir la création de nouvelles traditions et, ainsi, d'accroître l'intérêt pour la culture franco-américaine. De façon créative et légère, je mets en valeur notre histoire, au fil des générations, pour mettre en relation nos expériences personnelles. Même si j'utilisais des mots « bizarres », je n'ai jamais été moquée directement pour mon héritage culturel, car personne autour de moi n'avait jamais entendu parler des Franco-Américains. Ma famille n'a jamais cherché à cacher ses origines non plus, même à l'époque de ma mémère et de mon pépère. Il était important pour eux d'être Américains, mais il était hors de question de renier d'où ils venaient.

Afin d'honorer ma mémère, j'ai intégré son nom de jeune fille, Desjardins, à mon nom de plume. Mon pépère est né Jean-Joseph, mais a choisi de se faire appeler John lorsqu'il a rejoint l'US Air Force. Bien qu'il soit décédé peu de temps après ma naissance, je m'inspire de son dévouement à notre communauté. Le fait d'être franco-américaine m'a permis de me démarquer et de prendre conscience de mon héritage unique. Je travaille à sensibiliser les gens sur la Franco-Amérique, ainsi que sur le Québec. Comme je suis à la fin de ma vingtaine, les personnes plus âgées que moi me demandent souvent comment nous pourrions encourager les jeunes franco-américains à s'investir dans la communauté. Comment pourrions-nous les inciter à créer du contenu, ou à raconter leur histoire ? Par chance, nous avons tous accès aux réseaux sociaux aujourd'hui. Nous avons la possibilité, à partir de notre smartphone, de créer une vidéo pouvant être instantanément partagée. Malheureusement, les jeunes franco-américains ne semblent pas intéressés par leurs origines (si tant est qu'ils soient conscients qu'elles existent). Comme je n'ai pas grandi en Nouvelle-Angleterre, où la présence franco-américaine est reconnue au moins dans une certaine mesure, ma connaissance de notre culture ne tenait qu'à un fil. Je me suis toujours demandé si mon identité de Franco-Américaine aurait été plus forte si j'avais grandi dans le New Hampshire. Peut-être, mais depuis que j'ai déménagé dans cet

État, je n'en remarque pas moins que de nombreux jeunes appartiennent aux catégories suivantes :

- Ils sont conscients de leur héritage franco-américain, mais
- ne s'en préoccupent pas.
- Ils s'identifient à une autre communauté dont ils sont également issus, comme les Italiens ou les Irlandais.
- Ils ne sont pas conscients de leur héritage franco-américain.
- Ils sont conscients de leur héritage franco-américain, mais n'ont aucune connaissance à ce sujet ou ne savent pas à quoi cela fait référence.

Personnellement, j'ai fait partie de la première catégorie par le passé. J'étais consciente de mon héritage, mais j'ai également, en grandissant, été en contact avec une vision américaine bien précise : celle consistant à dire que si vous êtes né aux États-Unis ou avez immigré aux États-Unis, vous ne pouvez que vous identifier comme un Américain.

En premier lieu, nous devons insister sur le fait que si un immigrant, venu ici en toute bonne foi, devient américain et choisit de s'assimiler à notre culture, il doit être traité exactement de la même manière que n'importe qui d'autre, car discriminer une personne en raison de ses croyances, de son lieu de naissance ou de ses origines est considéré comme un outrage. Néanmoins, cela suppose que cet individu devienne américain à tous les niveaux, et rien qu'autre qu'un Américain [...]. Il ne peut prêter allégeance qu'à un seul pays. Tout homme disant qu'il est Américain, mais se réclamant également d'une autre communauté, n'est pas un Américain. Nous ne pouvons tolérer qu'un seul drapeau, le drapeau américain [...]. Nous ne pouvons tolérer qu'une seule langue, la langue anglaise [...], et une seule loyauté, la loyauté au peuple américain. -- Theodore Roosevelt, 26e président des États-Unis.

Je comprends ce que Theodore Roosevelt cherche à dire : selon lui, il est impossible de vivre dans un pays unifié si nous restons tous isolés les uns des autres, en nous réclamant d'une communauté précise pour définir notre nationalité. Si une personne me demande quelle est ma nationalité, je réponds « Je suis américaine ». Cependant, si elle me demande quel est mon héritage, quelle est ma culture, je lui réponds « Je suis franco-américaine ».

Cette vision hyperaméricanisée relève probablement d'une volonté de mieux rassembler les citoyens d'un pays afin qu'ils forment une seule et même nationalité. Toutefois, nous devons aussi pouvoir nous décrire comme des Franco-Américains, ou comme n'importe quel autre « Américain à trait d'union » (Italo-américain, Irlando-américain, etc.). Nous pouvons disposer de notre propre drapeau, comme le drapeau franco-américain, tout en étant conscients de notre place au sein de la nation. En raison de cette américanisation, notre communauté est devenue très discrète, certains Franco-Américains ayant fini par décider qu'ils étaient exclusivement américains. Si vous vous décrivez comme un « Américain à trait d'union », vous vous exposez à des critiques de la part de ceux qui se considèrent uniquement comme des Américains et s'alignent totalement sur les propos de Theodore Roosevelt.

À une époque, je me décrivais uniquement comme une Américaine. Ma famille avait toujours cultivé une certaine fierté pour notre héritage or, pour moi, cela semblait surtout lié au passé. Il était toujours intéressant de mentionner nos origines pendant une conversation, mais aller plus loin et approfondir le sujet ne me paraissait pas nécessaire. En plus de disposer de peu de connaissances sur nos racines, j'ai également grandi dans une région où la plupart des gens ne s'intéressaient absolument pas aux leurs. Tout le monde était strictement américain, et cette position était parfaitement acceptable s'il s'agissait d'un choix personnel. Néanmoins, si vous disiez à une personne que vous étiez, par exemple, « germano-américain », celle-ci vous « corrigeait » en vous répondant que comme vous n'étiez pas né en Allemagne, vous n'étiez absolument pas allemand. Vous pouviez mentionner l'histoire de votre famille uniquement si vous parliez de l'origine géographique de vos ancêtres.

J'ai entendu parler du terme « Franco-Américain » pour la première fois lorsque j'ai dû travailler sur un projet généalogique en classe de 5e. Découvrir que ma famille venait du Québec, et non de France, a été une surprise pour moi. De plus, le fait que la plupart des habitants du Québec parlent français ne m'a pas été enseigné jusqu'à mes cours de sciences sociales (et encore, brièvement). Pendant ces cours, les Canadiens français ayant quitté le Québec au début du 20e siècle dans l'espoir d'une vie meilleure aux États-Unis, et au nombre d'un million, n'ont jamais été évoqués.

J'ai essayé de faire des recherches en ligne sur les Franco-Américains, mais les informations disponibles étaient très limitées. La plupart du temps, je lisais les mêmes choses et tombais uniquement sur quelques paragraphes traitant de l'histoire et de la culture. Comme nous étions à peine cités sur tous les supports que j'ai consultés, j'en suis venue à penser que nous n'étions pas importants, ou que nous n'avions apporté aucune contribution aux États-Unis. En raison de ce manque d'informations, et car aucun réel sentiment d'appartenance à cette communauté n'était cultivé, il était bien plus simple pour moi de me décrire comme exclusivement américaine. J'étais la seule de ma classe à utiliser des franco-américanismes quand je parlais, et l'on me « corrigeait » constamment en me suggérant le « bon » terme anglais. J'ai toutefois continué à utiliser ces mots, car il me semblait qu'ils étaient les dernières traces de mon héritage.

Au fil des années, quand l'envie m'en prenait, je poursuivais mes recherches, mais je ne trouvais rien d'autre que des blogs abandonnés qui répétaient les mêmes informations. « Nous n'avons pas de culture » : c'est ce que je me disais chaque fois que je renonçais. Aujourd'hui, je fais pourtant partie d'une communauté franco-américaine active. Qu'est-ce qui a donc changé en quelques années seulement ? De nouveaux moyens de communication ont fait leur apparition. L'année 2019 a été un tournant et j'ai, enfin, pu entrer en contact avec ceux que je recherchais. Par le biais d'une seule interaction, j'ai intégré un groupe de personnes qui travaillaient elles aussi à promouvoir la langue et la culture des Franco-Américains. Je n'aurais jamais pensé qu'autant d'individus attachaient la même importance que moi à notre histoire et à notre place aux États-Unis, et en particulier en Nouvelle-Angleterre. Si je n'avais pas pu exploiter ces nouveaux moyens de communication, je n'aurais jamais pu rencontrer la communauté dont j'avais si désespérément été en quête par le passé. Grâce aux smartphones, aux appareils photo, aux blogs et même aux réseaux sociaux, nous pouvons non seulement parler de nous, mais également partager notre expérience avec tous ceux qui sont intéressés par le sujet. Évidemment, publier du contenu implique bien plus que de simplement le mettre en ligne. Avoir des connaissances en marketing, même basiques, peut nous permettre de valoriser encore plus notre travail hors des frontières de notre communauté. Si j'ai trouvé cette dernière, c'est parce que je l'ai activement recherchée, or comment pouvons-nous nous faire remarquer auprès de ceux qui ne suivent pas forcément cette démarche ? Par exemple, les membres des générations Y et Z, ou les personnes qui n'ont jamais entendu parler des Franco-Américains ?

Pour commencer, nous pouvons nous interroger sur ce que ces populations apprécient en général. Il peut s'agir de l'art, de la musique, de la littérature, de l'histoire, de la mode, de la beauté et de n'importe quel autre domaine. Une fois qu'une idée a été identifiée, elle peut ensuite être mise à la « sauce franco-américaine ». Sur le blog *Moderne Francos*, j'ai, par exemple, publié des articles sur des artistes franco-américains racontant leur histoire en chanson, ou sur les habits traditionnels de notre communauté. Ce qui nous manque depuis tant d'années, c'est la célébration de notre patrimoine artistique et de notre créativité.

Les recherches conduites par les universitaires jouent également un rôle crucial, mais il est important que cela s'équilibre avec des travaux plus artistiques. Tout le monde ne réfléchit pas comme un chercheur, moi y compris. Comme je viens d'une famille constituée à la fois d'universitaires et de personnes créatives, je sais à quel point il est important que des gens de tous horizons contribuent à préserver un héritage historique ou culturel. Si un groupe l'emporte sur l'autre, votre message ne parlera qu'à une seule catégorie de personnes : soit des spécialistes qui publient des articles de recherche, soit des professionnels de la littérature, des arts visuels ou de la musique.

Incorporer les arts est bénéfique à chaque culture, car leur portée peut dépasser les frontières d'une communauté. Les récits écrits, la musique, la mode et bien d'autres choses peuvent être facilement appréciés par tout un chacun. Les travaux universitaires, en revanche, peuvent se révéler intimidants pour ceux qui ne sont pas familiers de notre communauté. La création, par contre, peut les séduire, et c'est ce que je préconise pour attirer les jeunes générations de Franco-Américains et briller hors de notre « bulle ».

Cela dit, si nous ne mettons pas en place notre propre espace artistique, personne ne le fera pour nous. L'écriture constitue une excellente alternative. Il est possible de toucher de nombreux individus avec des articles de blog, des récits fictionnels ou non, de la poésie, des paroles de chanson, des scénarios et même des actualités présentées de façon ludique. Sur un blog, nous pouvons partager nos expériences personnelles, faire la promotion des événements organisés dans notre communauté ou relater des épisodes de notre histoire, entre autres. Si vous aimez raconter des histoires ou effectuer des recherches poussées, ce support numérique pourra même vous aider à vous exprimer et à vous découvrir.

Quand j'ai créé le blog *Moderne Francos*, je ne pensais pas qu'il intéresserait beaucoup de monde. Je l'ai ouvert pour rassembler mes idées et les partager avec toute personne susceptible de s'intéresser à une voix plus jeune. À ce moment-là, j'en savais encore très peu sur la vie des Franco-Américains, et j'en apprends toujours aujourd'hui, mais *Moderne Francos* m'a grandement aidée à me connaître moi-même. Rappelez-vous cette chose : vous n'avez pas besoin d'être expert dans un sujet pour communiquer vos impressions et contribuer à la communauté.

Vous pouvez choisir de dédier votre blog à n'importe quel domaine, puis d'y donner une touche franco-américaine, québécoise, canadienne-française ou acadienne. Les possibilités sont illimitées, mais les sujets les plus prisés sont la gastronomie, la mode, les voyages, les langues, la culture, la politique, la musique, le style de vie, les travaux manuels, le sport, la finance, la parentalité, le commerce, le divertissement et même les questions personnelles. Réfléchissez à la manière de publier du contenu sur l'un de ces sujets tout en vous connectant à notre communauté.

Le processus est similaire si vous choisissez de rédiger des récits fictionnels ou non : vous sélectionnez un thème, puis vous l'adaptez à la Franco-Amérique. Le manque de récits portant sur les Québécois, les Canadiens français, les Acadiens et les Franco-Américains est criant, et nous devons y remédier. Vous pouvez créer des personnages et leur faire vivre une pléthore de scénarios, et ce dans de nombreux genres (fantastique, fiction historique, science-fiction, aventure, amour, dystopie, suspense, policier, contenu pour jeune adulte, etc.). Certes, il existe des fictions portant sur le Canada et les États-Unis, mais combien parlent du Québec ou des Franco-Américains ? Il s'agit littéralement d'une niche qui gagnerait grandement à être exploitée par des écrivains.

Pour ce qui est du non fictionnel, de nouvelles biographies de Franco-Américains et de nouveaux ouvrages historiques sont évidemment les bienvenus, mais il est également possible de produire du contenu plus «léger», comme des guides de voyage ou des livres de cuisine ou de travaux manuels. Grâce à de tels supports, nous pouvons apprendre des choses aux gens sans même qu'ils s'en aperçoivent. En parlant des meilleures attractions touristiques du Québec ou de Nouvelle-Angleterre, nous sommes susceptibles d'intéresser davantage de personnes qu'en partageant uniquement des articles académiques. Apprendre aux autres à cuisiner des plats typiques de notre culture aura un impact identique, tout comme présenter des objets que nous avons créés nous-mêmes à l'occasion d'une fête ou d'un jour férié au Québec et en Nouvelle-Angleterre, comme la Saint-Jean-Baptiste. Laissez libre cours à vos idées. L'évocation de voyages, de la cuisine ou de l'artisanat est synonyme d'une meilleure connexion avec le public, comparativement aux recherches universitaires ou généalogiques.

Écrire de façon créative, en jouant avec les mots, permet de produire des chansons ou des poèmes potentiellement percutants sur l'histoire des Franco-Américains. Que ce contenu soit ludique, humoristique ou sérieux, il vous offre la possibilité d'explorer de nouvelles perspectives ou de raconter une histoire d'une nouvelle façon. Le poème *Évangéline*, écrit en 1847 par Henry Wadsworth Longfellow et relatant l'histoire de deux amants acadiens forcés de se séparer à l'époque du Grand Dérangement, constitue un excellent exemple. Évangéline et Gabriel n'ont jamais existé mais, via leur évocation, cet épisode tragique de l'histoire des Canadiens français est dépeint. Pour les Acadiens, il s'agit d'une reconnaissance de ce drame, ainsi que d'un récit auquel ils peuvent s'identifier en raison de leur héritage familial. Captivés, nous découvrons les malheurs subis non seulement par ce couple, mais également par toutes les personnes qui ont vécu cette époque.

La pièce de théâtre *Je ne suis pas Évangéline* de Carolyn Cook fait écho au poème d'origine en racontant l'histoire d'une jeune femme quittant le Maine. Alors que cette dernière prépare les bagages de toute une vie, elle pense aux femmes acadiennes et franco-américaines qui sont devenues une source de force, d'admiration et d'inspiration pour elle. Raconter à nouveau l'Histoire par le truchement d'un personnage constitue une solution idéale pour tisser des liens avec l'histoire franco-américaine. Cela contribue également à valoriser notre langue et notre culture en Nouvelle-Angleterre, ainsi qu'aux États-Unis. Nous sommes toujours là, alors pourquoi ne pas le montrer à l'aide de supports qui intéresseront davantage les gens que des travaux purement académiques et généalogiques ?

Il est tout aussi important de disposer d'un outil facilitant la diffusion de nos productions. Dès les débuts du blog *Moderne Francos*, j'ai essayé d'identifier des groupes, sur les réseaux sociaux, consacrés à la culture canadienne-française et franco-américaine afin de pouvoir partager mes articles avec un public plus large. Néanmoins, nombre de ces groupes se focalisaient strictement sur la généalogie et ne permettaient aucune forme d'autopromotion, ou de partage de contenu ayant trait à notre culture ou à notre histoire. Je respecte leurs décisions, car chaque groupe a le droit de définir ses propres règles. Cela dit, cette résistance fait partie des éléments ayant contribué à « l'effacement » progressif de notre communauté. Par ailleurs, la création d'une sorte de « source d'actualités » dédiée aux Franco-Américains, notamment sous la forme d'un blog spécialisé, d'un podcast ou de vidéos en ligne, est pertinente. Cette solution n'est pas aussi artistique que les autres, mais elle n'en reste pas moins un outil de promotion.

En 2021, l'équipe du « French-Canadian Legacy Podcast and Blog » a, en collaboration avec le Museum of Work and Culture de Woonsocket et la Délégation du Québec à Boston, créé la « Franco-Route de la Nouvelle-Angleterre ». Cette dernière permet de parcourir plusieurs villes au fort héritage franco-américain en Nouvelle-Angleterre. Par ailleurs, les médias locaux ne traitent pas toujours notre histoire de la façon la plus adaptée qui soit, les noms français étant mal prononcés ou des recherches suffisantes n'étant pas effectuées. Par exemple, ils ont déjà fait référence à la ville de Manchester, dans le New Hampshire, comme étant « La ville la plus irlandaise en Amérique » alors que les présences franco-canadienne et franco-américaine y sont également très fortes. De ce fait, pourquoi est-ce que nous ne raconterions pas notre histoire en devenant nos propres journalistes ? Via Facebook et YouTube, vous pouvez diffuser des vidéos, en direct ou non, à destination de la communauté afin de susciter des discussions sur un sujet précis. En nous chargeant nous-mêmes de l'information, nous sommes susceptibles d'intéresser les médias locaux qui, ensuite, pourront choisir de diffuser notre contenu. On ne peut jamais savoir ce qu'il se passera si l'on n'essaie pas, alors autant se lancer. À ma grande surprise, le blog *Moderne Francos* a attiré l'attention d'organisations franco-américaines alors que je ne l'aurais jamais imaginé précédemment.

L'intérêt pour notre communauté est conséquent, mais il est difficile de s'en rendre compte tant que l'on ne sait pas où concentrer ses efforts. Plus nous nous mettrons en avant à l'aide des nouveaux moyens de communication, plus nous apparaîtrons comme un groupe culturel distinct qui intrigue les autres. Si vous êtes dans la vingtaine, c'est le meilleur moment pour sauter le pas. Néanmoins, comme le savent ceux d'entre nous qui s'investissent déjà pour la communauté franco-américaine en Nouvelle-Angleterre, cette dernière est majoritairement constituée d'individus âgés de 60 ans ou plus, or cette différence d'âge peut décourager les jeunes de participer à la promotion de notre culture.

En effet, il est difficile de s'impliquer lorsque l'on est entouré de personnes issues d'une génération complètement différente de la sienne. Cela ne veut absolument pas dire que tout se passera forcément mal, mais plutôt qu'il est moins difficile d'entrer en contact avec des individus qui font partie de la même tranche d'âge que soi. D'autre part, le français s'est perdu auprès de la plupart des jeunes. Nous avons grandi en utilisant quelques mots dans cette langue, afin de pouvoir exprimer certaines petites choses, mais cela s'arrête là. On ne nous a jamais appris à la parler complètement.

Car d'autres vivent cette situation, un fort sentiment d'appartenance peut se créer. Beaucoup d'entre nous sont déterminés à apprendre le français et à le transmettre, ainsi que divers aspects de la culture franco-américaine. Très souvent, j'entends les anciennes générations dire qu'elles ont dû lutter pour que les plus jeunes s'intéressent à leur héritage. Ce qu'il nous manque, c'est un groupe influent de quelques jeunes qui, en dépit de cette perte d'attrait pour notre histoire, choisissent d'agir et de partager leur travail. Parfois, il suffit de peu de monde pour attiser la curiosité de ceux qui partagent des expériences similaires. En nous engageons maintenant, nous pouvons inciter des personnes de notre âge à nous rejoindre. Alors que nous œuvrons pour cette renaissance, être franco-américain est particulièrement enthousiasmant de nos jours. Nous pouvons nous réapproprier notre culture en la faisant revivre au moyen de nouvelles idées et perspectives, en nous détachant de ce sentiment de désespoir avec qui elle a, pendant si longtemps, rimé. Nous avons vécu des épreuves tout au long de notre histoire aux États-Unis, notamment en Nouvelle-Angleterre, mais il n'y a aucune raison que cela nous définisse aujourd'hui. Nous pouvons accepter notre passé tout en accueillant le futur à bras ouverts. S'appesantir sur les événements d'autrefois ne permettra jamais de changer les choses, mais s'inspirer de notre communauté, qui a toujours su surmonter ces écueils, nous donnera l'espoir et l'optimisme nécessaires pour assurer la survie de notre langue et de notre culture. Je n'ai jamais été confrontée à des situations désobligeantes en raison de mes origines, mais c'est justement car je ne les ai pas vécues que j'ai développé une détermination si forte et inébranlable.

Mes camarades d'école trouvaient mon vocabulaire étrange, mais je n'ai jamais arrêté d'utiliser des mots français parce que j'ai compris que mes franco-américanismes avaient une valeur. Car la branche franco-américaine de ma famille n'a jamais eu à affronter des remarques hostiles en raison de sa langue et de sa culture à Nashua, dans le New Hampshire, elle parlait ouvertement français et avait recours à l'anglais uniquement lorsque c'était nécessaire. Ma mémère et mon pépère estimaient qu'en parlant français, ils montraient qu'ils étaient fiers de leurs origines. Si nous aidons ceux qui ont vécu des expériences moins positives à retrouver confiance dans notre héritage, nous pouvons former une nouvelle génération de Franco-Américains qui parlent français et attachent de l'importance à nos racines. Nous pouvons faire le choix de l'optimisme afin de prouver que nous sommes toujours là et, ainsi, retrouver cette voix que nous avons perdue depuis trop longtemps.

16. De la France à la Franco-Amérique : favoriser les échanges et mettre en avant la communauté francophone américaine dans les cursus de français

Katharine N. Harrington

Mon amour du français a commencé avec un manuel de 5e, dont la couverture arborait une photo du Mont-Saint-Michel. Je la fixais pendant mes cours en pensant à la vie romantique que l'on menait probablement sur les côtes françaises. Grâce à l'enthousiasme de ma professeure de français, toujours pleine de vie et divertissante, madame Levesque, j'ai adoré relever le défi d'apprendre une nouvelle langue, et ce dès ma première exposition à celle-ci. Après l'école, avec une amie, nous aimions parcourir le dernier chapitre du manuel et nous enregistrer en essayant de lire les passages les plus difficiles que nous puissions trouver, et qui contenaient des mots français que nous n'avions pas encore vus en classe. Sur ces anciennes cassettes, on nous entendait souvent rire lorsque nous tentions de prononcer ces sons qui nous paraissaient si exotiques.

En 5e, l'apprentissage du français m'a séduite par son évocation d'un autre monde situé par-delà l'Atlantique, et parsemé de villages médiévaux et de monuments majestueux. Alors que mon vocabulaire et ma connaissance de la grammaire s'étoffaient, je me prenais à rêver à la vie trépidante que je mènerai un jour en parlant couramment la langue. J'ai continué à étudier le français au lycée et dans le supérieur. Quand j'ai fait mes demandes d'inscription à l'université, j'étais pourtant convaincue de ne pas vouloir me spécialiser dans cette matière. Je me voyais faire une carrière dans le droit, c'est pourquoi j'ai choisi les sciences politiques. Néanmoins, au fond de moi, ce qui me réjouissait le plus dans ce cursus était la possibilité de partir étudier en France. J'ai dès lors choisi l'université de St. Lawrence pour son programme d'échange d'un an, réputé, dans l'Hexagone. C'est finalement entre 1991 et 1992 que j'ai réalisé mon rêve de toujours en passant une année à Rouen, où j'ai vécu chez une famille d'accueil tout en voyageant en Europe pendant les vacances universitaires. Une fois mon séjour terminé, et après avoir suivi des cours de français avancé pendant toute sa durée, j'ai pu intégrer un double cursus sciences politiques/français.

À la fin de mes études, j'ai voyagé en Amérique du Sud pendant un an pour apprendre l'espagnol. En revenant aux États-Unis, j'ai commencé à travailler dans un cabinet d'avocats multilingue pendant plusieurs années. Même si mon travail me plaisait, je suis rapidement arrivée à la conclusion qu'une carrière en droit n'était pas le bon chemin pour moi. Il y avait de nombreux avocats aux États-Unis, mais trop peu d'Américains qui parlaient une autre langue, or il devenait évident que le français avait toujours été ma passion. Il m'a fallu du temps avant de me rendre compte que l'amour que je portais à ce dernier me permettrait de vivre une carrière épanouissante, mais c'est arrivé.

À la suite de cette révélation, j'ai entrepris un long parcours. J'ai étudié pour obtenir un master en études francophones, puis un doctorat qui m'a conduite à vivre deux ans en France, où j'ai enseigné l'anglais dans une université lyonnaise tout en poursuivant mes recherches universitaires. Quand je repense à mes diplômes, je remarque qu'ils se concentraient quasi exclusivement sur les classiques de la littérature française, du *Serment de Strasbourg* aux auteurs français du 21e siècle. J'ai suivi des cours sur l'histoire de la langue française, ainsi que d'autres, thématiques, consacrés à des sujets tels que la vie intérieure ou la figure de l'étranger, ou encore au monde francophone. Curieusement, aucun de ces cours ne portait sur le Québec, ou sur des œuvres ou écrivains issus de l'Amérique du Nord francophone. Le Québec et le français nord-américain étaient tout bonnement absents du programme. Cependant, en raison de la charge de travail induite par mes études, il est possible que cela ne m'ait pas frappée sur le moment.

Pendant toute ma scolarité au collège et au lycée, je n'avais qu'une très faible connaissance de la situation du français sur mon propre continent. Originaire de Beverly, dans le Massachusetts, j'ai grandi non loin d'une ancienne usine produisant des machines à fabriquer les chaussures et qui, à son apogée, employait 9 000 ouvriers, dont de nombreux Canadiens français. Parmi mes camarades, certains avaient des noms de famille français, comme Gagnon, Beaulieu et Tremblay, et notre ville disposait de son propre club franco-américain.

Cependant, malgré cela, le français parlé dans ma région n'a absolument pas été abordé pendant mon cursus scolaire.

Mon université était située près de la frontière canadienne, dans le nord de l'État de New York. Pendant toute la durée que j'y ai passée, j'ai participé à plusieurs excursions d'une journée à Ottawa et Montréal hors du temps de cours, mais l'étude du Québec, de sa littérature, de ses politiques linguistiques et de ses mouvements séparatistes n'était pas du tout intégrée à mon cursus universitaire de français. Les étudiants de mon programme passaient une année en France, mais ils n'avaient peut-être jamais franchi la frontière canadienne.

Dans le cadre de son étude portant sur les manuels de français de première année utilisés aux États-Unis, Carol A. Chapelle s'intéresse aux références au Canada et au Québec et à leur évolution au cours de cinq décennies, des années 1960 à 2010. Son analyse se concentre sur la fréquence à laquelle les manuels les plus populaires mentionnent le Canada français, aussi bien sous la forme d'exercices d'apprentissage que d'explications culturelles plus précises. Carol A. Chapelle évoque les conséquences d'une fréquence limitée, voire nulle. Selon elle, cette dissimulation peut « implicitement communiquer aux étudiants l'idée que le Canada présente un intérêt limité lors de leur étude du français ». Alors qu'une étude précédente de Jean-Marie Salien expliquait la rareté du contenu ayant trait au Canada par le manque de connaissance des auteurs des manuels à ce sujet, ou par un intérêt plus grand des étudiants pour la France, Carol A. Chapelle fournit une explication plus politique. D'après elle, les changements vécus par la société québécoise au fil des années, ainsi que l'augmentation du nombre d'initiatives prises par le gouvernement du Québec pour faire la promotion de la langue française en Amérique du Nord, devraient entraîner une plus forte présence du contenu axé sur le Canada. Ses recherches montrent que cette affirmation se vérifie dans une certaine mesure, bien que la couverture des sujets concernant le Québec et le français canadien, en particulier à la fin du 20e siècle, ait été dramatiquement restreinte. Dans les années 1980 et 1990, lorsque j'étudiais le français, le nombre moyen de références à la langue, à l'identité et à la culture du Québec était seulement de deux environ par manuel.

Il est également intéressant de se pencher sur le contenu des cours proposés, par les universités, aux étudiants ayant fait le choix du français. Un rapide coup d'œil à quelques dizaines de programmes nous révèle que des cours spécialisés axés sur le Québec, ou sur le français nord-américain, sont rarement proposés. Même en Nouvelle-Angleterre, où notre voisin du nord, le Québec, est notre premier partenaire commercial et où l'héritage canadien-français est très fort, les programmes d'enseignement du français continuent de se focaliser sur la France. D'ailleurs, dans de nombreux établissements, tout cours consacré à d'autres pays francophones que la France sera bien souvent dédié à l'Afrique ou aux Caraïbes, plutôt qu'à la nation qui se trouve juste à notre porte.

La découverte du français parlé dans le Maine

Quand j'ai obtenu mon doctorat, j'avais déjà vécu trois ans en France et étudié le français du collège à la fin de l'université. Néanmoins, je n'étais absolument pas préparée à ma première expérience professionnelle. Fraîchement diplômée, j'ai accepté mon premier poste d'enseignante à l'université du Maine à Fort Kent (UMFK). Comme de nombreux habitants de Nouvelle-Angleterre, je ne connaissais que la côte du Maine et je n'avais jamais mis un pied dans le comté d'Aroostook. J'avais pu voir, sur une carte, que Fort Kent se situait tout au nord de l'État, le long de la frontière canadienne. En outre, la description du poste indiquait que la ville se trouvait au cœur d'une région bilingue et biculturelle que l'on appelle parfois « l'autre Maine », et pas pour rien. En effet, sa culture est distincte, et très peu connue des habitants du sud de l'État et d'ailleurs. Le paysage vallonné et les petites villes de la St. John Valley, au charme tout particulier, restent encore préservés du tourisme de masse de la côte.

C'est là-bas, dans le nord du Maine, que j'ai découvert pour la première fois le monde des Franco-Américains. J'avais étudié tout ce que je pouvais pendant mon cursus universitaire, mais j'ai été gênée, à mon arrivée, de ne pas savoir que des francophones vivaient dans ma région de naissance, la Nouvelle-Angleterre. En 1825, à l'époque du Grand Dérangement, des Acadiens se sont réfugiés dans la ville de Fort Kent pour échapper à la déportation. La MLA Language Map basée sur les données recueillies à l'occasion du recensement de 2010 indique que deux fois plus d'habitants de Fort Kent parlent français à la maison (63,24 % contre 36,76 % pour l'anglais). La quasi-totalité de mes collègues et voisins se revendiquait, avec fierté, d'ascendance française ou acadienne. Ils m'ont accueillie, moi, la nouvelle enseignante de français, avec enthousiasme. Quand ils se présentaient en français, ils s'excusaient souvent de parler le « français de la vallée », et non le « français parisien ». Le fait qu'ils se sentent inférieurs linguistiquement parlant m'a semblé quelque peu ironique dans la mesure où c'était plutôt moi, l'étrangère. Au cours de ses premiers jours et de ses premières semaines, j'ai fortement douté de mes capacités, car j'ai eu des difficultés à comprendre le français parlé à Fort Kent. Bien que je ne me sois jamais considérée comme une locutrice du « français parisien », je me sentais particulièrement mal à l'aise d'arriver dans une communauté bilingue, avec mon nouveau doctorat de français en poche, mais sans être capable de saisir ce que les habitants me disaient.

Avec le temps, toutefois, j'ai pris conscience que comprendre le « français de la vallée » nécessitait simplement de s'y exposer. Je me suis rapidement familiarisée avec un accent qui m'était inconnu et j'ai appris de nombreuses expressions locales. Même si je n'ai jamais pris « l'accent de la vallée », j'ai appris à adapter mon registre de langage en fonction de l'interlocuteur. L'un des cours dont j'ai été chargée au cours de mon premier semestre à l'UMFK était destiné aux locuteurs du français en tant que langue d'héritage. Le concept de langue d'héritage était totalement nouveau pour moi et je n'étais pas sûre de l'approche à adopter. Heureusement, j'ai pu être accompagnée par de merveilleux collègues, parmi lesquels un professeur à temps partiel qui avait précédemment occupé le poste d'administrateur dans le cadre d'un programme d'immersion francophone local, ainsi que le directeur des Archives acadiennes de l'UMFK. Tous deux m'ont fourni l'inspiration, les ressources et les idées nécessaires pour aborder cet angle d'enseignement inédit. J'ai fini par donner ce cours plusieurs fois, et j'ai trouvé cette expérience extrêmement enrichissante. Mes étudiants entretenaient un lien très personnel avec le français et étaient ravis de pouvoir élargir leurs connaissances de la langue qu'ils avaient apprise en grandissant.

C'est également par le biais de mes collègues que j'ai pu, dans tout l'État du Maine, entrer en contact avec des groupes francophones et franco-américains et découvrir les événements qu'ils organisaient. J'ai participé à des conférences, je me suis investie auprès du Club français de Madawaska, j'ai fait partie de plusieurs comités axés sur l'apprentissage du français dans les universités publiques de l'État du Maine et j'ai organisé plusieurs manifestations culturelles sur mon campus. Ces manifestations incluaient, entre autres, un festival de cinéma francophone annuel, une dégustation de vin très populaire et des groupes de conversation hebdomadaires. Chaque fois que j'organisais un événement en l'honneur du français, le fait que des dizaines de personnes de la communauté francophone se déplacent était extrêmement encourageant. Certes, j'étais chargée d'un certain nombre de cours, dont un sur les classiques de la littérature française, mais mon travail à l'UMFK induisait bien plus que de simplement enseigner les sujets dans lesquels je m'étais spécialisée durant mes études. En tant que professeure officiant dans un environnement bilingue et biculturel, mes contributions se sont inévitablement étendues hors du strict cadre de l'enseignement. Comme j'étais la seule enseignante à temps plein du français, j'ai estimé que mon rôle était également de coordonner des actions et de faire la promotion de la langue locale. Ce travail de sensibilisation était aussi gratifiant que celui que je menais auprès de mes jeunes étudiants. Au cours des six années que j'ai passées à Fort Kent, j'ai fait la connaissance d'une communauté extraordinaire de Franco-Américains qui, en plus d'être fiers de leur langue et de leur culture, s'engagent à accroître leur visibilité en défendant et en célébrant leur héritage.

À la recherche du français dans le New Hampshire

Ma vie dans le nord du Maine a, pour toujours, transformé ma manière d'enseigner le français. En résidant dans une communauté bilingue située près de la frontière canadienne, il était tout bonnement impossible d'ignorer le contexte linguistique et le contexte culturel dans lesquels j'évoluais. Mettre en relation l'apprentissage de la langue française avec la communauté francophone de la région a donné lieu à des expériences exceptionnelles et pleines de sens pour les étudiants. Même s'il me semble toujours important d'enseigner les classiques de la littérature française, je me concentre maintenant davantage sur le riche héritage culturel de mon propre continent.

Lorsque j'ai déménagé dans le New Hampshire en 2010, en raison de la proximité de cet État avec le Québec et de son fort héritage canadien-français, je m'attendais à un sentiment de fierté franco-américain similaire à celui que j'avais découvert dans le Maine. Étonnamment, le français était beaucoup moins visible là-bas. Il existe, mais vous devez vous démener un peu plus pour le trouver. Selon le recensement de 2000, 25 % de la population se déclare d'ascendance française ou canadienne-française dans l'État du New Hampshire. Aujourd'hui et à raison de près de 27 000 locuteurs, le français occupe, après l'anglais, la deuxième place ex æquo avec l'espagnol. Historiquement, plusieurs villes du « Granite State » (littéralement, « L'État du granit », le surnom du New Hampshire) ont accueilli une forte communauté d'immigrants canadiens-français, comme Nashua, Suncook, Somersworth, Laconia, Claremont, Berlin et Colebrook. Certaines de ces villes comportent des quartiers dont le nom rappelle encore leurs anciens habitants francophones, comme French Hill (littéralement, « Colline des Français ») à Nashua et Laconia, et Little Canada (« Petit Canada ») sur la rive ouest de Manchester. Bien que la situation ait grandement évolué au cours des dernières générations, l'héritage français du New Hampshire se ressent toujours si vous savez où regarder.

Le New Hampshire partage également une frontière avec le Québec, et le commerce avec le Canada est crucial à l'État. Selon le gouvernement du Canada, le Canada constitue le plus important marché d'exportation des États-Unis. Le New Hampshire, à lui seul, vend 1,1 milliard de dollars de biens et services au Canada (Affaires mondiales Canada). Par ailleurs, mon université est située à seulement 160 km de la frontière, au pied des montagnes Blanches. Notre région pittoresque attire fortement les touristes canadiens-français, qui viennent gravir nos nombreux sommets. En 2017, 500 000 Canadiens ont dépensé 92 millions de dollars dans le New Hampshire (ibid). Même si leur présence est essentielle à notre économie locale, je n'ai pas remarqué, en arrivant ici, d'entreprises ou d'organismes mettant ce lien en avant.

Comme je suis la seule professeure de français à plein temps de l'unique université du nord de l'État, je considère que mon rôle est d'exposer mes étudiants à l'histoire et à la culture du Québec et du Canada. Mes cours constituent probablement le seul endroit où ils apprennent des choses sur les francophones qui parcourent nos centres-villes, nos magasins et nos sentiers de randonnée, ou pourquoi tant d'étudiants ont un nom de famille français. Pour ces raisons, j'assure régulièrement des cours avancés portant sur la culture et la littérature du Québec, ainsi que sur la diversité des communautés francophones aux États-Unis. Cependant, je souhaite aussi que mes étudiants se familiarisent avec la culture franco-américaine dès le début. En effet, la plupart de ceux qui assistent à mes cours pour débutants se contentent généralement de deux semestres, car il s'agit d'un prérequis pour valider leur année. Je me pose les questions suivantes : qu'est-ce que je souhaite leur faire découvrir ? Qu'auront-ils retenu de leurs cours de français dans 10 ou 20 ans ? Découvrir la culture des bistrots parisiens ou l'histoire des châteaux français est très intéressant, mais ce n'est pas nécessairement pertinent dans la vie de mes étudiants. En raison de notre contexte géographique et culturel, j'ai d'ailleurs remarqué qu'il existait, chez eux, une curiosité pour le Québec et les francophones qui sont les plus proches de nous.

Pendant mes cours, je mets le français nord-américain en avant autant que possible. Quand j'entends des Américains parlant français me dire qu'ils n'ont absolument rien compris au français québécois lors d'un séjour à Montréal, je ne peux m'empêcher de grimacer. D'après moi, si c'est vraiment le cas, c'est la faute des professeurs de français. Les étudiants doivent être exposés aux différents accents et aux différentes variantes du français et, plus important encore, à la variante qu'ils sont le plus susceptibles d'entendre parler autour d'eux. Ici, dans le New Hampshire, nombre de mes étudiants peuvent échanger avec les touristes canadiens-français qu'ils rencontrent dans le cadre de leur emploi à temps partiel dans le secteur des services et de l'hôtellerie. Étudier en Europe n'est pas possible financièrement parlant pour beaucoup des inscrits de mon université publique. Néanmoins, ces derniers peuvent vivre une expérience internationale en se rendant simplement de l'autre côté de la frontière, ce qui peut être tout aussi enrichissant.

Au fil des années, j'ai aussi cherché à mettre en place des projets offrant à mes étudiants la possibilité de pratiquer le français en conditions réelles, hors du campus. Dans notre région, les opportunités liées à cette langue sont illimitées au sein des entreprises, et notamment celles spécialisées dans le tourisme, qui accueillent régulièrement des Canadiens français. Mes étudiants, issus de classes différentes, ont traduit des menus, des brochures, des sites web et des plaquettes, et interviewé des touristes québécois. Cette utilisation pratique du français constitue un défi pour les étudiants du premier cycle, mais le fait de voir le résultat de leur travail diffusé sur les supports qu'ils créent est une fierté pour eux.

Tout cela m'a conduite à participer à une initiative encore plus conséquente, après avoir rencontré, à divers endroits de l'État, plusieurs individus partageant mes idées et accordant eux aussi une importance aux liens qui existent entre le New Hampshire et le Québec. Avec un groupe de partenaires, j'ai cofondé le projet « Bienvenue au New Hampshire ». Celui-ci vise à encourager, via des ateliers et le partage d'informations, les entreprises et la population à mieux accueillir les touristes francophones. J'ai ainsi organisé plusieurs ateliers pour l'Appalachian Mountain Club, la forêt nationale de White Mountain et des chambres de commerce basées dans la partie nord de l'État. Nous parlons de l'importance des touristes canadiens-français pour la région, en particulier d'un point de vue économique, et effectuons des comparaisons avec les États voisins afin de montrer au public que des améliorations sont à faire dans le New Hampshire. Des supports sont fournis aux participants et les ateliers se terminent par un bref cours de conversation adapté à des secteurs spécifiques. L'objectif est simplement d'inciter les gens à se lancer et à prononcer quelques phrases en français lorsqu'ils rencontrent un touriste québécois. Cette idée n'est pas nécessairement révolutionnaire, mais nous avons remarqué qu'une simple salutation en français facilitait grandement l'établissement de liens avec nos voisins du nord. Certains Américains ont toutefois besoin d'être accompagnés pour oser sortir de leur zone de confort.

Toutefois, même si des locuteurs du français sont recherchés dans notre région, l'enseignement de cette langue est préoccupant dans le New Hampshire. Depuis que je suis présidente de la division du New Hampshire de l'American Association of Teachers of French

(AATF, ou « Association américaine des enseignants du français »), de nombreux programmes de français ont été allégés, voire supprimés. Des postes d'enseignant se libèrent régulièrement, mais beaucoup ne sont pas pourvus. Le manque de candidats est flagrant et il s'agit très souvent de contrats de travail à temps partiel, ce qui séduit moins. Si un poste n'est pas pourvu, certaines écoles vont jusqu'à fermer les classes de français et à proposer uniquement l'espagnol. Dans un État à l'héritage francophone si fort et frontalier avec le Québec, il semble inimaginable d'empêcher les élèves d'apprendre le français, or c'est ce qu'il se produit.

Attirer des étudiants dans le département de français de notre petite université régionale, et assurer la coordination de ce dernier, est tout aussi complexe. Un grand nombre de nos étudiants sont les premiers de leur famille à aller à l'université. Par conséquent, ils cherchent, tout comme leurs parents, à obtenir le meilleur retour sur investissement possible. Hélas, les diplômes en langues et en lettres sont de plus en plus perçus comme peu utiles. Le nombre de licences obtenues en lettres a été en baisse constante au cours de la dernière décennie. Les étudiants qui choisissent de se spécialiser dans une langue comme le français se rendent souvent dans des universités d'arts libéraux, mais pas dans de petites institutions publiques. Récemment, plusieurs cursus de français ont été fermés dans l'État, ce qui ne fera qu'aggraver la pénurie d'enseignants dans le secondaire. J'en viens à redouter que le français ne devienne une langue élitiste, que seuls des élèves issus de certaines écoles pourront étudier.

Selon moi, le futur du français dans le New Hampshire dépend de plusieurs facteurs. Ceux-ci incluent la venue de nouveaux francophones dans notre État, ainsi que la création de relations fortes avec nos voisins canadiens-français pour mettre en évidence l'importance de la langue française. De plus en plus d'immigrants francophones arrivent dans le New Hampshire. D'après des données relevées dans le cadre du New Hampshire Refugee Resettlement Program (ou « Programme de relocalisation des réfugiés du New Hampshire »), 1 373 réfugiés africains ont été, entre 2011 et 2019, relocalisés dans plusieurs localités de l'État. La plupart de ces réfugiés proviennent de la République démocratique du Congo, du Burundi et du Rwanda, des pays qui comptent tous le français parmi leurs langues officielles. La population haïtienne est également très représentée, à tel point qu'il existe une église baptiste haïtienne, où les offices sont menés en français, dans la plus grande ville de l'État. Cependant, il est nécessaire d'aller plus loin pour répondre aux besoins de ces francophones. Afin que ces derniers puissent continuer à pratiquer leur langue et la transmettre à leurs enfants, il est essentiel que des cursus en français soient proposés à ces familles. Le programme « French Heritage Language » dans les États de New York, de Floride et du Maine, entre autres, est une excellente initiative qui fait la promotion du français en tant que langue internationale et compétence essentielle à cultiver. Grâce à lui, des élèves peuvent désormais obtenir le Sceau de compétences bilingues, une certification qui reconnaît leurs aptitudes linguistiques en deux langues ou plus à la fin du lycée. J'espère que cela encouragera les établissements scolaires à ne pas interrompre leur enseignement des langues et à tirer parti des caractéristiques linguistiques et culturelles de chaque élève.

Les États du nord de la Nouvelle-Angleterre ont la chance unique de partager une frontière avec une province canadienne francophone. En raison de notre histoire commune avec le Québec, il est normal que nous cherchions à établir des liens forts avec lui. Néanmoins, du point de vue de l'enseignement, de nombreux progrès sont encore à faire. Certes, l'espagnol est une langue cruciale aux États-Unis mais, ici, dans le nord-est du pays, le français l'est tout autant, si ce n'est plus. Je rêve que l'État du New Hampshire prenne la pleine mesure de sa situation géographique et de son héritage et que tout le monde, ici, puisse apprendre le français. Nous pouvons organiser des échanges scolaires dès l'école élémentaire, afin que les élèves développent une connaissance profonde de cet autre pays, le Canada, qui est si proche. S'ils avaient la possibilité, ainsi que leur famille, de se rassembler et de développer des amitiés durables avec des Canadiens français, ils pourraient, dès leur plus jeune âge, faire la connaissance d'une autre langue et d'une autre culture. En mettant en place des programmes de qualité, nous pouvons permettre au nord de la Nouvelle-Angleterre de devenir aussi dynamique que n'importe quelle autre région bilingue, biculturelle et frontalière dans le monde. S'engager pour que le français soit accessible à tous dans notre région, cela signifie offrir à nos enfants des opportunités et des compétences uniques, tout en rendant hommage à nos racines et en nous ouvrant à nos voisins.

17. La réapparition d'une langue, ou comment une communauté redonne vie au français et encourage de nombreuses autres à faire de même

Ben Levine et Julia Schulz

Depuis sa première diffusion en 2002, le film documentaire *Réveil – Waking Up French* a résonné auprès de milliers de personnes. Visionné dans les maisons, les salles de classe, les églises, en Nouvelle-Angleterre, en Louisiane et même à la Sorbonne, il a redonné un souffle aux Franco-Américains, désireux de partager leurs histoires personnelles et, par là même, de se reconnecter avec leur identité, leur langue et leur culture. Le film a été réalisé par et pour tous les membres de la communauté franco-américaine qui se sont investis, pendant deux ans, dans un projet de revitalisation mené en collaboration avec le Railroad Square Cinema de Waterville, dans le Maine, et baptisé le « Franco-American Film Festival ». *Réveil – Waking Up French* explique comment la présentation de films québécois en français canadien, couplée à la participation des spectateurs via le recueil de leurs impressions (une méthode qui, à l'époque, n'avait plus été utilisée depuis 45 ans), a permis à une communauté de redonner vie à son héritage francophone et de devenir un modèle pour beaucoup d'autres.

Les scènes tournées au Railroad Square Cinema sont au cœur du documentaire. En effet, les films québécois projetés ont permis au public d'entrer en contact avec une langue et un héritage qui avaient, en raison de pressions extérieures, largement disparu de leur existence. En réentendant le français et en voyant la vie de leurs ancêtres, les jeunes et les moins jeunes ont éprouvé le profond désir de se reconnecter avec leurs racines. Le processus de « video feedback » auquel nous avons fait appel nous a permis d'enregistrer les discussions et de les éditer avant de les remontrer, fréquemment, aux spectateurs afin de mettre en valeur des éléments de leur culture et d'encourager l'expression de leurs plus forts sentiments à ce sujet. Initialement développée par Ben et le People's Video Theater à New York dans les années 1970, cette méthode n'avait pas été utilisée depuis.

Des thèmes comme l'émigration, la discrimination des Canadiens français, la perte de la langue et de la culture, le rôle de l'Église catholique et le sentiment de doute et de honte ressentis par certains, ont incité Ben, réalisateur, à créer un documentaire qui donnerait la parole aux Franco-Américains de Nouvelle-Angleterre ayant directement vécu ces situations et pouvant partager leur ressenti. Ce qui en a résulté, c'est la nouvelle narration de l'histoire émotionnelle d'un peuple et la prise de conscience, par toute une communauté, de l'existence d'autres individus au parcours similaire et qui se devaient désormais de prendre des décisions pour assurer l'avenir de leur groupe.

L'idée du Franco-American Film Festival a germé en juin 1999, avec l'appui de Bruce Hazard et Lissa Widoff, porte-parole des arts communautaires qui nous ont mis en relation avec le Railroad Square Cinema de Waterville. Grâce à eux, nous avons également pu bénéficier d'un financement de la Maine Community Foundation, dans le cadre de l'initiative « The Art of Building Community » (ou « L'art de développer une communauté ») parrainée par le Lila Wallace Reader's Digest Fund. Nous avons été rejoints par Bob Chenard, membre des Mid-Maine Arts Partners à Waterville, Nelson Madore, maire de Waterville et Françoise Wera, réalisatrice québécoise, aujourd'hui décédée, qui a été notre consultante en films. En outre, nous avons été parrainés par la Penobscot Bay Language School.

Sur une période de deux ans, de 1999 à 2001, nous avons diffusé des films québécois qu'il était difficile de trouver aux États-Unis, ou même au Québec. Leur visionnage a permis de stimuler les souvenirs des spectateurs et de provoquer des discussions au sujet de thèmes culturels liés à l'identité. Au fil du temps, le public a pris conscience de la menace qui pesait sur sa communauté. Comme un participant l'a souligné, « Je suis issu de la 12e génération, mes ancêtres viennent de France via le Québec, et je suis triste de me dire que la langue française va mourir avec moi ». Une technique de facilitation du dialogue, mêlant à la fois entretiens personnels et assistance psychologique, était souvent employée lorsque des sentiments ou des idées difficiles à exprimer nécessitaient davantage d'accompagnement. Une véritable atmosphère franco-américaine a été recréée en encourageant des échanges informels dans le hall d'entrée du cinéma avant chaque projection, ainsi qu'en organisant des soirées où les participants pouvaient partager un verre ou un repas, écouter de la musique ou rencontrer des invités spéciaux venus du Québec. La langue française a ainsi pu faire son retour dans la vie publique de cette ancienne ville industrielle en déclin, autrefois francophone et située dans le centre du Maine.

Lors du Franco-American Film Festival, les horaires des projections étaient quelque peu inhabituels (celles-ci avaient lieu le samedi matin à 9 h). Pour rendre au mieux l'atmosphère du festival, nous allons commencer par la description d'une scène qui saisit l'essence même de ce dernier et qui a été ensuite intégrée à *Réveil – Waking Up French* :

> Dans cette scène, la caméra effectue un plan panoramique sur un groupe de personnes se trouvant dans le hall d'entrée du cinéma, où des œuvres d'art sont également exposées. Des jeunes et des moins jeunes écoutent, avec entrain, la chanson d'un chanteur folk québécois qui parle, en français, de la liberté. Les gens rient, sourient. Ils profitent pleinement de ce qui, à l'époque, était une chose rare : un événement public dédié à la langue française. La caméra s'arrête ensuite sur une femme assise sur le côté. Songeuse et le menton posé sur la main, elle regarde le chanteur. Elle semble mélancolique, perdue. Perdue dans ses pensées, et peut-être dans sa vie.

C'est la première fois que l'on voit Sylvane Bulger Pontin, qui deviendra plus tard l'une des instigatrices d'un mouvement de revitalisation du français à Waterville. Nous ne savons pas si elle a été présente à d'autres projections du festival. Alors que le chanteur répétait le refrain « Liberté... Liberté. », cette femme de 55 ans se trouvait confrontée à la crise identitaire qui la définissait elle et sa communauté : pourront-ils, un jour, retrouver leur identité de Franco-Américains et reparler français ? Les paroles de la chanson, le groupe qui chantait avec enthousiasme, le fait d'entendre le français canadien, sa langue, parlé en public pour la première fois depuis son enfance : tout lui avait redonné envie d'être franco-américaine. Elle avait déjà essayé par le passé, mais sans succès. Cela ne l'a toutefois pas empêchée, peu après le festival, de cofonder des événements qui ont permis à de nombreuses personnes de retrouver leur langue, comme des soirées d'anthologie et un rassemblement de francophones qui existe depuis 18 ans maintenant. Pour comprendre comment Sylvane est passée d'un sentiment d'échec dû à l'impossibilité d'acquérir à nouveau la langue de son enfance à cette envie de devenir l'une des porte-paroles d'un mouvement de revitalisation linguistique, intéressons-nous à certains des films présentés. Lors de leur diffusion, l'objectif était de créer un lieu sûr où n'importe qui aurait la possibilité d'explorer ses propres sentiments et d'apprendre, auprès des autres, ce que voulait dire être Franco-Américain et comment l'être.

L'un des premiers films projetés était *Les Tisserands du pouvoir* de Claude Fournier, datant de 1988. Il s'agit d'une minisérie historique destinée à la télévision québécoise. Au début du film, une famille de fermiers du 19e siècle charge une charrette tirée par des chevaux et quitte, en pleurs, sa propriété pour toujours. Cette scène illustre de façon magistrale la séparation forcée d'individus avec leurs racines et leur mode de vie. Dans la suite du film, on découvre la vie de familles exilées dans des quartiers où elles se regroupent, ainsi que leurs conditions de travail difficiles et les relations sociales qu'elles entretiennent dans les usines de textile de Nouvelle-Angleterre. Au début du 20e siècle, près d'un million de Québécois étaient destinés à mener cette existence. Historiquement, il est peu probable que des Québécois aient dû partir en Nouvelle-Angleterre sur une charrette. Ceux arrivés à Waterville depuis la Beauce québécoise ont marché pendant près de deux semaines sur un sentier accidenté, baptisé plus tard « The Old Canada Road » (ou « L'ancienne route canadienne ») et devenu aujourd'hui la U.S Route 201. Depuis Sherbrooke et de nombreuses autres localités du Québec, des recruteurs de l'industrie textile finançaient également le voyage en train, via le chemin de fer du Grand Tronc, en direction de grandes villes ouvrières de Nouvelle-Angleterre comme Woonsocket dans le Rhode Island et Lowell dans le Massachusetts. L'émotion vécue est cependant correctement dépeinte : l'immigration, même temporaire, est une expérience traumatique pour chaque membre d'une famille. Car elle représentait le bouleversement de la vie et de l'identité de leurs parents et grands-parents, la scène du départ des fermiers québécois a eu un fort impact sur les membres franco-américains du public. Cet épisode de l'Histoire leur était familier, même si aucun d'entre eux n'en avait été témoin aussi publiquement auparavant. Pour beaucoup, cette expérience a permis de panser des plaies.

Le fait d'entendre, peut-être pour la première fois, « leur » français nord-américain parlé dans un média de masse a provoqué des sentiments surprenants et bien moins douloureux. Plusieurs spectateurs ont ressenti l'envie de s'exprimer et leurs témoignages étaient similaires. « Mon père est venu travailler dans les usines et tous ses frères ont fait pareil. » « Nous parlions uniquement français dans notre famille, jusqu'au jour où nous avons commencé à aller dans une école religieuse où la classe avait lieu en français une moitié de la journée, et en anglais pendant l'autre. » C'est à partir de là que la question de la « bonne » variante du français devant être parlée a été abordée. Perley LaChance a ensuite partagé une anecdote qui a résonné chez tous. Certaines personnes, principalement des professeurs de français, lui reprochaient de parler une langue qui n'était pas du vrai français, mais seulement une espèce de dialecte dont il devrait avoir honte. Cependant, appelé plus tard à servir pendant la Seconde Guerre mondiale, on lui a demandé de jouer le rôle d'interprète auprès de villageois en France. Il a pu communiquer sans aucune difficulté avec ces derniers et a dès lors pris conscience du fait que son français ne présentait absolument rien d'anormal. Peu à peu, le public se dévoilait. Certains spectateurs étaient parvenus à surmonter la stigmatisation et le sentiment d'infériorité auxquels les immigrants canadiens-français d'une ancienne génération avaient dû faire face. Ils n'en avaient juste pas encore parlé ensemble.

Les Dernières Fiançailles, un film de Jean-Pierre Lefebvre paru en 1973, raconte de façon intimiste et très réaliste l'histoire d'un couple âgé vivant ses derniers jours à la campagne. Dans un film presque sans aucun dialogue, mais non moins chargé d'émotion, on suit ces deux personnages alors qu'ils s'occupent de leur jardin et de leur verger, tout en prenant soin l'un de l'autre. Là encore, ce film montrait aux personnes présentes que leurs grands-parents étaient dignes de respect, gardiens de traditions et protecteurs d'une terre sacrée. Tout comme les ancêtres des membres du public l'avaient été, les personnages, des fermiers eux aussi, étaient très attachés à leur sol et à leurs semblables. Lorsque nous avons recueilli leurs impressions, les spectateurs se sont montrés très enthousiastes. « Ils étaient proches, très proches, et cela m'a rappelé les Canadiens français qui, très soudés eux aussi, se sont entraidés. » « Ce film est empreint d'humilité. Ceci est dû à la foi catholique des personnages, et particulièrement au fait d'être canadiens-français. » Ils mettaient des mots sur leurs valeurs tout en prenant, à nouveau, la mesure de leur identité.

Des participants sont venus accompagnés de leurs mères, et des professeurs de français ont emmené leurs élèves lycéens. Au cours des deux années du projet, la prise de conscience du public n'a fait que s'accroître. Certains ont tenu des propos assez significatifs et nous avons pu nous rendre compte de ce qu'était l'assimilation forcée. « Je connais cette femme : c'est ma voisine, mais je n'ai jamais su qu'elle parlait français. » « J'ai subi des moqueries car je parlais anglais avec un accent. » « Je ne parlais pas le bon français. » « J'aurais dû apprendre le français à mes enfants ! » « Je pensais que j'étais stupide car je n'avais pas appris le français. Maintenant, je vois que je ne suis pas une exception. Cela ne concernait pas uniquement ma famille. » Pour certaines raisons historiques, les parents ont arrêté de parler français à leurs enfants. En outre, la langue n'était plus entendue en public.

Madame La Bolduc, un film d'Isabelle-Monique Turcotte paru en 1992, raconte, pour sa part, la vie de l'une des premières chanteuses-interprètes québécoises, devenue extrêmement populaire dans les années 1930. La vie des Canadiens français y est dépeinte de façon joyeuse, avec des familles qui organisent de grandes fêtes pouvant durer toute une nuit, et même au-delà. La danse et la musique, très présentes dans le film, ont conduit les spectateurs à parler de leurs oncles et tantes qui jouaient respectivement du violon et de l'accordéon. L'évocation de ces souvenirs a été très agréable. En effet, pour leur plus grande fierté, ces derniers faisaient toujours partie d'eux-mêmes. En plus de partager leurs commentaires, ils ont commencé à considérer leur identité d'une nouvelle façon. Ils n'étaient plus les héritiers d'une culture en échec et d'une langue perdue et considérée comme inférieure par les élites anglo-protestantes. Au contraire, ils se remémoraient un peuple francophone associé à des émotions fortes, résilient, dont la préservation est vitale et qu'ils voulaient maintenant voir célébré.

Après avoir filmé les discussions, les soirées et les événements associés pendant plusieurs mois, nous avons procédé à un montage rapide, puis présenté le résultat avant la projection d'un nouveau film québécois. Ce montage a été baptisé *Rire ensemble*. Il constitue un résumé des paroles et des sentiments du public, ainsi qu'une démonstration du processus de recueil des impressions. L'idée que la joie ressentie est génératrice d'espoir pour une communauté est très bien illustrée par Cécile Vigue, une Franco-Américaine âgée qui, pendant la vidéo, affirme que « Rire, c'est le meilleur remède ! ».

Le mari de Cécile, Alcée, est né au Québec. Il raconte qu'il travaillait dans une forêt du Maine lorsque la fermeture de la frontière avec le Canada a été décidée dans les années 1930. Comme près d'un million de ses compatriotes, il s'est retrouvé face à un terrible dilemme. S'il retournait au Québec, il mourrait de faim et ne pourrait jamais revenir aux États-Unis. S'il restait dans le Maine, il se couperait pour toujours des autres membres de sa famille restés au Canada, ainsi que de son pays, de sa religion, de son mode de vie et de sa langue.

Comment se fait-il que tant de films sérieux et de qualité aient été tournés au Québec ? En effet, avec une population de moins de 10 millions d'habitants dans cette province, qui les produisait et pourquoi ? Il est légitime de se poser ces questions. Les films et les séries télévisées que nous avons projetés (plusieurs tirés de livres et tous reflétant la réalité) étaient soutenus par le gouvernement du Québec. Ils s'inscrivaient dans un mouvement trouvant ses origines dans un manifeste écrit, à la fin des années 1940, par 15 artistes québécois. Nommé *Refus global*, il soutenait l'idée que la volonté continue du gouvernement anglophone majoritaire d'assimiler le Québec allait, inévitablement, déboucher sur l'élimination du français et de l'identité francophone dans la Belle Province, à moins que les Québécois s'engagent dans une résistance totale. Pour sa part, le nouveau Parti Québécois (PQ) amorce la Révolution tranquille, qui s'étendra des années 1960 aux années 1970, en tirant parti des fonds issus de l'hydroélectricité et de la fonderie d'aluminium qu'il contrôle désormais. Avec le soutien d'un électorat francophone récemment sensibilisé à sa nouvelle mission, à savoir sauver le français canadien, ce que l'Église échouait à faire selon lui, le PQ fait adopter des lois donnant la priorité au français dans l'enseignement, les médias et les entreprises, ainsi qu'au sein du gouvernement. La Charte de la langue française, par exemple, exige l'utilisation du français sur l'affichage public et dans les publicités commerciales. Le PQ a tiré parti des films que nous avons sélectionnés pour le festival afin de faire la promotion d'une nouvelle identité québécoise, moderne et engagée, défendue par des individus sachant d'où ils viennent, au fait des souffrances vécues et convaincus de la place qu'ils doivent occuper. Désormais, les mêmes films étaient utilisés pour favoriser la renaissance des Franco-Américains du Maine. En encourageant l'enseignement laïc et la formation professionnelle, une nouvelle frange de la population avait non seulement choisi de lutter contre l'assimilation par le gouvernement anglophone, mais également contre les règles de l'Église catholique. De plus, cette dernière a rapidement perdu de son influence une fois que la population québécoise a pris conscience qu'elle servait les intérêts des anglophones en se détournant d'elle.

En 1980, seulement 20 ans avant la création de notre festival et peu après les plus importantes réformes de la Révolution tranquille, la chute de l'Église catholique aurait été inimaginable à Montréal. Cette même année, Julia a effectué des recherches ethnographiques auprès de communautés francophones acadiennes, dans la St. John Valley. Ben, pour sa part, a réalisé le film *Si je comprends bien...* expliquant pourquoi le PQ souhaitait l'indépendance du Québec. Il évoque également la raison pour laquelle le Québec était si déterminé à protéger sa langue, alors que les Franco-Américains ne vivant qu'à quelques kilomètres, de l'autre côté de la frontière, avaient arrêté de parler français. Au Québec et en Nouvelle-Angleterre, deux terres francophones, la question de l'identité est récurrente. *Si je comprends bien...* a été chaleureusement reçu au Québec en 1980, bien que par un public restreint. Les Franco-Américains, cependant, ont ressenti un certain malaise à l'idée d'être rendus aussi visibles. Le film n'a pourtant fait l'objet que d'une faible distribution à l'époque, et n'a été rediffusé ensuite que 18 ans plus tard. À l'été 1998, le Railroad Square Cinema a demandé à Ben de présenter *Si je comprends bien...* Nous nous attendions à peu de spectateurs, or la salle s'est remplie de Franco-Américains, ainsi que d'autres individus, extrêmement reconnaissants de pouvoir découvrir l'histoire de cette communauté et d'en parler. Sur une période de vingt ans, le Québec avait tenté par deux fois d'obtenir son indépendance, et y était presque parvenu. Malgré ses échecs, il avait réussi à prouver une chose : on survit si l'on résiste, et il existe de nombreuses façons de résister. Les Franco-Américains étaient maintenant prêts à réinventer leur propre histoire, mais il leur fallait encore se confronter aux pouvoirs à l'œuvre au sein de leur communauté, ce qui ne serait pas forcément chose aisée.

Lorsque les lumières se sont rallumées après la projection de *Mon oncle Antoine*, un film de Claude Jutra sorti en 1971, les réactions négatives ont été immédiates. « Pourquoi avez-vous diffusé ce film ? Nous ne l'avons pas aimé. » Le public avait toujours fait preuve de spontanéité ; nous n'avions pas besoin de lui poser des questions. Ils étaient ravis de partager des souvenirs et histoires qui leur venaient de leurs parents, ainsi que de discuter de ce qu'ils avaient vu. Ils rétablissaient une identité qui avait été constamment niée par les mouvements anti-immigrants, parmi lesquels une campagne violente menée activement par le Ku Klux Klan contre les communautés francophones (ou « Petits Canadas ») de Nouvelle-Angleterre. *Mon oncle Antoine* raconte le dénuement économique du Québec, en 1949, par l'intermédiaire d'une famille rurale en difficulté. Comme c'était le cas pour de nombreux Québécois, l'homme de la maison devait quitter son domicile afin d'aller, pendant une grande partie de l'année, couper du bois dans les forêts du Maine et, ainsi, gagner l'argent qui permettrait à sa famille de survivre. Il incombait à la mère de s'occuper du foyer. Le film dépeint, de façon sombre, l'exploitation des Québécois pauvres. Une exploitation dont l'Église était complice. Néanmoins, ce qui a dérangé le public, c'est une scène où un prêtre est vu en train de boire, secrètement, du vin destiné à la communion. Parmi les spectateurs, l'interdiction tacite de critiquer l'Église catholique, de quelque manière que ce soit, était à l'œuvre. L'idée dominante (et seulement partiellement exacte) était que l'Église protégeait les Québécois de majorité anglo-protestante dominante. Elle était considérée comme le seul et unique rempart contre la destruction du Canada français par les Britanniques. L'Église contrôlait tous les aspects de la vie des Québécois (et beaucoup de celle des Franco-Américains également). Parler de *Mon oncle Antoine* a été compliqué, car nous devions animer les discussions et respecter les sentiments du public à l'égard d'une institution toujours très centrale dans leurs vies, tout en étant conscients des abus de pouvoir auxquels celle-ci s'était prêtée. Nous étions arrivés à un point décisif : les spectateurs allaient-ils s'en remettre à l'autorité religieuse, ou prendraient-ils toutes les facettes de leur histoire collective en compte ?

Dans *Bonheur d'occasion*, un film de Claude Fournier sorti en 1983, on suit, à Montréal, l'histoire d'une famille ouvrière francophone et pauvre pendant la Seconde Guerre mondiale. Le scénario se concentre sur les femmes. La mère parvient tout juste à offrir une vie convenable à ses 10 enfants. Le père, souffrant de sa place au bas de l'échelle sociale et souvent sans emploi, a toutefois accepté, pour son église, de continuer à avoir des enfants, et ce même lorsque la santé et la vie de sa femme sont en jeu. Leur fille aînée, pour sa part, a reçu une éducation et souhaite une vie différente de celle de sa mère. Cependant, en l'absence d'autres modèles et avant qu'elle n'ait pu se choisir un avenir, elle est séduite par un homme issu d'une classe supérieure et tombe enceinte. Le déclenchement de la guerre s'accompagne soudainement de nouvelles possibilités, qui se révéleront toutefois tragiques, à la fois pour la jeune femme et sa famille. Avant cela, l'un des jeunes enfants, un garçon malade, décède de la tuberculose. « Respire par la bouche, par la bouche », telle est la supplication de la mère, assise au bord du lit de mort de son enfant, alors qu'un filet de sang s'échappe lentement de la bouche de celui-ci. Cette scène est déchirante.

Au départ, la réaction du public a été difficile à interpréter ; il nous a fallu écouter et mener les discussions de façon plus active. Les mots et les phrases étaient prononcés sur un ton hésitant. Finalement, un homme âgé a fini par nous dire la chose suivante, d'une voix basse : « Il est question de... sexe... Mais on ne peut pas en parler ». Une femme a ensuite commencé à s'exprimer. La scène de la mort de l'enfant l'a particulièrement touchée, car elle a soudainement commencé à comprendre pourquoi son mari s'était comporté de façon si insensée, et ne l'avait pas soutenue, après une fausse couche. En reliant plusieurs éléments, elle se souvient que la mère de son mari lui avait raconté qu'elle avait vécu cinq fausses couches. Le mari de la spectatrice avait vécu tous ces bouleversements et toute cette peine alors qu'il n'était qu'un enfant. Grâce au film, et à la discussion qui s'en est suivie, elle a pris conscience du traumatisme que cette suite de fausses couches avait provoqué dans sa famille et pour ce jeune enfant qui deviendrait un jour son mari. Un mari si terrifié à l'idée d'avoir un enfant et que ce dernier décède qu'il n'a pas pu soutenir sa femme lorsqu'elle en a réellement perdu un.

Cette prise de conscience et le partage de cette histoire ont été des moments puissants pour les membres du public, dès lors profondément unis autour de la situation des femmes. Par ailleurs, ils ont réalisé que le phénomène de « revanche des berceaux », encouragé par l'Église catholique, avait fait courir des risques à leur famille et à eux-mêmes. Le recueil de leurs impressions a été filmé et ce moment est devenu une scène importante de *Réveil*. À Montréal, en 1900, un enfant sur quatre décédait pendant la première année de sa vie. Au Railroad Square Cinema, nous avons fait émerger une part cachée de l'histoire émotionnelle d'une communauté. Des sentiments jusque là refoulés, comme la rancœur à l'égard des prêtres et des autres individus ayant permis cette oppression des femmes pour des raisons politiques, ont pu s'exprimer. Ainsi, chaque séance mêlait à la fois réalisation filmique, visionnage, anthropologie appliquée, intervention thérapeutique et sensibilisation des adultes par le biais d'approches développées par Julia.

Alors que le public épousait son identité franco-américaine perdue tout en luttant contre des émotions plus sombres, certaines personnes se sont découvert un objectif clair et ont choisi d'agir : elles voulaient retrouver leur langue, le français. Cependant, comment fallait-il procéder ? Nombre d'entre elles avaient essayé de l'apprendre elles-mêmes ou en suivant des cours, mais avaient échoué. Elles avaient échoué car, après avoir entendu encore et encore que leur français n'était pas bon, elles ont fini par douter. Après chaque film, Julia, professeure de français, demandait aux spectateurs s'ils souhaitaient pratiquer leur français à l'oral. Comme personne ne répondait par l'affirmative après plusieurs tentatives, Julia est arrivée à la conclusion que ce n'était pas des cours qu'il fallait à ce public. Finalement, Linda Gérard der Simonian a timidement exprimé sa volonté de parler sa langue maternelle et, avec Julia, elles ont mis en place le premier groupe de réacquisition linguistique du français. Près de 15 personnes ont participé à la première rencontre, qui s'est tenue au domicile de Linda. À sa plus grande surprise, Linda a ensuite fait la une du *Boston Globe*. Le journal lui consacrait un article évoquant le rôle clé qu'elle jouait dans la revitalisation de la langue et de la culture francophone dans le centre du Maine, en association avec... Sylvane Bulger Pontin.

Les réactions de Linda, Sylvane et des autres venaient confirmer une chose que Julia avait apprise au cours de ses recherches portant sur la capacité des enfants âgés de 0 à 4 ans à apprendre et maîtriser une langue comme un natif. Le rôle joué par le cerveau en développement dans l'acquisition des langues était de plus en plus étudié, et l'on nous expliquait que celui d'un enfant semblait concevoir une sorte de « configuration » spécialement dédiée à la langue maternelle. Si cette supposition était avérée, et que des structures physiques particulières favorisaient effectivement la compréhension et la maîtrise orale d'une langue, alors celles-ci persistaient dans le cerveau d'un adulte, et ce même si la langue en question était « perdue » ou dissimulée au fond de la mémoire. Elle n'était peut-être qu'endormie et demandait simplement à être réactivée.

Les groupes de réacquisition linguistique étaient l'occasion d'explorer des souvenirs de la petite enfance déclenchés par des chansons, des photos et des histoires racontées avec tous les mots français venant à l'esprit des participants. Comme Julia l'a remarqué, ceux-ci n'avaient pas besoin qu'on leur donne des instructions, mais plutôt de faire partie d'un espace sûr où personne ne les jugerait, et qui serait coordonné par un observateur, un guide, qui leur assurerait qu'il comprenait leur français, même s'il n'était pas issu de la même communauté qu'eux. Une personne extérieure peut donc contribuer efficacement au réveil et à la restauration d'une langue et d'une identité chéries, mais dissimulées. Tous, nous découvrions les différentes variantes du français, et comment celle issue à la base d'un parler pratiqué par les ancêtres des participants dans la France du 17e siècle s'était développée. Parfois, nous utilisions un dictionnaire étymologique pour consulter des termes équivalents et prendre conscience du fait que, même si une idée pouvait être exprimée de plusieurs façons, aucune formulation n'est supérieure aux autres. Elles sont simplement différentes. Enfin, nous avons compris qu'il suffisait d'écouter attentivement son interlocuteur pour le comprendre, indépendamment de sa prononciation ou des expressions qu'il emploie. Les uns après les autres, les membres du groupe de réacquisition linguistique ont commencé à retrouver leur langue maternelle en présence de leurs semblables, encourageants et bienveillants. Leur motivation a fini par gagner toute la communauté.

L'Oktoberfest annuelle de la ville a notamment été transformée en festival franco-américain, de la musique et des cartes de vœux en français ont été proposées dans les magasins, des plaques bilingues ont été installées dans des lieux historiquement importants et un plan de développement économique, axé sur la langue et la culture francophones, a été mis en place en association avec les représentants municipaux.

Les activités menées dans le cadre du Franco-American Film Festival, et en particulier avec le groupe de réacquisition linguistique, ont fait émerger le passé. Au vu des émotions provoquées par les films, des discussions et des impressions recueillies, ce qu'il en ressort est la volonté, de tout un groupe, d'essayer de nouvelles choses, parfois à petite échelle au départ. Certaines personnes, comme Sylvane, sont même devenues des chefs de file du mouvement. À la fin de *Réveil*, au cours de l'une des dernières sessions de projection, des lycéens franco-américains réfléchissent à ce qu'ils viennent de voir et d'entendre. L'un d'eux commence à dire, en français et sur un ton hésitant, qu'il est « prêt à n'importe quoi », car il souhaite « simplement retrouver sa langue ». Il doit repasser à l'anglais pour exprimer l'intégralité de sa pensée, mais le public comprend très bien qu'il vient de vivre cette émergence du passé, et l'applaudit avec enthousiasme.

L'histoire ne s'arrête toutefois pas là. Une fois le film *Réveil – Waking Up French* finalisé et projeté, nous avons continué, les vingt années qui ont suivi, à réappliquer les méthodes décrites plus haut, en les adaptant, à d'autres langues minoritaires ou en voie de disparition, comme le passamaquoddy dans le Maine et plusieurs langues indigènes du Mexique du Sud. Nous avons formé une équipe de jeunes réalisateurs en lui présentant tous les procédés que nous avions mis en place pour faire revivre le français au Railroad Square Cinema. Aujourd'hui, cette équipe en forme d'autres au sein de dix communautés de l'État mexicain de l'Oaxaca. Alors que d'autres populations se reconnectent à leurs racines, c'est comme si l'esprit du Franco-American Film Festival perdurait sans jamais s'éteindre.

18. French-Canadian Legacy Podcast and Blog : au service de la langue française et de la culture francophone en Nouvelle-Angleterre

Jesse Martineau et Monique Cairns

Récit de Jesse Martineau

Je vous raconte notre histoire depuis un appartement que j'occupe temporairement à Québec. Je me suis réveillé très tôt ce matin et j'ai quitté les fortifications du Vieux-Québec où je réside, près de la porte Kent, pour me diriger vers la Basse-Ville. C'est une promenade que j'ai l'habitude de faire et c'était une journée parfaite de printemps. Ce n'est pas la première fois que je descends la rue du Petit-Champlain à cette saison, même si je l'ai plus souvent fait en été et en hiver, mais c'est la première fois que je l'ai fait en étant complètement seul. Pas un chat sur mon chemin, et j'avais la terrasse Dufferin rien que pour moi. Je me suis ensuite arrêté au milieu de la place Royale, face à Notre-Dame-des-Victoires, une magnifique ancienne église (son nom lui a été attribué en hommage aux victoires françaises, mais peut-être un peu trop rapidement, car elle finira par être détruite en grande partie par les Britanniques). J'ai pu découvrir le quartier d'une manière totalement différente. C'était fantastique. Le fait que tout cela ait pu se produire est incroyable. Du moins, c'est ce que je pense.

Je m'appelle Jesse Martineau et avec ma sœur, Monique, nous sommes originaires de Manchester, dans le New Hampshire. Le prénom de ma sœur lui vient de Sainte-Monique, au Québec, la ville d'origine de la famille de ma mère, les Provencher. Nous avons grandi dans une famille canadienne-française. Je sais qu'on la qualifierait davantage de « franco-américaine » aujourd'hui, mais c'est un terme que nous n'aurions jamais employé pendant notre enfance. En réalité, mes parents, Bernard et Pauline, disent ne jamais l'avoir entendu avant mon implication auprès du Franco-American Centre (FAC, ou « Centre franco-américain ») de Manchester. « Franco-American » est une marque américaine de spaghettis en conserve américaine, et c'est la seule chose que cette expression représentait pour eux. C'est pourquoi ce mot n'a jamais fait partie de notre vocabulaire. Nos voisins d'à côté, les Gatzoulis, étaient d'origine grecque (Alex Gatzoulis est d'ailleurs mon meilleur ami depuis mes quatre ans). Les Luhovey du coin de la rue étaient d'origine ukrainienne et les Murphy, qui habitaient plus bas, d'origine irlandaise. Nous, nous étions d'origine canadienne-française.

Toute notre famille trouve ses origines au Québec. Selon notre arbre généalogique, chacun de mes 16 arrière-arrière-grands-parents est né là-bas. Je ne sais pas si c'est le cas de beaucoup de Québécois, mais le fait que mes 16 aïeux soient tous nés au même endroit me semble peu commun. Je crois que le premier de mes ancêtres directs à être arrivé aux États-Unis, en 1885, est mon arrière-arrière-grand-père Adolphe Bénard. Né à Montréal, il a par la suite rempli diverses charges municipales à Lowell, dans le Massachusetts. Notre ancêtre québécois le plus proche est mon grand-père paternel, Richard Martineau. Richard Napoléon Martineau, que nous appelions « pépère » (aucun de nous n'a su que son deuxième prénom était Napoléon jusqu'à sa mort en 2006), est né en 1913 à Saint-Apollinaire, au Québec, avant de déménager dans le New Hampshire en 1920. Lorsque mon père et notre oncle Joe ont emmené notre pépère à Saint-Apollinaire à la fin de sa vie, il se rappelait peu de choses de la ville. Il se souvenait très bien, cependant, des fraises de l'Île d'Orléans. En 1944, pépère Martineau a débarqué à Omaha Beach afin de combattre pour un pays dans lequel il n'était pas né. Mon autre grand-père, Roland Provencher, a servi dans l'US Navy pendant la Seconde Guerre mondiale. Dans notre famille, on raconte qu'il a particulièrement aimé jouer le rôle d'interprète, en France, pour les officiers.

Bien que trois de mes quatre grands-parents soient nés à Manchester, tous parlaient mieux français qu'anglais. Mes deux parents ont grandi en parlant français à la maison. Je sais que cela peut surprendre les personnes non originaires de Nouvelle-Angleterre. Néanmoins, pendant de nombreuses années, à Manchester, des descendants d'immigrants canadiens-français ont continué à parler la langue de leurs parents toute leur vie. Ils allaient dans des écoles, des églises, des banques et des magasins francophones, écoutaient des radios francophones, lisaient des journaux francophones... Tout se faisait en français. Certains d'entre eux ont passé leur existence à Manchester sans jamais apprendre l'anglais, car ils n'en ont pas eu besoin. Mon père rapporte une situation similaire lorsqu'il évoque sa grand-mère maternelle : elle est née à Manchester, y a passé toute sa vie et y est décédée, mais n'a jamais prononcé un seul mot d'anglais. Il pense toutefois qu'elle comprenait cette langue, même si elle prétendait constamment le contraire. Autre point intéressant au sujet de ma famille : nos parents ont tous deux vécu dans le même immeuble que leurs grands-parents, chaque famille ayant son propre appartement.

Mes parents ont grandi dans la même paroisse, la paroisse Saint-Georges,

ont fréquenté la même école élémentaire, l'école Saint-Georges, et ont fait leur première communion en même temps. À l'école Saint-Georges, les cours étaient dispensés en français pendant la moitié de la journée, et en anglais pendant l'autre. Ce n'était pas quelque chose d'inhabituel en Nouvelle-Angleterre. Les écoles de nombreuses paroisses francophones procédaient de cette façon. Ce que je trouve drôle, cependant, c'est que les deux seules matières enseignées en français étaient le français et la religion (catholique). Mes parents aiment plaisanter en disant qu'il leur a fallu attendre l'âge adulte pour envisager que Dieu comprenne également l'anglais.

Comme de nombreuses familles en Nouvelle-Angleterre, tous les Provencher sont venus à Manchester pour travailler dans les usines de textile. Nous pensons que mon arrière-grand-père, Edmond Provencher, né à Sainte-Monique, est le premier à avoir travaillé dans ces dernières, même s'il est fort possible que son père, Timothé, l'ait en fait précédé. Lorsqu'il vivait au Québec, mon arrière-grand-père se faisait appeler Urbain Edmond Provencher. Cependant, lorsque sa famille a franchi la frontière, ces deux prénoms ont été inversés, et il est devenu Edmond Urbain. C'est donc, en réalité, son deuxième prénom qui est aujourd'hui gravé sur sa pierre tombale. Un jour, j'ai passé une grande partie de l'après-midi à essayer de le retrouver dans les archives des recensements effectués à Manchester au début des années 1900. Sans succès. Je savais qu'Edmond avait bien vécu dans cette ville, mais je ne pouvais le trouver nulle part. J'étais assez frustré. Ce n'est pas avant de vérifier la présence d'autres noms à l'orthographe similaire que j'ai finalement réussi. Lui-même et sa famille apparaissaient sous

« Provanchey ». L'agent recenseur avait visiblement écrit leur nom tel qu'il se prononçait.

Pépère et mémère Provencher, Roland et Irène (anciennement Glaude), se sont rencontrés dans une usine de textile. À l'usine de Waumbec, plus précisément. Mémère était chargée de prendre le relais lorsque plusieurs fils cédaient en même temps sur une machine. Elle devait réaliser des nœuds spécifiques pour que la production puisse reprendre le plus rapidement possible. Pépère, pour sa part, avait gravi les échelons et était devenu réparateur de métiers à tisser, ce dont il était extrêmement fier. Ce poste était très important et l'obtenir prouvait que vous étiez hautement qualifié. Pépère a travaillé dans l'usine pendant 40 ans environ. Lorsqu'elle a été relocalisée dans le sud, on lui a proposé un poste au nouvel endroit mais, comme il avait déjà une famille à cette époque, il n'a pas souhaité la faire déménager.

Notre mère, son frère aîné (notre oncle Paul) et plusieurs de leurs amis travaillaient également dans les usines. Pendant un moment, ma mère a travaillé à plein temps à l'usine de Chicopee, une ville où elle suivait des cours au lycée. Elle débutait sa journée à l'école, traversait ensuite à pied le pont qui l'amenait à l'usine pour y prendre son service de 15 h à 23 h, puis reprenait ce même pont et remontait Lowell Street afin de rentrer à la maison. Chaque lendemain, elle recommençait. J'ai visité des musées consacrés aux usines de textile avec ma mère, et j'en garde des souvenirs très amusants. Le premier, c'est quand nous sommes allés au Millyard Museum de Manchester. Dans ce musée, on pouvait voir exactement le même métier à tisser que celui sur lequel elle avait travaillé par le passé. Elle s'est approchée du métier et a commencé à m'expliquer comment il fonctionnait, en faisant sortir quelques-unes des bobines. Quand je lui ai dit que je doutais qu'elle soit autorisée à toucher les objets exposés (cette remarque est d'autant plus drôle que ma mère, professeure d'histoire depuis des années, est évidemment habituée aux règles à respecter dans un musée), elle m'a simplement répondu qu'il n'y avait pas d'autre solution pour illustrer ses propos et qu'il suffisait de remettre les bobines en place. Ce qu'elle a fait.

Le deuxième, c'est quand nous sommes allés au Lowell National Historical Park. Ce lieu est passionnant et je recommande à tous de s'y rendre. On y trouve notamment une salle regroupant des métiers à tisser, ce qui permet de se faire une idée du bruit qui résonnait dans ces bâtiments à l'époque. À l'un des étages, une exposition présente les différents postes occupés dans les usines. Ma mère a parcouru toutes les descriptions et, à chaque fois, nommait un membre de la famille ou un ami qui avait occupé le poste en question. Le temps fort de la journée, cependant, a eu lieu lorsque nous avons fait la visite guidée. Elle était réalisée par un ranger plus jeune que moi et très enthousiaste. À un moment, nous nous sommes arrêtés devant une machine en marche, dont les pièces et fonctions devaient nous être décrites. Le nom de l'une de ces pièces a toutefois échappé au ranger, et ma mère est poliment intervenue pour le donner. Elle a expliqué aux participants qu'elle avait utilisé le même type de machine pendant des années et j'ai adoré voir leurs réactions. À la fin de la visite, nous avons fait un passage à la boutique de souvenirs et j'ai acheté une navette pour la mettre dans mon appartement. Nous avons bien ri en nous demandant combien de navettes pépère aurait ramenées à la maison, au fil des années, s'il avait su qu'un jour elles se vendraient 20 dollars pièce.

Comme je l'ai mentionné au début de ce chapitre, ma sœur et moi-même avons grandi en sachant que nous étions d'ascendance canadienne-française, même si nous ne parlions pas la langue. Nous avons tous les deux été baptisés à Saint-Georges (qui n'est plus une église aujourd'hui ; aux dernières nouvelles, elle servait de lieu de stockage à un cinéma local) et nous entendions souvent parler français au cours des réunions de famille. Nous avions beaucoup de chance, car tous nos grands-parents étaient souvent présents à la maison pour les fêtes. Quand tout le monde se réunissait, mes grands-parents et quelques-unes de nos grand-tantes s'asseyaient ensemble et discutaient en français. Même si nous ne parlions pas la langue, nous étions donc familiers de ses sonorités. Nous respections aussi un certain nombre de traditions canadiennes-françaises. Nous mangions toujours de la tourtière pour Thanksgiving et Noël (je ne connaissais pas le nom de ce plat, que j'appelais simplement « tourte au porc », jusqu'à ce que je crée mon podcast). Car Mémère Provencher était membre des Filles d'Isabelle, elle en préparait d'ailleurs des dizaines et des dizaines à la période des fêtes. Aujourd'hui, pour moi, une vraie tourtière est une tourtière des Filles d'Isabelle. Enfin, nous emportions souvent des sandwichs au gorton à l'école, pour le déjeuner (nous avons toujours appelé cette tartinade du gorton, et pas des cretons comme au Québec).

En grandissant, j'ai toujours su que l'identité canadienne-française et catholique était très importante pour mes grands-parents. Le père de ma mère mettait un point d'honneur à ce que tout le monde parle français à la maison, et même les invités, parmi lesquels mon père. Chaque année, au jour de l'An, mon arrière-grand-père bénissait mon grand-père, qui faisait ensuite de même avec sa famille. Avec mon oncle Paul, mon grand-père allait également chercher de l'eau au matin du dimanche de Pâques, comme beaucoup le faisaient au Québec. J'ai volontairement parlé dans un même paragraphe de la langue et de la religion car, selon moi, ces deux éléments étaient indissociables pour de nombreux Canadiens français qui respectaient les traditions que je décris ici. L'un n'allait pas sans l'autre. Et si l'un était délaissé, l'autre finissait par l'être également.

Je pense que c'est au cours d'une conversation avec ma mémère Marguerite Martineau (anciennement Bénard) que j'ai réellement pris conscience de l'importance de l'identité canadienne-française pour ma famille. Elle souffrait d'un cancer et savait que la fin était proche. Très organisée, elle avait fait en sorte qu'absolument tout soit réglé avant son décès. Elle avait choisi le funérarium, les textes qui seraient lus à la messe d'enterrement (et les personnes qui les liraient), ainsi que les chansons qui seraient chantées à l'église : rien n'avait été laissé au hasard. Alors que je venais de terminer mon année de seconde, elle m'a demandé, lors d'une visite chez elle, si j'accepterais de porter son cercueil. Elle m'a ensuite expliqué qu'elle allait faire en sorte que la plus grande partie de la messe soit donnée en anglais, afin que ma sœur et moi-même puissions comprendre ce qui était dit. Néanmoins, il était important pour elle que le Notre Père soit dit en français, et cela a été le cas. D'ailleurs, à l'enterrement de chacun de mes quatre grands-parents, le français a toujours été présent, que ce soit par le biais de chansons ou de prières, ou des deux. Ce qui m'amuse encore aujourd'hui, c'est le fait que mémère Martineau ait été enterrée avec un jeu de cartes. Elle adorait jouer aux cartes, et en particulier au cribbage. Monique (qui n'avait que 12 ans lors du décès) a été sa dernière coéquipière. Bien sûr, elles ont gagné. Monique a hérité, bien plus que moi, du gène du cribbage transmis par notre mémère et notre père. Moi aussi, j'adore jouer, mais elle est meilleure que moi.

On m'a souvent demandé pourquoi, avec ma sœur, nous ne

parlions pas français pendant notre enfance. J'ai eu l'honneur d'interviewer mes parents dans le cadre de mon podcast et j'ai pu leur poser la question. D'après eux, c'était pour une raison purement pratique. Après avoir quitté la maison de leurs parents et être revenus à Manchester des années plus tard (ma mère avait étudié à Boston et mon père s'était engagé dans l'armée), il était plus simple pour eux de parler anglais. Ils pouvaient toujours comprendre le français quand on s'adressait à eux dans cette langue, mais comme ils ne l'avaient plus utilisée pendant une longue période, il leur était parfois difficile de se souvenir de tous les mots. Par conséquent, ils ont fini par se parler tous les deux en anglais. C'était donc la langue de notre foyer quand ma sœur et moi-même étions enfants.

Plusieurs invités de mon podcast ont également suggéré que le fait d'être franco-américain en Nouvelle-Angleterre pouvait vous stigmatiser. Si vous étiez franco-américain, vous veniez forcément d'une classe inférieure : après tout, vous étiez soit un ouvrier pauvre des usines textiles, soit le descendant d'ouvriers pauvres des usines textiles. En outre, on a souvent dit aux Franco-Américains que le français qu'ils parlaient était une sorte de sous-langue, et pas le « vrai » français parlé à Paris. Une professeure de la Central High School, le lycée public le plus ancien du New Hampshire où mes deux parents ont été scolarisés, allait même jusqu'à séparer les élèves d'ascendance canadienne-française du reste de la classe de français. Elle ne voulait pas qu'ils « contaminent » les autres élèves qui s'efforçaient d'apprendre le « bon » français. Ceux qui connaissent mon père savent qu'il n'est pas du genre à laisser passer ce genre de chose, c'est pourquoi il a souvent tenu tête aux personnes qui considéraient que la langue de sa communauté était inférieure. Elle n'était pas inférieure, mais différente.

Après le décès de mes grands-parents, j'ai perdu ce lien avec mon identité canadienne-française. Je n'entendais plus du tout parler français et je ne faisais pas partie d'organisations francophones. Je n'ai jamais eu honte de cela ; ce n'était simplement pas essentiel pour moi. Tout a changé au cours d'une discussion décisive au travail. Avec ma sœur, nous travaillons tous les deux à l'université du sud du New Hampshire et, un jour, je suis parti en pause avec un collègue et ami, Dan Beaulieu. Alors que nous allions chercher de l'eau, nous avons discuté de la manière dont les journaux de Manchester faisaient la promotion de chaque événement en l'honneur de la communauté irlandaise qui s'y tenait. J'ai commencé à m'emporter, car il y avait davantage d'habitants d'ascendance canadienne-française qu'irlandaise dans cette ville, or personne ne pouvait le savoir, car les médias n'en parlaient pas vraiment. Des chaînes du réseau de télévision New England Cable News qualifiaient même Manchester de ville la plus irlandaise des États-Unis ! La plus irlandaise ! Alors que les descendants de Canadiens français étaient bien plus nombreux.

J'ai continué à m'insurger auprès de Dan (j'étais parti du principe qu'il partageait la même ascendance que moi vu son nom de famille mais, en fait, je ne lui avais jamais posé la question) en évoquant toutes ces personnes qui pensaient que les Canadiens français n'existaient plus, ou étaient sur le point de s'éteindre. Pour elles, nous étions un groupe ethnique uniquement mentionné dans certains livres d'histoire qui, d'ailleurs, étaient bien trop peu nombreux. Pendant la discussion, j'ai également souligné le fait que notre communauté devrait mieux valoriser son histoire, afin que les gens comprennent que nous étions toujours là et que nous respections toujours les traditions de nos grands-parents. Après avoir patiemment écouté ma diatribe, Dan m'a vivement suggéré de contacter son frère Tim. Rencontrer Timothy Beaulieu a tout changé pour moi. Timothy, une personne brillante, a créé la New Hampshire PoutineFest, un événement qui a beaucoup de succès. J'ai été bénévole à la première, puis à la deuxième. Rapidement, Timothy, que j'ai la chance de compter parmi mes amis aujourd'hui, m'a proposé de le rejoindre au conseil d'administration du FAC de Manchester.

L'idée du French-Canadian Legacy Podcast and Blog m'est venue environ un an après avoir rejoint le conseil d'administration du FAC, alors que je tentais de trouver des moyens de mieux contribuer à notre mission. Je n'étais pas doué pour les affaires comme Timothy. Je n'avais absolument pas les connaissances financières des autres membres du conseil d'administration. Cependant, il y a une chose que j'étais parvenu à faire par le passé : créer, avec mon ami Lee Lubarsky, une émission populaire sur la radio de l'université George Washington. J'espérais pouvoir tirer parti de cette expérience pour faire la promotion de la communauté franco-américaine (« franco-américain » était devenu un adjectif que j'utilisais). J'ai essayé de convaincre quelques personnes d'animer le podcast en association avec moi ; j'envisageais de me charger d'un épisode sur trois environ. Bien qu'elles aient trouvé ma proposition intéressante, elles ne disposaient pas du temps nécessaire pour s'investir. Si je voulais donner vie au podcast, je devrais le faire seul.

Pendant un an, j'ai tout fait pour le lancer. J'ai acheté un micro et un nouvel ordinateur. Je me suis renseigné sur le processus d'enregistrement. J'ai passé beaucoup de temps à écouter le podcast « Maple Stars & Stripes » de Sandra Goodwin, consacré à la généalogie canadienne-française. J'ai également découvert le blog « French North America » de David Vermette et j'ai lu tout son contenu en 24 heures. Cela m'a captivé et motivé. J'ai aussi fait quelque chose d'exceptionnel pour moi : contacter l'écrivain Robert B. Perreault. Ceux qui me connaissent savent que je suis un grand admirateur de son travail. J'aime d'ailleurs tellement l'écouter parler qu'avec mes amis nous avons l'habitude de dire, en plaisantant, que je serais prêt à payer pour l'entendre simplement lire l'annuaire. Il était donc extrêmement important que je connaisse son avis sur mon projet. Quand j'ai reçu sa réponse par e-mail, dans laquelle il m'encourageait et me suggérait des personnes que je pourrais interroger, je n'y croyais pas.

À ce stade, toutes les personnes avec qui j'avais parlé semblaient croire au podcast. Le problème, c'est que je n'avais aucune compétence technique et ne savais pas comment m'en sortir. Après près d'un an de grande frustration, j'étais prêt à jeter l'éponge. Par chance, j'ai réussi à convaincre un bon ami, Mike Campbell, de devenir mon partenaire. Nous nous étions rencontrés il y a quelques années, par le biais d'un ami commun avec lequel nous allions parfois regarder des matchs de catch. Il faisait partie d'un groupe qui avait pris l'habitude de se réunir pour les regarder à la télévision et il nous arrivait, à moi ou à Mike, de l'accompagner. Après avoir été présentés, nous sommes devenus amis et avons même, un instant, envisagé de créer un podcast sur le catch ! Heureusement, j'ai fini par le séduire avec mon idée initiale.

Sans Mike, le podcast n'existerait pas et je ne serais pas, en ce moment, en train d'écrire ce chapitre à Québec. Je cherche des invités, je me renseigne sur eux et les interviewe, et Mike fait tout le reste. Il se charge de toute la production et du montage. Il gère nos comptes sur les réseaux sociaux, notre compte Patreon de financement, notre page web et tout ce qui touche à l'argent. Il est excellent, et travailler avec lui est un privilège. Nous avons également eu la chance de collaborer avec ConcordTV à Concord, dans le New Hampshire. Cet organisme à but non lucratif nous a expliqué comment mettre un podcast sur pied et tous nos premiers épisodes ont été enregistrés dans son studio. Entre-temps, nous avons changé de lieu et c'est depuis le sous-sol de Mike à Hudson (toujours dans le New Hampshire), où il est membre du conseil scolaire, que nous le faisons.

Au départ, nous ne nous attendions pas à avoir énormément d'auditeurs. Quand nous racontions que nous lancions un podcast consacré à l'identité culturelle franco-américaine, certaines personnes nous regardaient d'un air étrange, et beaucoup éclataient de rire. Nous nous sommes dit que certains de nos proches et quelques membres du FAC, au moins, s'y intéresseraient. Néanmoins, quelques mois après, nous avons su que quelque chose se passait. À l'occasion de la visite d'un observatoire à Québec, une membre du conseil d'administration du FAC avait expliqué à sa guide qu'elle venait du New Hampshire. Cette dernière a immédiatement réagi en lui demandant si elle connaissait notre podcast. À l'époque, nous n'aurions jamais imaginé avoir des auditeurs au Canada. Cela nous a grandement encouragés à continuer de travailler d'arrache-pied pour nous investir dans le projet. Aujourd'hui, je peux dire avec fierté que nos auditeurs se trouvent sur tous les continents (à l'exception de l'Antarctique, mais peut-être plus pour longtemps). Par ailleurs, nous comptabilisons 50 épisodes, ainsi que 50 000 écoutes sur une période de deux ans.

Les retours sur le podcast, très nombreux, ont été à la fois bons et moins bons. Les commentaires positifs concernaient souvent la chanson qui ouvrait et clôturait chaque épisode, *French in America* de Josée Vachon, un morceau formidable dont le contenu s'accordait parfaitement avec ce que Mike et moi-même cherchions à faire. Les commentaires négatifs, pour leur part, se rapportaient généralement au titre que j'avais choisi pour le podcast, ou au fait que ce dernier ne soit pas en français. J'ai choisi de l'appeler le « French-Canadian Legacy Podcast and Blog », et non le « Franco-American Legacy Podcast and Blog », car, comme je l'ai expliqué plus tôt, je ne me suis jamais considéré comme un Franco-Américain en grandissant. Pour ce qui est de la langue, j'ai publié une vidéo traduite en français (par mon ami Jean-Philippe L'Étoile, de Drummondville, que j'ai rencontré grâce au podcast) afin d'expliquer pourquoi je ne m'exprimais pas en français, même si j'aurais vraiment aimé pouvoir le faire. C'est, à l'heure actuelle, notre vidéo la plus vue sur YouTube.

Grâce au podcast, nous avons rencontré des personnes exceptionnelles avec Mike : des auteurs, des historiens, des politiciens, des poètes, des musiciens, des réalisateurs et beaucoup d'autres. Nous diffusons une interview complète une semaine sur deux, et un programme plus court la semaine intermédiaire. Celui-ci présente les dernières actualités concernant les Franco-Américains, donne un aperçu du prochain épisode et inclut une question bonus posée à l'invité, généralement drôle et absolument pas liée au sujet de l'interview. Nous avons la chance que Melody Desjardins, autrice très talentueuse et au style unique du blog *Moderne Francos*, lui-même remarquable, se charge de la partie des actualités.

En plus du podcast, nous avons créé un blog où nous demandons à divers contributeurs de répondre à une question très simple : pourquoi avez-vous choisi de raconter l'histoire des Franco-Américains ? Tous les invités d'exception que nous avons accueillis dans notre émission auraient pu dédier leur carrière professionnelle à n'importe quel sujet, mais ils ont choisi celui-ci. Nous voulions leur offrir l'opportunité d'expliquer pourquoi ils avaient fait ce choix. Les réponses que nous avons reçues sont fantastiques.

Le dernier projet sur lequel nous avons travaillé est la Franco-Route de la Nouvelle-Angleterre. Mené en grande partie par Mike, notre ami Mark Belluardo et Anne Conway, directrice du Museum of Work and Culture de Woonsocket dans le Rhode Island, il a également bénéficié d'un très grand soutien de la part de la Délégation du Québec à Boston. Cette « Franco-Route » permet de parcourir cinq villes au fort héritage franco-américain : Lewiston-Auburn et Biddeford dans le Maine, Manchester dans le New Hampshire, Lowell dans le Massachusetts et Woonsocket dans le Rhode Island. Faire la promotion de lieux aussi emblématiques pour notre communauté a été un grand privilège.

Avant de terminer, je devrais probablement expliquer pourquoi j'écris ce chapitre depuis Québec. En fait, je vais vivre dans cette ville pendant six mois pour apprendre le français. Je suis inscrit à un programme à plein temps dans une école de langues pour adultes. Évidemment, l'investissement en temps et en argent est conséquent, mais je n'acceptais plus le fait d'être le premier de ma famille à ne pas parler français. Je sais également qu'une large part de la culture canadienne-française ne m'est pas accessible car je ne maîtrise pas la langue. Cela dit, contrairement à ce que j'entends souvent, je pense qu'il est tout à fait possible de se considérer comme un Franco-Américain sans parler français. Sinon, vous ne seriez pas en train de me lire. Néanmoins, je reste réaliste et je suis conscient que ne pas parler français m'empêche de profiter de certaines choses. C'est pourquoi je tente par tous les moyens de l'apprendre. J'ai hâte de retourner dans le New Hampshire et de parler en français avec mes parents, pour la première fois. Nos fréquents repas dominicaux n'en seront que plus animés. En attendant, toutefois, direction le restaurant St Hubert, sur la Grande Allée.

J'ai beaucoup de mal à exprimer à quel point je suis reconnaissant de pouvoir raconter l'histoire de ma famille, une histoire que je partage sûrement, sur bien des points, avec d'autres Franco-Américains de ma génération en Nouvelle-Angleterre. Je vais maintenant passer le relais à ma sœur. Elle va vous décrire plus en détail sa relation avec notre grand-mère et vous expliquer comment elle transmet notre héritage à son fils (et mon filleul), qui porte le prénom de mon père.

Récit de Monique Cairns

L'histoire de notre famille a été très bien couverte par Jesse. La seule chose que je pourrais ajouter (en plus de mon talent incroyable pour les jeux de cartes et de mon adorable fils), c'est que j'étais extrêmement proche de ma mémère Irène Provencher et que cette relation a eu une incidence sur mon éducation, et influe toujours sur ce que je suis aujourd'hui. Chaque jour, je m'efforce d'être la femme qu'elle était et d'être aussi patiente et dévouée à ma famille. Nos grands-parents, Irène et Roland, avaient neuf petits-enfants. Ma mère était proche de ses parents et je ne me rappelle pas avoir été gardée par d'autres personnes qu'eux. Enfant, je faisais parfois semblant d'être malade pour ne pas aller à l'école, car je savais que ma mère me confierait à mémère Irène pour la journée. Selon moi, il n'y avait pas de meilleur endroit que la maison de ma grand-mère. Quoi de mieux que de regarder la télévision avec elle (à savoir, tous les feuilletons possibles et imaginables) avant qu'elle n'aille travailler (quand j'étais petite, elle prenait son service en fin de journée) ? Mémère faisait partie des parents accompagnateurs pendant mes sorties scolaires, ne manquait jamais l'un de mes spectacles de danse et se rendait à chaque événement auquel je participais.

C'était ma deuxième maman. Elle me conseillait, tout en sachant être tendre et dure à la fois. Au lycée, le fait de ne pas avoir été élue pour représenter mon école à la fête annuelle m'avait particulièrement contrariée, alors que j'avais pourtant, le même jour, reçu deux distinctions. « Tu veux quoi au juste, tout ?! », m'a-t-elle dit. C'était sa manière à elle de me rappeler qu'il me fallait être reconnaissante de ce que j'avais déjà. Mais elle m'a apporté d'autres choses encore.

Une fois à la retraite, mémère a pris l'habitude de passer beaucoup de temps avec ses sœurs et belles-sœurs. « Ma Tantes » est le nom que nous donnions au groupe qu'elles formaient. Fougueuses et drôles, elles adoraient être en présence de leurs petits-enfants. Avec ma cousine, Ashley White (dont la mémère, la belle-sœur de la mienne, faisait aussi partie des « Ma Tantes »), nous essayions toujours de rester avec elles lorsqu'elles allaient jouer au bowling, déjeuner ou faire n'importe quelle autre activité trépidante. Ashley, comme moi, avait une relation unique avec sa mémère et c'est cela qui nous rapproche encore à l'heure actuelle.

Je suis issue d'une lignée de femmes fortes et j'estime que les femmes étaient les piliers des deux branches de ma famille. Mémère a vécu des moments difficiles dans sa vie, le plus traumatisant étant probablement la mort de son père le jour de son mariage. Hélas, il est décédé d'une crise cardiaque sur la piste de danse. Malgré ce drame, elle est parvenue à relever un point positif : elle n'avait jamais vu son père aussi heureux que sur cette piste de danse. Oui, c'était vraiment une femme forte. Et c'est cette force que j'essaie de cultiver au quotidien.

Grâce à Mémère, j'ai également compris à quel point la famille était importante et pourquoi il fallait célébrer les grandes occasions ensemble. Elle adorait les fêtes de fin d'année ! Je n'oublierai jamais son rire à l'occasion de notre Yankee Swap annuel de Noël, car elle recevait toujours les cadeaux les plus fous (le Yankee Swap est une tradition consistant à échanger des cadeaux insolites). Pour Mémère, la famille n'était pas forcément une question de sang. Elle connaissait ma meilleure amie et celle de ma cousine, ainsi que le meilleur ami de mon frère, et elle s'attendait à les voir à nos réunions de famille. L'affection portée à sa famille, et l'importance qu'elle accordait à celle-ci, se sont fortement ressenties lorsqu'elle a été hospitalisée à la fin de sa vie. Son frère et ses sœurs sont restés à ses côtés jusqu'à ce qu'elle rende son dernier souffle. Même si elle n'a pas beaucoup parlé, la pièce était emplie d'amour. C'est pourquoi j'essaie, le plus possible, de rester en contact avec mes tantes, mes oncles et mes cousins : la famille est et restera toujours essentielle.

Plus haut, mon frère a évoqué le fait que mon mari Kenneth et moi-même ayons décidé de donner le nom de mon père à notre fils. Avec un nom comme Monique Martineau, il était difficile d'ignorer que j'étais d'ascendance canadienne-française. J'ai toujours adoré le fait que les gens le sachent et n'aient pas besoin d'essayer de deviner mes origines, tant elles étaient évidentes.

Quand je me suis mariée, j'ai pris le nom de mon époux, Cairns. Je savais que mes enfants ne vivraient pas la même expérience que moi, car ce nom était d'origine écossaise. Nous avons donc décidé de donner à notre fils un prénom plus associé à mes racines. « Bernard » a été une évidence. Cela lie mon fils non seulement à son propre pépère, qui est mon père, mais également à l'histoire de notre famille. Nous attendons notre deuxième enfant, une fille cette fois, et nous cherchons encore un prénom. J'avoue, j'essaie d'insister pour qu'il soit français, afin de perpétuer notre héritage.

Comme Jesse, être d'ascendance canadienne-française m'a définie et me définira toujours. Honnêtement, je ne me reconnais dans rien d'autre. Quand je suis allée à l'université, j'ai vécu avec cinq autres jeunes femmes, toutes d'ascendance irlandaise. Elles n'avaient jamais entendu parler des Canadiens français, ce qui m'a surprise. C'est à ce moment-là que j'ai réalisé qu'il nous fallait agir, et je suis extrêmement fière que mon frère s'attache avec tant de soin à garder notre culture en vie et à la valoriser. Mon devoir, à moi, est de m'assurer que mes enfants savent d'où ils viennent et que tout ce que nos mémères et nos pépères nous ont transmis ne soit jamais perdu. Comme le dit la devise du Québec, « Je me souviens ».

19. Ce que signifie être Franco-Américain

Robert B. Perreault
(Traduction de l'auteur)*

L'identité franco-américaine. On l'embrasse, on la déteste, on s'en passe, on en demeure ignorant. Cela dépend de chaque individu selon l'époque de sa naissance, son âge, son histoire familiale, son éducation, ses études, sa carrière et ses expériences vécues. Il s'agit peut-être d'une forte identification à la culture franco-américaine avec ou sans la langue française. Il peut également vouloir dire le rejet ou l'ignorance complète de son identité franco-américaine. Ou bien tout ce qui demeure entre ces deux extrêmes. Si, alors enfant, on m'avait demandé si être Franco-Américain était important pour moi, j'aurais répondu « non ». J'avais goûté une seule fois aux spaghettis en conserve « Franco-American ». Une seule fois suffisait. Je ne voyais aucun rapport entre cela et ma famille, moi-même et des gens comme nous. De fait, il n'y avait aucun rapport. Entouré de la langue française et de la culture franco-américaine depuis la naissance, j'ai dû atteindre l'adolescence avant de pouvoir entendre le terme « Franco-Américain » pour désigner notre peuple.

Pendant ses visites aux écoles, la musicienne franco-américaine Lucie Therrien demande aux élèves de lever la main lorsqu'elle nomme leur origine ethnique particulière. Avec chaque groupe, on lève la main. En revanche, lorsqu'elle demande : « Qui est franco-américain ? », elle n'aperçoit aucune main. Alors, elle demande : « Qui appelle ses grands-parents pépère et mémère ? » Tout à coup, plusieurs enfants envoient la main. Il se peut que ce soit une question de terminologie. Ou c'est peut-être parce que, à la différence d'autres peuples aux États-Unis ayant des racines ailleurs en Amérique du

---

* Note des éditeurs : conformément à ses souhaits, ce chapitre a été traduit par l'auteur qui a cherché à conserver la stylistique que l'on retrouve dans des genres littéraires franco-américains particuliers et dans les œuvres de certains écrivains d'Amérique du Nord.

Nord—les Mexicains Américains et les Cadiens de la Louisiane, reconnus tous les deux pour leur musique et leur cuisine—les Franco-Américains de la Nouvelle-Angleterre demeurent invisibles même au Canada français et en France. Nous sommes là, trois millions de descendants de près d'un million de Canadiens Français d'héritage québécois ou acadien qui émigrèrent aux États-Unis entre 1840 et 1930. Cependant, nous ne faisons pas de bruit, ni positif, ni négatif, pour nous attirer de l'attention. Ce n'est donc pas étonnant que le journaliste Dyke Hendrickson ait intitulé son livre à notre propos *Quiet Presence* (présence silencieuse).

Mes deux parents étaient originaires de communautés franco-américaines. Du côté de mon père tous parlaient français mais ils préféraient l'anglais. Rarement discutaient-ils de leur identité ethnique et ne participaient jamais aux organisations franco-américaines au-delà de leur paroisse. En revanche ma mère, qui avait des parents activement impliqués dans le journalisme, la mutualité et la musique, nous appelait toujours des « Canadiens ». Voilà le terme qu'adoptèrent les Canadiens Français pour se distinguer de leurs conquérants, les Anglais. Une appellation d'élite vers ses débuts, « Franco-Américain » remonte aux années 1890 pour distinguer les enfants natifs des États-Unis de leurs parents canadiens émigrés. Toutefois, en français, les Franco-Américains moyens continuèrent à s'appeler des Canadiens pendant encore plusieurs décennies, tandis qu'en anglais, ils se désignèrent « French Canadians » ou simplement « French ». Malgré cette terminologie peu claire, de nos jours et depuis la vingtaine, mon identité franco-américaine est tout pour moi. Mais auparavant, selon l'étape dans ma croissance, mon attitude envers mon identité ethnique variait comme des montagnes russes.

Né en 1951 à Manchester, New Hampshire, autrefois un centre industriel de la Nouvelle-Angleterre avec une population franco-américaine atteignant parfois 50%, tout ce que je savais comme enfant à propos de mon identité ethnique, c'est que nous étions parmi le peu de familles canadiennes de notre quartier à se distinguer des autres. J'ai été élevé sur la rive est de Manchester dans un quartier mixte au point de vue ethnique, où la langue anglaise dominait en dehors de notre foyer. Cela différait du Petit Canada de Manchester sur la rive ouest. Là, lorsque nous rendions visite à mon oncle Gérald Robert, le frère de ma mère, les enfants de ses voisins me parlaient français. Les enfants de mon quartier parlaient anglais, car il y avait nombreuses familles *yankees* et irlando-américaines habitant près de chez nous. Il y avait aussi des émigrés plus récents et/ou leurs descendants de la Suède, la Pologne, la Grèce et la Hongrie. Les grands-parents qui visitaient le quartier parlaient un mauvais anglais avec leurs petits-enfants—y compris quelques-uns parmi les enfants canadiens—qui ne comprenaient pas toujours la langue ancestrale de leur famille respective, tandis que je parlais exclusivement français avec les miens. Par respect pour mes grands-parents, mes parents me parlaient français. Je n'ai pas appris l'anglais avant l'âge de quatre ans, lorsque ma mère commença à me laisser dehors dans le jardin, où les enfants venaient jouer avec moi. Je me souviens de la voisine *yankee* d'à côté qui m'avait corrigé pour avoir appelé son chien noir « *the dog black* ». Je trouvais « *the black dog* »—le noir chien—déconcertant. Finalement, en jouant avec les enfants et en regardant des émissions de télévision pour enfants—*The Mickey Mouse Club* et *Howdy Doody*—ainsi que des westerns, je suis venu à bout d'apprendre l'anglais.

Le français ayant la priorité sur l'anglais, au point de vue culturel, mes parents maintenaient tout de même un foyer étatsunien générique dans les domaines du décor, du mobilier et du divertissement. La seule exception était la cuisine, car de temps en temps, ma mère faisait de la soupe à la volaille, de la fricassée, du pain de viande et d'autres plaisirs pour le palais, dont leurs recettes provenaient de ma grand-mère et des générations précédentes sur la terre familiale au Québec. Parfois, ma mère faisait des sandwiches aux gortons—que certains appellent des cretons—soit un pâté de porc canadien français que l'on vendait chez le charcutier Guillette.

Pour mon éducation culturelle franco-américaine à part la cuisine, mes parents se fiaient à ma famille maternelle. Mon grand-père, Adolphe Robert, président de l'Association Canado-Américaine (ACA) et directeur de son organe, *Le Canado-Américain*, me lisait des livres en français pour enfants et m'apprenait des chansons traditionnelles françaises et canadiennes françaises. Il recevait et lisait *L'Action*, l'hebdomadaire de langue française de Manchester, que mes parents recevaient également avec *Le Canado-Américain*, quoique je ne les ai jamais vus lire aucune de ces publications, pas plus que je ne les ai jamais vus lire l'autobiographie de mon grand-père, *Souvenirs et portraits*, lauréat du Prix Champlain au Québec. Grand-papa possédait aussi une radio à ondes courtes pour capter des stations de Montréal. Ma grand-mère, Azélie, me racontait des histoires de famille et m'a appris plusieurs prières en français bien avant que je commence l'école.

Mon oncle Gérald, qui succéda mon grand-père aux deux postes à l'ACA et qui se distingua également comme musicien, directeur d'orchestre et animateur d'une émission radiophonique musicale de langue française, me rapportait des disques de chansons françaises de ses voyages d'affaires avec mon grand-père au Canada français. Son épouse, ma tante Rachel, qui s'impliqua aux activités de l'ACA et de la Fédération Féminine Franco-Américaine, me donnait de la tourtière maison. Dès que j'étais assez grand pour assister à la messe de minuit à Noël, mon oncle et ma tante m'invitèrent chez eux après la messe pour leur réveillon, où l'on savourait des mets traditionnels canadiens français. Leur maison, meublée dans le style provincial français, et celle de mes grands-parents, étaient toutes les deux décorées d'œuvres de leurs amis artistes, y compris des paysages et des portraits de famille par Lorenzo de Nevers et des sculptures, dont un buste de mon grand-père par Lucien Gosselin.

Par le temps que j'ai commencé mes études, j'étais tout à fait bilingue, tel que l'on exigeait pour entrer en première année à l'École Saint-Georges, une parmi les huit écoles du système scolaire paroissial franco-américain de Manchester, avec sa demi-journée de français et sa demi-journée d'anglais. J'y ai étudié de 1957 à 1965. À part « l'épellation » (l'orthographe), la grammaire et la lecture, la moitié française de notre journée comportait la raison d'être de l'instruction catholique : le catéchisme. Les religieuses enseignaient des prières—dont la plupart je connaissais déjà—par cœur dans un langage qui nous dépassait.

Quotidiennement, nos religieuses de langue française, d'habitude des immigrantes du Québec, nous conseillaient vivement à parler français parce que c'était, théoriquement, notre langue maternelle. Cela signifiait un français canadien soigné et grammaticalement correct. À l'époque, je n'avais aucune idée que notre langue avait un son qui différait de celui du français parlé de France. Selon leur famille, quelques-uns de mes camarades de classe parlaient un excellent français, tandis que la plupart réussissait passablement bien. D'autres qui en avaient du mal devaient parfois transférer à une école paroissiale anglophone ou—que Dieu les pardonne !—à une école publique. Nous avions aussi quelques camarades de classe appartenant à des familles canadiennes françaises récemment immigrées pour qui l'anglais représentait un vrai défi.

À la différence de certains camarades de classe, ma famille immédiate n'allait jamais rendre visite à notre parenté au Québec. Mes parents considéraient notre journée annuelle à la plage Rye, soit une distance d'environ soixante-quatre kilomètres, comme étant un trajet majeur. Mon unique voyage au Québec alors enfant eut lieu lorsque j'avais douze ans en 1963. Mon grand-père, mon oncle et ma tante m'emmenèrent à la terre paternelle de la famille Robert dans le village de Notre-Dame-de-Lourdes près de Joliette. Grand-papa et moi avons longé les trente arpents de la ferme que le gouvernement canadien avait accordée à son bisaïeul, Pierre Robert, en 1818, pour son service pendant la Guerre de 1812-1815. En marchant, mon grand-père me raconta des histoires à propos de la ferme et de nos ancêtres. La terre allait être vendue en 1995 après 177 ans et sept générations. Heureusement, croyais-je, ma famille s'était assurée que mon français soit à la hauteur requise pour faire ce voyage au Québec ainsi que pour réussir à l'école. Tandis que mes notes en anglais étaient légèrement au-delà de la moyenne, j'ai passé mes huit années du cours primaire en compétition pour le premier et/ou le deuxième rang en français avec un camarade de classe dont les parents étaient des immigrants canadiens français.

En revanche, à y réfléchir, je me rends compte qu'il en manquait beaucoup. Je n'ai aucun souvenir d'avoir entendu les religieuses nous appeler ou s'appeler elles-mêmes des Franco-Américaines, ni des Canadiennes. En cinquième année, lorsque nous avons étudié les explorateurs européens dans le Nouveau Monde, la religieuse les a tous mis dans le même panier, ne se référant jamais à Marquette, Joliet, La Salle, etc., comme français, de même que nos ancêtres. Pourquoi n'avons-nous jamais étudié les figures célèbres françaises, canadiennes françaises et franco-américaines que nous aurions pu admirer et réclamer comme les nôtres ? Je me souviens aussi qu'en septième année, la religieuse avait sauté par-dessus le passé simple—c'est-à-dire, le passé littéraire—prétendant qu'elle doutait que nous en ayons besoin puisque seuls les écrivains professionnels s'en servaient.

En rétrospective, je crois qu'*elle* le trouvait trop difficile, alors pourquoi aurait-elle risqué de s'embarrasser devant nous ? Comme j'aurais désiré la rencontrer une dizaine d'années plus tard pour lui dire combien j'ai dû lutter avec ce temps de verbe lorsque j'ai commencé à écrire pour et plus tard devenir directeur adjoint du *Canado-Américain*. Quoique je sois reconnaissant d'avoir appris à lire et à écrire le français, dont je me suis servi quotidiennement dans ma carrière de près de cinquante ans, j'aurais bien voulu que le curriculum de notre école paroissiale ait incorporé l'histoire, la littérature et la culture franco-américaines.

Depuis plusieurs années, mes amis de l'école primaire et moi prévoyions d'assister à la Bishop Bradley High School, une institution diocésaine maintenant défunte, exclusivement pour garçons, sous la direction des Frères des Écoles chrétiennes. Lorsque, au cours d'une réunion familiale, d'un air détaché, j'ai mentionné mon désir d'y étudier, ma tante Rachel lâcha bêtement : « Bradley, c'est pas Franco-Américain ». C'était la première fois que j'entendais ce terme « Franco-Américain » utilisé en dehors du contexte des spaghettis en conserve. Puisque mes grands-parents et le reste de ma famille étaient d'accord, mes parents ont capitulé. Par conséquent, j'ai abouti à l'école préparatoire de l'Assomption (Assumption Prep) à Worcester, Massachusetts. Fondé par les Pères de l'Assomption de France en 1904, cette école avait déjà fait partie d'Assumption College. Un autre de mes oncles y avait étudié, alors mon grand-père a offert de payer mes dépenses si je réussissais à l'examen d'entrée. J'y ai réussi et j'y suis allé.

La classe de français à Assumption ressemblait peu à celle de mon école primaire—une autre raison pour laquelle j'aurais voulu que mon instruction à l'école paroissiale m'ait préparé. Le premier jour en classe, avec un accent français que j'avais déjà entendu quelque part mais sans pouvoir le placer, le professeur nous demanda chacun nos noms. Un par un, les étudiants répondirent de diverses façons. À mon avis, aucun n'était un locuteur natif de français tel que je l'étais. Mon tour arrivé, j'ai répondu fièrement dans le même français que j'avais employé en jouant dans des pièces de théâtre, en prononçant des discours et en chantant des chansons lors de nos événements culturels à l'École Saint-Georges. À ma grande consternation, le professeur plissa les yeux, retroussa le nez et tordit la bouche dans tous les sens en répétant ce que j'avais dit. Il exagéra chaque syllabe afin que mon accent canadien français—auquel je n'étais toujours pas conscient—ressemble à du charabia. Bien sûr, tout le monde riait. J'étais trop choqué pour réagir.

Alors adulte, j'ai appris que certaines écoles plaçaient automatiquement les Franco-Américains dans des classes de français de niveau inférieur à cause de préjugés contre le français canadien. En quelques semaines, cet horrible professeur se rendit compte, d'après mes interrogations écrites, que mon français aux points de vue de vocabulaire, d'orthographe et de grammaire, était fort supérieur au niveau dont l'école m'avait placé. Par conséquent, il me transféra à la classe de français la plus élevée, où j'appartenais. Là, je me suis lié d'amitié avec Patrick Fortemps, originaire de Paris et immigrant qui avait étudié au Lycée Français de New York. De lui, j'ai appris que son français oral et celui de nos professeurs provenait directement de France. Il m'a dit aussi que je parlais un genre de français qu'il n'avait jamais entendu et souvent qu'il ne comprenait pas. Parce que je ne savais pas grand-chose à propos de ma propre langue et culture, tout ce que je pouvais lui dire c'est que j'avais été élevé en français et que mes grands-parents étaient originaires du Canada Français. Un Américain qui parlait français au foyer et dont les grands-parents venaient du Canada Français ? Patrick en était mystifié.

Quoique j'aie réussi dans mes devoirs par écrit de ma nouvelle classe, je devais passer du temps supplémentaire dans le Laboratoire de Langues à écouter à des bandes sonores et à répéter après le locuteur afin de *corriger* ma prononciation. Cela me causa à me demander pourquoi, si je lisais et écrivais bien le français, avais-je besoin de changer mon accent ? Que penserait ma famille si je rentrais chez moi en parlant comme un Parisien ? Comme un fan des Beatles—eux qui chantaient en anglais américain, mais qui retenaient leur accent anglais en parlant—je me suis demandé pourquoi, si les Américains n'ont pas besoin de changer leur accent pour ressembler britannique, nous, les Franco-Américains devions-nous changer le nôtre pour ressembler aux Français ? Qu'est-ce qui avait de mal avec notre langue ? Pourquoi les écoles américaines enseignaient-elles le français parisien mais pas l'anglais britannique ?

Pendant le deuxième semestre, je me suis lié d'amitié avec un finissant franco-américain qui travaillait au Laboratoire de Langues. Il m'a dit qu'en plus des bandes sonores, il y avait une platine. Si je rapportais de chez moi des disques des Beatles et si le directeur du Laboratoire de Langues n'y était pas, il me les ferait jouer tout spécialement au lieu des bandes sonores de français parisien. Je lui étais à jamais reconnaissant.

Lorsque mon grand-père est décédé au mois de mai, j'ai dit à mes parents que s'il avait vécu, j'aurais enduré un autre trois ans à Assumption, mais puisqu'il venait de nous quitter, je voulais rentrer chez moi parmi ma famille et mes amis.

À l'école Bishop Bradley, un conflit dans l'horaire m'empêcha de suivre un cours de français pendant ma deuxième année de lycée. Durant ma troisième et quatrième année, les cours de français étaient à moitié remplis d'étudiants provenant d'une variété d'écoles primaires franco-américaines. Pourvu que nous prononcions clairement en utilisant de la bonne grammaire, nos professeurs n'insistaient pas que nous parlions avec un accent parisien.

En ce qui concerne les préjugés ethniques, à part un frère pas-trop-chrétien qui, en classe d'anglais, utilisa l'expression péjorative *stupid frog*—grenouille stupide—pour expliquer le mot *redundant*, les difficultés à l'école Bishop Bradley tournaient surtout autour des étudiants irlando-américains. Certains d'entre eux étaient cruels et des bagarres avaient lieu de temps en temps. Plus souvent, cependant, il s'agissait de taquineries innocentes. Plusieurs croyaient que si nous étions des *Frenchmen*—personne n'employait l'appellation *Franco-American*—nous habitions la rive ouest dans le Petit Canada. « Eh, grenouille, as-tu sauté à travers la rivière pour te rendre ici ? » ou bien « As-tu apporté ton passeport quand tu as traversé la rivière ? » J'avais des amis franco-américains et irlando-américains, et nous nous taquinions les uns les autres. Certains d'entre eux venaient de mariages mixtes, soit des étudiants avec un nom de famille franco-américain mais qui ne parlaient pas français, tandis que d'autres avec un nom de famille irlando-américain le parlaient couramment. Le tout dépendait de l'ethnicité de la mère, c'est-à-dire, la fameuse question de la langue maternelle.

Tout au long de mes années de lycée (1965-1969), j'appréciais le fait que je parlais couramment français, pas pour son propre bien, mais pour la note « A » que je recevais facilement en classe. Être adolescent dans les années 1960 folles signifiait avoir une fascination pour la musique *rock* et les concerts, la fête, et le travail à mi-temps. Je valorisais peu mon identité franco-américaine à cette époque.

À l'automne 1969, je fis mon entrée au Saint Anselm College de Manchester, me spécialisant en sociologie parce que, selon les projets de *ma génération*, nous allions transformer le monde. Toutefois, un changement inattendu dans mon propre monde devait influencer ma pensée quant à mon identité ethnique.

Au mois d'août 1970, j'ai assisté au festival de rock Strawberry Fields dans la campagne ontarienne avec trois amis. Sachant que je parlais français, l'un d'eux me pria de secourir deux filles qu'il venait de retrouver errant dans un état de panique. C'étaient des *hippies* québécoises ! Jusqu'alors, tout ce qui se rapportait au français appartenait aux générations de mes parents et de mes grands-parents—c'est-à-dire, dépassé. Il ne m'était jamais venu à l'idée qu'il puisse y avoir des *hippies* comme mes amis et moi au Québec. Quelle révélation. Une des filles avait pris du LSD de mauvaise qualité et avait besoin de soins médicaux. Nous les avons accompagnées à la clinique improvisée du festival où j'ai interprété pour elles. Par la suite, mes amis, qui ne m'avaient jamais entendu parler français, m'ont félicité pour avoir aidé ces filles. L'un d'eux ajouta : « Tu avais l'air si différent en français, comme un autre Bob que nous n'avions jamais rencontré auparavant ». Cela me rappela un dicton que me répétait souvent mon grand-père : « Tu parles une langue, tu es une personne. Tu parles deux langues, et tout à coup, *tu vaux deux personnes* ».

Avec cette prise de conscience fraîche dans mon esprit, je suis retourné à Saint Anselm. Là, mon professeur de français, Roger Blais, un Franco-Américain de Manchester qui avait étudié à Paris, m'encouragea à faire de même l'année scolaire suivante, 1971-1972. Donc, de nouveau, je suis parti.

À Paris, pour m'adapter, je fis de mon mieux pour imiter un accent parisien. Je me sentais étrange, car lorsque j'ai visité l'Angleterre, personne ne *corrigeait* mon accent américain. Au contraire, notre professeure de phonétique à l'École de l'Alliance Française me disait souvent de me fermer davantage les lèvres quand je parlais. Elle n'avait aucune idée pourquoi un Américain parlait français avec la bouche aussi grande ouverte. Elle ne m'a jamais demandé où et comment j'avais appris à parler français ; elle n'a même pas suggéré que je parlais le français canadien. Parfois, d'autres Français supposaient que j'étais canadien. De nouveau, toujours tellement ignorant de notre culture franco-américaine, je ne pouvais pas m'expliquer. Qui étais-je, cet Américain qui parlais couramment français, mais avec un accent canadien ?

À l'occasion, mes camarades de classe américains me demandaient de les aider avec leurs devoirs de français. Aussi, à une époque où l'auto-stop en Europe restait toujours sûr, comme un des deux seuls hommes dans un programme de trente-cinq étudiants, y ajoutant mon aisance en français, j'ai souvent reçu des invitations à accompagner des étudiantes de notre groupe, une à la fois, aux quatre coins de la France et au-delà. De plus, mon camarade de chambre, Tom Venner, originaire de Kalamazoo, Michigan, qui n'avait jamais étudié le français avant son arrivée à Paris, était étonné de rencontrer un Américain qui avait été élevé dans un foyer familial francophone.

Voilà, ci-dessus, encore d'autres raisons pourquoi j'étais reconnaissant pour mon éducation.

Dans ma carrière, je me suis dévoué entièrement à la promotion de la langue française, la culture franco-américaine de la Nouvelle-Angleterre et l'histoire de Manchester. Au mois de mars 1973, muni d'un diplôme de bachelier ès arts en sociologie et parlant couramment français, je suis devenu assistant de recherche et enquêteur en histoire orale pour Tamara Hareven et Randolph Langenbach, pour enregistrer les expériences d'anciens ouvriers du textile de la célèbre filature Amoskeag Manufacturing Company de Manchester, dont 40% étaient des immigrants canadiens français et leurs descendants franco-américains. Ce projet produisit plusieurs articles et deux livres par mes patrons, y compris *Amoskeag : Life and Work in an American Factory-City*.

Par la suite, je devins bibliothécaire-archiviste de l'ACA. J'ai aussi écrit et pris des photos pour *Le Canado-Américain*, duquel j'ai servi ensuite de directeur adjoint, représentant la troisième génération de ma famille à collaborer à cette publication. Au cours de mon emploi à l'ACA, j'ai étudié pour une maîtrise ès arts en français avec spécialisation en études franco-américaines au Rhode Island College (1981). Je considère mes années à l'ACA comme mon apprentissage dans le domaine de la culture franco-américaine pour me familiariser avec tout ce que l'on ne nous avait pas enseigné à l'École Saint-Georges. Depuis 1988, j'anime des sessions de conversation française dans le Native Speaker Program au Saint Anselm College. J'ai aussi poursuivi une seconde maîtrise en beaux-arts/fiction à la Southern New Hampshire University (2008). Outre mes emplois réguliers, je travaille de façon indépendante comme écrivain, conférencier, photographe documentaire et guide historique de Manchester—ce dernier comprenant le quartier franco-américain de la rive ouest.

En ce qui concerne l'avenir de la langue française et de la culture franco-américaine, tel que je dis souvent : « Avec chaque nouvelle génération, nous mettons un peu plus d'eau américaine dans notre vin français ». Cependant, c'est un processus long et lent, contrairement à ce que Mgr Thomas Hendricken, évêque de Providence, prédisait en 1884. Il ne voyait aucun besoin de remplacer le curé décédé d'une paroisse franco-américaine avec un autre Franco-Américain parce en dix ans, tous les paroissiens allaient parler anglais. Comme l'évêque Hendricken serait étonné de trouver des groupements de Franco-Américains à travers la Nouvelle-Angleterre qui parlent français de nos jours, près de 140 ans plus tard. Certes, ces groupements sont plus petits et il y en a moins qu'à l'époque de l'évêque.

Lorsque j'étais enfant pendant les années 1950 et le début des années 1960, on parlait français dans la rue, dans les restaurants, les magasins, les églises, les écoles, les sociétés, les événements sportifs, les lieux d'amusements et ainsi de suite. À l'heure actuelle, à part les foyers pour personnes du troisième âge, peut-être certaines églises et quelques restaurants qui servent la cuisine canadienne comme Chez Vachon à Manchester, on doit écouter avec attention pour entendre parler français en public. Néanmoins, si l'on organise une soirée canadienne avec musique et danse traditionnelles, de la nourriture et des boissons, quelques centaines de Francophones viendront fêter, y apportant leur célèbre joie de vivre. À vrai dire, ce seront surtout des personnes âgées. Y aura-t-il quelqu'un pour les remplacer dans X nombre d'années ?

Une question épineuse se pose : L'identité et la culture dépendent-elles de la langue ? La survivance française est une idéologie très ancienne qui exige que l'on parle couramment français, que l'on pratique fidèlement la foi catholique romaine et que l'on observe nos traditions ethniques afin de pouvoir s'appeler un Canadien français ou un Franco-Américain loyal. Ses partisans diraient que sans la langue, l'identité et la culture ne valent rien. Pourtant, combien de Juifs Américains affichent une fierté envers leur héritage sans pouvoir parler yiddish ou hébreu ? Et combien d'Irlando-Américains aussi fiers ne savent pas un mot de la langue gaélique irlandaise ?

J'ai rencontré des centaines de Franco-Américains qui ont été élevés dans un milieu exclusivement anglophone ou qui ont oublié leur langue maternelle française, mais qui ont hâte de faire de la recherche généalogique, de lire des ouvrages historiques et littéraires franco-américains en anglais et de célébrer notre culture. Certains suivent des cours de français et/ou tentent de retrouver le français de leur jeunesse en participant à des groupes de conversation française comme celui du Centre Franco-Américain de Manchester, Prêt-à-parler, ou des programmes semblables ailleurs. Personnellement, je crois qu'il est possible d'identifier avec et d'apprécier sa culture ethnique sans connaître sa langue ancestrale. Cependant, la connaissance de cette langue est la clé à un monde entier qui enrichit son ethnicité au plus haut degré. Parce que ma famille m'a offert les cadeaux de la langue française et de certains aspects de notre culture, tout comme la famille de mon épouse, Claudette Ouellette, a fait pour elle, nous avons passé ces cadeaux à notre fils qui, à son tour, les passe à nos petits-enfants.

Au cours des dernières années, j'ai renoué avec quelques camarades de classe de l'école primaire qui m'ont dit, en se souvenant combien j'aimais la moitié française de notre journée scolaire, qu'ils ne s'étonnent pas que je poursuive une carrière qui implique la langue française. Ils avouent également regretter ne pas avoir continué de parler français afin que leurs enfants et leurs petits-enfants soient bilingues comme les miens.

Si je jugeais l'avenir d'après ce que j'ai observé au cours de mes trente-quatre années d'enseignement de conversation française, je suppose qu'il pourrait toujours y avoir une minorité de Francophones qui maintiennent leur langue ancestrale, et de Francophiles qui pratiquent certaines traditions culturelles. En revanche, un retour à la vie telle qu'elle était à l'époque de ma jeunesse et auparavant est peu probable.

Vers la fin des années 1980, début des années 1990, plusieurs parmi mes étudiants franco-américains provenaient de l'extrême-nord de l'État du Maine, où certaines familles acadiennes continuaient de parler français. Il y avait quelques étudiants nés aux États-Unis de parents québécois récemment immigrés. Nous avions aussi quelques étudiants québécois qui venaient surtout pour jouer au hockey et, ayant reçu leur diplôme, se sont établis dans ce pays. Certes, ces étudiants sont rares, et il n'y aucune assurance qu'ils passent à leurs enfants la langue et la culture dans lesquelles ils ont été élevés.

J'ai eu des étudiants qui réussissent en français, qui terminent leurs études, et qui continuent de parler cette langue. Certains enseignent le français. D'autres réussissent, mais n'ayant personne avec qui pratiquer le français, ils oublient ce qu'ils ont appris. Il y en a encore d'autres qui arrivent ne sachant même pas prononcer correctement leur nom de famille, et quelques-uns d'entre eux s'en plaignent lorsque je le prononce en français. Enfin, un tout petit nombre d'étudiants ne se rendent même pas compte qu'ils sont franco-américains ! Certains sont fascinés par cette découverte et veulent explorer davantage leur nouvelle identité, mais la plupart de ceux-ci demeurent indifférents. Il y a aussi des étudiants franco-américains qui ne parlent pas français mais qui étudient l'espagnol. Certains le parlent couramment, mais les autres l'étudient uniquement pour remplir l'exigence linguistique de l'école pour ensuite l'oublier complètement.

Annuellement, notre Département de Langues Modernes organise une série d'activités au mois de mars, le Mois International de la Francophonie. Selon le genre d'événement, la participation des étudiants varie entre une demi-douzaine et peut-être jusqu'à une quinzaine ou une vingtaine. Toutefois, je m'étonne lorsque, pour une fête qui dure une seule journée à la mi-mars, des centaines d'étudiants, qu'ils soient irlandais ou pas, fêtent la Saint-Patrice. Le mois de mars est aussi celui de la naissance de l'écrivain franco-américain de réputation internationale, Jack Kerouac, qui a parlé exclusivement français jusqu'à l'âge de six ans. Cela me fait mal lorsque mes étudiants de Lowell, Massachusetts, ville natale de Kerouac, n'ont jamais entendu parler de lui.

Appelez-moi un rêveur, mais quand je vois que notre verre contient maintenant peut-être 10% de vin français, cela goûte quand même pas mal bon parce que c'est tout ce que nous avons.

20. La question du renouveau franco-américain

David Vermette

En avril 2021, l'historien Patrick Lacroix a publié un article intitulé *Une révolution tranquille chez les Franco-Américains* dans *Le Droit*, un journal respecté qui est le seul, aujourd'hui, à être publié en français en Ontario. S'adressant à des lecteurs canadiens d'ascendance française, il évoque « le renouveau qui se produit à l'heure actuelle », alors que de plus en plus de Franco-Américains, basés dans le nord-est des États-Unis, cherchent à redécouvrir leur identité ancestrale : « Les communautés franco-américaines du nord-est vivent un nouvel engouement pour leur culture ancestrale [...]. Maintenant, de jeunes Franco-Américains [...] s'affirment et souhaitent faire leur part pour la préservation de leur héritage ». Afin d'appuyer ses dires, Patrick Lacroix évoque quelques-uns des projets, certes encore modestes, qui ont été fréquemment organisés au cours des dernières années pour célébrer cette communauté. Des événements axés autour des Franco-Américains (comme la populaire New Hampshire PoutineFest), des chaînes YouTube, des groupes sur les réseaux sociaux, des blogs, des livres, des pièces de théâtre, des chansons, des conférences et autres n'ont effectivement cessé de voir le jour ici et là.

Je pense notamment à quatre podcasts. Trois d'entre eux produisent régulièrement du contenu et le quatrième, encore récent, a déjà fait l'objet d'une couverture médiatique dans la ville du Maine où il est enregistré, Lewiston. Trois d'entre eux n'existaient pas il y a encore cinq ans. La plupart de ces initiatives sont l'œuvre de citoyens lambda et bénéficient d'un soutien institutionnel faible, voire nul. Toujours plus d'individus s'investissent pour elles. Il semblerait que nous assistions à une forme de renaissance, encouragée par un petit groupe de militants qui travaillent à redonner vie à la Franco-Amérique. Cet élan créatif a, en partie, été facilité par la démocratisation des médias. N'importe quel sujet spécialisé peut déboucher sur un podcast ou deux. En 2010, les Américains d'ascendance canadienne-française qui s'engageaient pour cette cause avaient tous plus de 50 ans. Par ailleurs, la maîtrise du français était proportionnelle à l'âge. Cependant, tout cela n'est plus nécessairement vrai : aujourd'hui, beaucoup des acteurs de ce renouveau sont plus jeunes (que moi). Lorsque je me rends à des événements, je rencontre des personnes moins âgées qu'avant, dont les travaux séduisent. Certaines d'entre elles parlent couramment français. Mon livre *A Distinct Alien Race*, ainsi que les conférences que j'ai données à son sujet, ont aussi provoqué l'engouement des jeunes.

Certaines institutions plus anciennes demeurent actives et contribuent au renouveau. Créé il y a 50 ans, le Franco-American Centre (« Centre franco-américain ») de l'université du Maine, à Orono, a mis en place un cursus en études franco-américaines particulièrement riche. Par ailleurs, il continue à publier *Le Forum*, un journal bilingue. Portant initialement le nom de *FAROG Forum*, cette publication est à l'heure actuelle l'une des plus anciennes consacrée à la communauté franco-américaine. Un rassemblement annuel, héritier plus ou moins direct des fameuses conventions générales des Canadiens français aux États-Unis qui se tenaient au 19e siècle, est aussi organisé pour permettre aux Franco-Américains engagés de la Nouvelle-Angleterre de présenter leurs travaux et de réfléchir aux questions d'identité.

Pour sa part, le Museum of Work and Culture de Woonsocket, dans le Rhode Island, permet de découvrir l'histoire des anciens ouvriers franco-américains employés dans les usines de textile. Meilleur lieu de ce type dans la région, il accueille également divers intervenants. Pendant la pandémie de COVID-19, le musée et le Franco-American Centre ont, de concert, mis à disposition du public du contenu en ligne sous la forme de présentations, de discussions et de démonstrations. Nombreuses, toutes ces initiatives prouvent à quel point la communauté franco-américaine contemporaine sait se montrer innovante.

À Manchester, dans le New Hampshire, un autre Franco-American Center (FAC) a pris la relève de l'Association Canado-Américaine, une ancienne société de secours mutuel respectée. Le FAC propose des cours de français et des rencontres dans cette langue, fait lui aussi participer des intervenants et organise d'autres types d'événements. D'autre part, des associations généalogiques, comme l'American-Canadian Genealogical Society de Manchester et l'American-French Genealogical Society de Woonsocket, ainsi que plusieurs musées et sociétés historiques, mettent à disposition des Franco-Américains des ressources qui leur offrent la possibilité de se reconnecter avec leurs racines.

Pas un renouveau, mais plutôt une continuité

En dépit de tous ces signes positifs, je ne peux m'empêcher de ressentir une forme de scepticisme bienveillant. J'ai entendu parler de ce renouveau pendant toute ma vie d'adulte, or je n'ai rien relevé de vraiment pérenne qui pourrait être qualifié comme tel. À la fin du 20e siècle, les efforts déployés par les Franco-Américains pour tenter de redonner vie à leur culture reflétaient les difficultés qu'ils rencontraient pour se définir à une époque où les changements sociaux étaient constants. Au cours des dernières décennies, tous les discours tenus au sujet de ce renouveau culturel ont révélé à quel point les Franco-Américains avaient été « absorbés » par la culture dominante des États-Unis. Dans son livre *The French-Canadian Heritage in New England* (« L'héritage canadien-français en Nouvelle-Angleterre ») publié dans les années 1980, Gerard Brault consacre une section aux « signes d'un renouveau culturel en Franco-Américanie ». Pour expliquer ce supposé renouveau, l'auteur évoque principalement des événements s'étant produits dans les années 1970, comme la création de programmes d'enseignement bilingues dans le cadre de l'Elementary and Secondary Education Act de 1972 et de l'Ethnic Heritage Studies Act instauré la même année par le Congrès américain. Gerard Brault mentionne aussi le bicentenaire des États-Unis en 1976 et la saga *Roots*, publiée et diffusée respectivement en 1976 et 1977, qu'ils considèrent comme des catalyseurs de ce qu'il percevait, à l'époque, comme un renouveau culturel naissant.

En 1999, le livre *The Franco-Americans of New England: A History* (« L'histoire des Franco-Américains de Nouvelle-Angleterre ») d'Armand Chartier paraît. Au contenu similaire à l'ouvrage de Gerard Brault, il comporte un chapitre intitulé « Ethnicity Rediscovered » (« Une ethnicité redécouverte ») et incluant la section « A Cultural Awakening? » (« Un réveil culturel ? »). Avec ce point d'interrogation, Armand Chartier laisse paraître une pointe d'ambiguïté. Comme Gerard Brault, il estime que le bicentenaire et *Roots* ont contribué à ce qu'il appelle une « vague ethnique » dans les années 1970 et 1980. Pour lui, ce supposé « réveil » franco-américain vient s'inscrire dans cette « vague » nationale. Au cours de la décennie suivante, le sous-titre du film *Réveil – Waking Up French* de Ben Levine, une œuvre particulièrement influente, était « The Repression and Renaissance of the French in New England » (« La répression et la renaissance des Franco-Américains en Nouvelle-Angleterre »). Cette « renaissance » promise fait écho au processus de réacquisition de la langue française dépeint dans le film. Les anecdotes optimistes partagées dans ce dernier permettent de faire un lien entre cette réacquisition linguistique et l'ouverture au monde de la communauté franco-américaine, notamment lorsqu'une femme de Woonsocket exprime l'émotion qu'elle a ressentie en pouvant communiquer avec un immigrant sénégalais après avoir retrouvé son français.

Néanmoins, malgré cette idée de « renouveau », de « réveil » et de « renaissance », les Franco-Américains de Nouvelle-Angleterre ne se sont pas, dans l'ensemble, « exprimés » plus qu'avant. Comme Gerard Brault et Armand Chartier le laissent entendre, ce sont plutôt des tendances sociétales concernant tous les États-Unis qui ont ouvert la voie à un renouveau attendu, plutôt que des événements émanant directement de la communauté franco-américaine. Ce que l'on considérait comme un renouveau culturel au 20e siècle équivalait davantage à la réaction des Franco-Américains face à la modernité, alors que les fondements traditionnels de leur identité, comme la langue et la religion, commençaient à tirer leur révérence.

La survivance est morte

La culture canadienne-française qui a fait son apparition dans les « Petits Canadas » de Nouvelle-Angleterre, et a donné naissance à une culture régionale, reposait sur trois piliers : la langue française, la religion catholique et les traditions et mœurs du Québec rural. Jusqu'au 20e siècle, ils étaient considérés comme des caractéristiques essentielles de l'identité canadienne-française, qu'il fallait préserver afin d'assurer la « survivance » de cette culture. Je pense pouvoir dire, sans me tromper, que presque personne, d'un côté ou de l'autre de la frontière, ne fait vivre cette culture comme le faisaient nos arrière-grands-parents. Le Québec est devenu l'une des régions les plus farouchement laïques d'Amérique du Nord, ce que les élites ultramontaines du 19e siècle verraient comme une hérésie totale. Ajoutez à cela le fait que la plupart des Franco-Américains ne parlent plus français : les apôtres de la survivance doivent se retourner dans leur tombe.

Même si les Québécois et les Franco-Américains n'ont aujourd'hui plus le même lien avec les anciennes traditions canadiennes-françaises, tous revendiquent une certaine continuité avec le passé. Alors qu'un Québécois se verrait peut-être davantage comme un descendant des Patriotes des rébellions de 1837 et 1838, voire des Zouaves pontificaux, un Franco-Américain se considère comme le descendant d'un ouvrier francophone de Nouvelle-Angleterre. Dans les deux pays, la modernité n'a pas été embrassée de la même façon, ce qui a occasionné des discontinuités.

C'est réellement au milieu du 20e siècle, alors que les enclaves francophones des villes industrielles du nord-est commençaient à disparaître, que la question suivante s'est posée aux États-Unis : fallait-il intégrer les traditions canadiennes-françaises ou, au contraire s'en distancer ? De plus en plus, les Franco-Américains se sont mêlés à leurs autres compatriotes, notamment par le biais du service militaire et des études universitaires.

Des années 1960 à aujourd'hui, deux tendances caractéristiques de la société américaine se sont vérifiées avec eux : les Blancs issus d'anciennes communautés « ethniques » parlent souvent anglais et les traditions religieuses ne sont plus autant observées qu'avant. Des initiatives ont certes été prises pour tenter de préserver la langue française mais, de manière générale, cette entreprise s'est vue très compliquée par la disparition progressive des enclaves francophones. Au Québec, la Révolution tranquille a été la réponse à la modernité. Dans les années 1960 et 1970, pendant ce mouvement, les Canadiens français sont devenus des Québécois. Cette nouvelle identité les a encouragés à se tourner vers l'avenir et à se voir comme les membres d'une société novatrice. À la suite de cette révolution sociale, la société québécoise (cette fois considérée comme une nation à part entière, et plus seulement comme une ethnie) s'est détachée de la religion et des mœurs rurales qui définissaient les traditions canadiennes-françaises. Ce qui est resté, c'est la langue française, devenue le principal marqueur d'identité, si ce n'est le seul.

Pour les Franco-Américains de Nouvelle-Angleterre, il n'y a pas eu de Révolution tranquille, ni de rupture consciente avec le passé. Entre le milieu du 20e siècle et aujourd'hui, la culture franco-américaine traditionnelle s'est transformée graduellement au fil des générations. En l'absence des marqueurs habituels d'identité, comme la langue et la religion, pourquoi faudrait-il accorder de l'importance au fait d'être Franco-Américain ? Je n'ai pas la réponse à cette question. Je constate simplement que de nombreux Américains continuent, malgré cela, à revendiquer leurs origines franco-américaines, canadiennes-françaises ou acadiennes. Nous pouvons certes nous demander pourquoi ils procèdent ainsi alors qu'ils se sont détournés des piliers culturels traditionnels, mais la réalité est qu'ils sont nombreux à le faire.

Alors que l'idéologie de la survivance exigeait la préservation des choses du passé, ce qui importe avec la culture franco-américaine, c'est ce que l'on en fait à l'heure actuelle. Les attitudes conservatrices d'autrefois ne s'appliquent plus, car les conditions objectives auxquelles elles répondaient ne sont plus valables. Avant, la conception de l'identité était normative : vous deviez parler français, vous deviez être catholique, vous deviez vous marier avec un(e) catholique canadien(ne)-français(e). Au 21e siècle, l'approche est descriptive. L'appartenance à la communauté franco-américaine n'est plus conditionnée par une langue ou une religion ; elle relève avant tout d'un sentiment d'identification.

De la communauté à l'individualisme

Face au problème de la modernité, les Franco-Américains ont fait le choix de se tourner vers l'avenir non pas en formant une communauté, mais de manière individuelle. C'est en tant qu'individus (ou à la rigueur en tant que famille), mais pas en tant que communauté, que nous sommes passés d'une culture de la préservation à l'auto-identification. Pourquoi ? Car cette culture de la préservation ne tolérerait pas l'altération de ce qui nous vient du passé. Par ailleurs, l'influence des institutions créées par les générations précédentes afin de servir l'idéologie de la survivance ayant diminué, il n'existait plus de réelle « solidarité » entre des partisans de ce mouvement. Enfin, de nombreuses personnes ont déserté les enclaves francophones, ce qui a provoqué une perte de proximité physique. Il n'était dès lors plus possible de parler d'une communauté où les gens se connaissaient les uns les autres, allaient à l'école ensemble, étaient liés par leur famille étendue ou fondaient des clubs et des groupes d'intérêt, le tout contribuant au renforcement de leur langue et de leurs traditions.

L'expérience vécue actuellement par les Franco-Américains est influencée par les nombreux ajustements que les individus et les familles ont dû faire pour pallier cette absence de cohésion communautaire. Ces ajustements ont permis d'atténuer des conflits, les caractéristiques distinctives des Franco-Américains (langue, religion, classe sociale, niveau d'études, genre, sexualité, etc.) s'étant mêlées à celles des autres groupes ethniques blancs qui constituent la société américaine. Différences de classe lors de nos études à l'université de Brandeis ou de Swarthmore, identification à une religion ou à l'absence de religion, stéréotypes dictés par le sexe, question de la langue : nous avons su faire face à tout cela. Pour ce qui est de la langue, certaines questions reviennent souvent : qui peut être considéré comme un « vrai » Franco-Américain ? Quelqu'un qui parle forcément français ? Si oui, quel niveau de français est attendu de lui ? Ces interrogations vont de pair avec un sentiment de culpabilité chez ceux qui ont « perdu » leur langue, alors même que cela ne relève pas de leur fait (leurs parents ou grands-parents ayant décidé, avant leur naissance, de ne pas leur transmettre). Pour certains, les anciens marqueurs d'identité (langue française, catholicisme et culture populaire) sont encore présents. Ils le sont tous ou partiellement, et à un niveau plus ou moins fort.

Traumatisme générationnel

Cette érosion de la communauté et cette perte de la langue ne peuvent que nous faire penser au très probable traumatisme générationnel dont doivent souffrir les familles franco-américaines de Nouvelle-Angleterre. Si ce traumatisme est avéré, il n'est pas traité et, surtout, absolument pas reconnu, aussi bien au sein des familles affectées que par la culture dominante. Tout traumatisme causé par la vie dans les villes ouvrières et par la pauvreté qui y était vécue (même si elle semblait plus supportable que ce que les populations avaient laissé derrière elles) n'est ni évoqué dans les livres d'histoire, ni présent dans la conscience collective.

Tous les points suivants sont tus, sauf dans les récits spécialisés : le fait que les habitants francophones du Bas-Canada aient été considérés comme des citoyens de seconde zone au 19e siècle, la pauvreté du Québec rural qui a poussé tant de personnes à fuir, le choc culturel vécu à l'arrivée, la pauvreté persistante et extrême dans un pays pourtant prospère, la ghettoïsation des Canadiens français dans des enclaves, les moqueries subies par nos ancêtres aux États-Unis et la méfiance exprimée à leur égard, les agressions organisées dont ils ont souffert de façon intermittente entre 1840 et 1960, ainsi que la disparition de la langue et le sentiment d'impuissance qui en a découlé. Une telle invisibilité n'a pas aidé à soulager les conséquences du traumatisme transmis aux générations suivantes. Il nous incombe maintenant à nous, les descendants, de prendre la pleine conscience de notre histoire et des traces qu'elle a laissées. Nous ne devons pas le faire pour accuser qui que ce soit, ou afin d'être perçus comme des victimes, mais car se réconcilier avec le passé implique avant tout de dire la vérité.

Obstacle à la compréhension des deux côtés de la frontière

Le fait que l'identité franco-américaine ne soit plus nécessairement associée au français peut être difficile à concevoir pour nos cousins vivant au nord de la frontière. En effet, cette identité se base davantage sur une histoire et une expérience que nous partageons avec eux, ou sur des liens familiaux. Certains Québécois rejetteraient le contenu de ce chapitre, de mon livre ou de certains podcasts, car il est en anglais. C'est une situation à laquelle les Franco-Américains investis pour leur communauté doivent aujourd'hui faire face. L'équipe du French-Canadian Legacy Podcast and Blog, à Manchester, a par exemple dû publier une vidéo en français à la suite de messages l'accusant de produire un podcast qui n'avait pas de légitimité, car mené en anglais.

Des deux côtés de la frontière, les sensibilités diffèrent. Lorsque des Québécois craignant que le français disparaisse du Québec entendent des personnes, aux noms similaires aux leurs (et parfois anglicisés) parler anglais, quelque chose se déclenche en eux. En effet, c'est leur plus grande crainte qui se concrétise ! Les Franco-Américains, pour leur part, ressentent de la honte et éprouvent un sentiment d'échec en raison de la perte du français. Oui, il peut être étonnant que des anglophones s'identifient comme des Franco-Américains, mais je suggère que nous passions outre nos blessures et trouvions un moyen de nous accorder. Si la promotion et la préservation du français en tant que langue minoritaire en Amérique du Nord sont essentielles, alors les Franco-Américains, et même ceux qui ne parlent pas français, sont les meilleurs alliés. Cependant, pour cela, nous devons avant tout reconnecter les descendants des Canadiens français de Nouvelle-Angleterre avec la langue. Cela devra commencer par se faire en anglais. Le faible pourcentage de personnes bilingues est déjà conscient de la valeur du français, mais pas forcément les descendants qui ne parlent qu'anglais. Qu'on le veuille ou non, insister, en 2021, sur l'emploi exclusif du français de ce côté de la frontière n'est pas seulement irréaliste. En effet, cela peut nous conduire à nous taire et à interrompre nos efforts, ce qui priverait la francophonie nord-américaine de l'appui potentiel d'une communauté dont le nombre de membres se chiffre en millions.

Franco-américanisme, origine ethnique et préoccupations actuelles

La question du renouveau franco-américain vient s'ajouter à d'autres actuellement d'actualité aux États-Unis : celles de l'origine ethnique et de l'identité. De nos jours, tout groupe ethnique blanc cherchant à explorer son identité court le risque d'être assimilé à des mouvements identitaires racistes et suprémacistes. Dans mon livre, j'ai abordé les questions de l'origine ethnique et de la racisation afin de discuter le concept de « blanchité », tout en offrant une vision différente de l'histoire de l'Amérique du Nord. Mon étude des ambiguïtés entourant l'identité raciale des Franco-Américains aux 19e et 20e siècles visait à illustrer dans quelle mesure l'origine ethnique, la classe, la religion et la langue s'entremêlent. Je me suis intéressé au statut des Franco-Américains en le mettant en perspective avec l'idée qu'un système de caste raciale existait aux États-Unis. Certains disent que notre peuple a été colonisé après la conquête du Canada par les Britanniques. Même si cela est faux, il n'en a pas moins été prolétarisé et soumis à une politique d'assimilation culturelle, et cela s'est produit alors qu'ils étaient blancs, au sein de l'Empire britannique et aux États-Unis. D'après moi, ces points mériteraient d'être explorés plus en détail, mais il est également important de souligner que la situation des Franco-

Américains n'est en rien égale à celle vécue par les peuples de couleur en Amérique du Nord.

J'évite aussi de mettre les immigrants canadiens-français et acadiens dans la même catégorie que les immigrants européens ayant transité par Ellis Island. Par ailleurs, il me semble malvenu d'intégrer les descendants des Canadiens français et des Acadiens de Nouvelle-Angleterre à un groupe plus général de francophones, aux délimitations floues, qui les mélangerait aux réfugiés huguenots du 17e siècle ou aux immigrants français de classe moyenne du 19e siècle. Chacune de ces histoires est unique. N'oublions pas non plus le sentiment de sectarisme présent autrefois dans notre communauté (un représentant du régime de Vichy a été chaleureusement accueilli à Woonsocket et dans quelques autres localités de la Nouvelle-Angleterre francophone dans les années 1940), et qui doit être exposé s'il s'exprime à nouveau aujourd'hui. Nous devons savoir quand nos valeurs diffèrent de celles de nos ancêtres.

Pas du nationalisme blanc

Les efforts déployés par le Québec pour consolider la place du français dans la province font l'objet de critiques constantes, et son application du principe de laïcité alimente les débats. La volonté du Québec de former une nation au sein du Canada est souvent assimilée à du nationalisme blanc, et cette tendance est inquiétante. Preuve s'il en est, les tweets récents d'un professeur de droit de l'université d'Ottawa qualifiant le Québec « d'Alabama du Nord » et de province raciste, ou encore un article publié en mai 2021 et dans lequel J.J. McCullough, chroniqueur du *Washington Post*, s'est prêté à une comparaison absurde et provocatrice entre le Québec et le Mississippi, qualifiant le premier d'« ethno-État xénophobe ». Comparer le patriotisme québécois traditionnel au nationalisme blanc d'aujourd'hui constitue une grave erreur, alimentée par une incompréhension de l'histoire et de la dynamique du pouvoir en Amérique du Nord.

Le français est une langue minoritaire parlée à divers endroits du continent américain par des personnes aux couleurs et origines ethniques multiples, et issues de milieux variés. Bien que la majorité des francophones québécois soient blancs, ils font aussi partie d'une francophonie nord-américaine mixte. Les personnes comme

J.J. McCullough voient les Québécois à travers le prisme réduit du folklore et les considèrent simplement comme des descendants des habitants d'autrefois, plutôt que comme un pilier central de la francophonie en Amérique. D'autre part, les Canadiens français (et les Franco-Américains) ont été, historiquement, plus ciblés par les nativistes et les suprémacistes blancs (nationalistes protestants anglo-saxons blancs, eugénistes et membres du Ku Klux Klan et de l'Ordre d'Orange canadien) que leurs alliés. Selon les suprémacistes anglo-saxons blancs du 20e siècle, ils n'étaient pas suffisamment purs racialement parlant, en partie car on pensait qu'ils étaient issus de mariages mixtes entre des colons français et des autochtones.

Aux États-Unis, les partisans de l'eugénisme s'appuyaient sur de telles croyances pour justifier la qualification de « dégénérées » qu'ils attribuaient à des lignées familiales canadiennes-françaises. Certains Franco-Américains, principalement des femmes, ont même été l'objet d'une campagne de stérilisation. En 2021, l'Assemblée générale du Vermont s'est excusée pour sa participation active à ces opérations, en reconnaissant que les descendants de Canadiens français vivant dans l'État faisaient partie des groupes ciblés. Les Canadiens français ont aussi constitué l'une des populations les plus prolétarisées en Amérique du Nord. À la suite du traité de Paris de 1763, la France perd son statut de plus grande puissance mondiale au profit de la Grande-Bretagne. Les décideurs et personnes assurant la mise en œuvre des politiques colonialistes françaises autoritaires retournent en Europe et sont remplacés par des fonctionnaires impériaux britanniques. Les descendants des fermiers, ouvriers, commerçants, artisans, femmes et enfants francophones restés dans la nouvelle province britannique de Québec ont été considérés comme de la main-d'œuvre à bas coût par les bâtisseurs de l'Empire, qu'il s'agisse d'impérialistes britanniques ou d'industriels américains. Pendant deux siècles, nos ancêtres étaient vus comme des « sculpteurs de bois et des porteurs d'eau », des gens, tel que l'écrivait Lord Durham, « sans littérature ni histoire », cependant utiles pour leur capacité à travailler, « la seule chose à laquelle ils se révèlent aptes » d'après les dires du Bureau of Labor Statistics du Massachusetts en 1881. Sur le long terme, il est devenu évident que la population canadienne-française était exploitée par l'Empire britannique et les États-Unis.

Que l'on ne se méprenne pas, les Anglo-protestants ont été, jusqu'à récemment, la « caste » principale en Amérique du Nord. Les blancs qui n'étaient ni protestants ni anglophones profitaient d'une meilleure situation que les personnes de couleur, mais qui demeurait toutefois inférieure à celle des Anglo-protestants. Aujourd'hui, ces différences sont bien moins importantes qu'autrefois. Néanmoins, après 1763, les Canadiens français n'ont jamais réellement été perçus comme les membres d'une caste élevée, et ce des deux côtés de la frontière. Au 21e siècle, les attaques continues dans la presse contre le Québec sont l'expression d'un suprémacisme anglophone, qui promeut l'idée que les anglophones d'Amérique du Nord sont des personnes éclairées, contrairement aux francophones, arriérés et incultes. Au cours des recherches que j'ai effectuées, j'ai pu, dans des articles du *New York Times* datant des années 1880 et 1890, lire que les Canadiens français étaient « ignorants », « intolérants » et « antidémocratiques ». De nos jours, ces propos calomnieux trouvent leur écho dans les tribunes publiées par les polémistes du *Washington Post*.

Les lecteurs américains « absorbent » ces théories sans faire preuve de discernement, car elles confirment leurs propres stéréotypes au sujet de ce peuple francophone dont ils ont entendu parler et qui vit quelque part dans le nord du continent. Pour les lecteurs du *Washington Post* vivant dans les États américains du littoral médio-atlantique, le Québec renvoie à une région méconnue à laquelle les journalistes anglophones canadiens comme J.J. McCullough peuvent attribuer la valeur qu'ils souhaitent. Depuis le 19e siècle, ces écrits négatifs sont très présents dans la presse américaine.

Renouveau ou continuité ?

Maintenant que nous avons abordé la créativité de la communauté franco-américaine et certains des obstacles à surmonter, nous pouvons nous poser la question suivante : est-il possible de parler d'un renouveau franco-américain ? Hélas, il est encore trop tôt pour le dire. Ce que moi-même et des spécialistes comme Patrick Lacroix pouvons toutefois confirmer, c'est que des choses se passent parmi les Franco-Américains de Nouvelle-Angleterre. Même si je préfère rester prudent, il est indéniable que beaucoup de personnes prennent actuellement des initiatives en la matière. Cependant, elles ne cherchent pas à redonner vie au passé, mais plutôt à redéfinir l'identité franco-américaine. Pour le moment, il est urgent que les Franco-Américains et les Québécois clarifient leur histoire commune, en particulier le lien de cette dernière avec le colonialisme français, le colonialisme britannique et les politiques qui ont suivi aux États-Unis et au Canada. C'est à la fois difficile et nécessaire pour éviter tout malentendu historique catastrophique.

Nous avons encore beaucoup à faire.

21. Mon expérience de Franco-Américain

Anthony T. DesRois

En tant que Franco-Américain, mon identité a été à la fois un refuge et une source d'incertitude. La relation que j'entretiens avec ma culture est aussi complexe que l'histoire des Franco-Américains. Pour comprendre réellement à quel point cette culture joue un rôle dans ma vie d'aujourd'hui, il est important de commencer par le début. Même si j'estime que ma grand-mère est l'incarnation même de tout ce qui touche au français dans mon existence, mon premier souvenir lié à la langue française est associé à ma mère : je la revois, la bouche en cœur, essayer de m'aider à prononcer le son « ou ». Cela s'est produit lors d'un voyage en train entre le nord de l'État de New York et la Floride, une destination où la quasi-totalité des Québécois se rend au moins une fois dans sa vie. Ma mère voulait s'assurer que je connaisse quelques mots en français, en plus des chiffres et des salutations obligatoires que je devais employer avec mes grands-parents. C'est l'un des plus beaux souvenirs que j'ai d'elle. Ma grand-mère et sa famille, les Laliberté, ont quitté Lévis, au Québec, pour le New Hampshire où son grand-père travaillait sur les chemins de fer. Fille de soldat ayant combattu pendant la Seconde Guerre mondiale, elle est née hors mariage, ce qui, pour une famille catholique pratiquante, était inacceptable. En raison de l'embarras ressenti par sa famille, ma grand-mère a été envoyée dans un monastère jusqu'à ce que sa tante et son oncle l'accueillent dans leur ferme de Westbrook, dans le Maine. À Westbrook, le français était la seule langue parlée au sein de sa communauté. Plus tard, la mère de ma grand-mère lui a demandé de venir vivre avec elle et d'aller à l'école, où elle a fait connaissance avec l'anglais.

Je me souviens très bien des moments où ma grand-mère me racontait qu'elle était moquée à l'école car elle ne savait pas parler anglais, et qu'elle avait ainsi fini par avoir honte d'être Canadienne française. Cette histoire, je l'ai entendue répétée de nombreuses fois par des personnes de sa génération. Elle m'a raconté cela quand je me suis plaint des autres élèves de mon école qui se moquaient de moi en raison des vêtements qu'elle me choisissait. C'était sa manière de me dire que les choses auraient pu être pire ; j'aurais pu effectivement être moqué, mais sans comprendre ce que les autres me disaient. Ma grand-mère a adopté de nombreuses traditions américaines qu'elle a ensuite transmises à ses filles. Elle a néanmoins continué à respecter certaines coutumes québécoises, comme la messe de minuit, le réveillon de Noël et la préparation de certains plats. Elle nous a également transmis les berceuses que je chante aujourd'hui à mes deux enfants.

Ma mère, qui a grandi pendant les années 1970, a rejeté plusieurs de ces habitudes francophones, ce qui ne l'a cependant pas empêchée de rendre visite à son pépère et à sa mémère au Québec ou dans leur maison de vacances du New Hampshire, ou d'aller dans la ferme familiale à Westbrook. Avec ma tante, elles passaient leurs étés à y travailler et y ont vécu une situation opposée à celle de ma grand-mère : elles, c'est le français qu'elles ne maîtrisaient pas suffisamment. Au fil du temps, et alors qu'elles venaient gagner un peu d'argent pour s'acheter les habits qu'elles porteraient à l'école l'année suivante, toutes deux ont appris à le parler couramment et à valoriser leurs racines. Ma grand-mère et mon grand-père se sont finalement établis à Port Salerno, en Floride, une localité qui était, et est toujours, un port de pêche. La famille de ma grand-mère construisait des bateaux au Québec et mon grand-père était un homme touche-à-tout qui aimait la mer. Pour cette raison, il a estimé que ce lieu serait parfait pour abriter leur foyer. Malheureusement, comme dans d'autres ports de pêche, des difficultés économiques se sont présentées, et ma famille a connu des temps difficiles. Comme ma mère avant moi, j'ai grandi dans cet environnement et pris conscience de son impact sur mes proches. Le mode de vie américain a effacé nombre de nos traditions, et les visites de ma mère et de ma grand-mère dans le Nord s'espaçaient de plus en plus. Apparemment, un désaccord entre ma famille du Nord et ma grand-mère au sujet de l'éducation à l'américaine de ma mère a entraîné une rupture permanente entre les deux branches familiales. Or, une fois qu'un tel lien est perdu avec le Québec, la perte de la langue française peut rapidement suivre.

À l'adolescence, mon frère et moi avons été retirés à notre mère et à notre grand-mère, puis séparés. Pendant cette période, je me suis posé énormément de questions sur moi-même. Cette introspection permanente m'a permis de découvrir que j'étais, effectivement, différent des autres. Il existait quelque chose d'unique à mon sujet, qui me rendait spécial. C'est mon identité qui m'a aidé à tenir pendant mon adolescence. Je pouvais être retiré à ma famille, envoyé vivre ailleurs, inscrit dans une nouvelle école et séparé de mon frère, mais personne ne pouvait me prendre ma culture. Le fait de m'identifier à cette dernière a été ma bouée de sauvetage. Cela ne veut cependant pas dire que je savais complètement à quoi ma culture se rapportait. Durant ces années, je ne percevais pas bien la différence entre les Français et les Canadiens français, car ma grand-mère ne les distinguait pas. À l'école, dès que j'entendais parler de l'histoire de France, j'étais immédiatement intéressé. Je me suis plongé dans cette dernière, ainsi que dans les médias francophones, et j'ai développé une grande fierté pour ma culture (et, en rétrospective, pour moi-même également). Je suis devenu un grand amateur de hockey et de football ; pendant les compétitions, je soutenais toujours les équipes qui comportaient des membres français ou québécois. J'ai également suivi le Championnat de France de football et supporté l'équipe de France, ce qui m'a d'ailleurs été d'une aide précieuse quand je suis devenu journaliste sportif pour *Get French Football News*. Tout ce qui était français ou francophone attisait mon intérêt pour ma culture.

Arrivé à l'âge adulte, j'ai commencé à entendre des remarques désobligeantes sur les Français et j'ai dû plusieurs fois défendre mon identité. Mon ancien responsable a même, un jour, mis une grenouille sur mon bureau pour que je n'oublie pas que, sans lui, ancien soldat, on parlerait allemand en France. Je n'ai jamais compris pourquoi ma « francité » était si remise en cause par les autres. Quand il fallait préciser son origine ethnique, je répondais fièrement que j'étais d'ascendance canadienne-française. Souvent, on me demandait de le prouver en disant quelque chose en français ou, pire, j'étais rejeté. Je ne me rappelle pas avoir vu un Américain d'ascendance italienne ou irlandaise être traité de cette façon, même lorsque plusieurs générations le séparaient de ses ancêtres arrivés d'Europe. Selon moi, réagir à ce genre de remarques est inutile, mais cela n'a pas empêché la survenue de nombreux conflits avec d'autres personnes, à tel point qu'il m'a fallu réexaminer ma propre histoire pour être sûr d'être légitime. Explorer l'histoire de ma famille n'a pas été seulement libérateur ; cela m'a permis de mieux comprendre le parcours de mes proches, ainsi que les difficultés auxquelles ils avaient dû faire face pour exister, ici, aux États-Unis. Avant le décès de ma grand-mère, j'ai pu parler avec elle et ma tante, et cela m'a encore plus encouragé à faire la promotion de mon héritage. En effet, en découvrant ma propre histoire, j'ai également pris conscience que j'avais perdu mon lien avec elle. Cela s'est produit en 2010. C'était il n'y a pas si longtemps, mais le mouvement actuel en faveur de la culture franco-américaine ne s'était pas encore enclenché. Notre communauté n'était pas encore si présente sur les réseaux sociaux, et des ouvrages d'exception comme *A Distinct Alien Race* n'avaient pas encore été publiés. C'est notre absence de représentation sur Facebook, à ce moment-là, qui m'a incité à créer la page « Franco-American ». Mon objectif était de mettre plusieurs cultures francophones en relation, en proposant du contenu qui résonnerait auprès de chacune : les Cadiens, les Canadiens français et les Franco-Américains. Quand je parcours les publications et vois comme les gens réagissent, je suis heureux d'avoir pris cette initiative. J'ai appris plus que je n'ai partagé, ce qui est toujours positif. Lorsque je voyage, j'entre en contact ou reçois des recommandations d'individus dont l'existence m'aurait été totalement inconnue sans la page « Franco-American ».

M'informer sur mon histoire a eu une conséquence inattendue : j'ai pu reconstruire ma famille. J'ai retrouvé mon frère en 2016. Âgé de 16 ans, il avait été adopté par une famille « américaine ». Il n'était qu'un bébé quand nous avons été séparés. Au cours de l'une de nos premières rencontres, il m'a avoué qu'il avait grandi en ressentant ce besoin viscéral de connaître ses racines, et que cela l'avait préoccupé toute sa vie. Car j'étais assez âgé pour me souvenir de notre famille, et grâce aux recherches supplémentaires que j'avais effectuées, j'ai pu répondre à ses questions. Je ne parlais pas couramment français quand j'ai quitté ma grand-mère, mais j'étais très familier de cette langue, tellement que j'ai pu développer mes connaissances de celle-ci sans devoir prendre des cours ou suivre une formation. J'ai pu créer de nouveaux souvenirs et, ainsi, remplacer les mauvais en apprenant, à mon frère et à mes deux fils, les traditions et la langue que ma grand-mère bien-aimée m'avait transmises.

Ma culture et le français sont essentiels à ma vie et à ma carrière. J'écris actuellement pour *Get French Football News*, et je n'aurais jamais pu le faire si je ne m'étais pas intéressé au Championnat de France de football pendant ma jeunesse (à l'époque, il n'était pas simple de le suivre aux États-Unis). Alors que ce Championnat est de plus en plus populaire dans mon pays, j'ai une longueur d'avance sur tous les supporters grâce aux connaissances que j'ai glanées par le passé. En outre, maîtriser suffisamment le français m'aide pendant les interviews, ainsi que pour comprendre ce que disent les joueurs. J'ai également utilisé cette langue quand j'ai occupé le poste de responsable de compte auprès de nos clients québécois, en Floride du Sud. Enfin, bien au-delà de tout cela, j'ai pu créer des liens qui dureront toute mon existence avec certaines personnes.

Le français m'a aidé à apprendre le créole quand j'ai rencontré ma belle-mère. Les gens ont été surpris de voir avec quelle rapidité je suis parvenu à comprendre cette langue, mais celle-ci me semblait familière. De nombreux mots sont identiques au français, même s'ils sont utilisés différemment. Les verbes, pour leur part, sont rarement conjugués, ce qui a constitué un grand avantage. C'est apprendre les différences principales entre les deux langues qui a été le plus compliqué pour moi. Une fois cet obstacle surmonté, j'ai pu communiquer avec ma magnifique belle-mère qui m'a ensuite appris, dans sa propre langue, bien plus de choses que n'importe qui d'autre. Sans cela, je ne sais pas si je me serais senti aussi lié et proche d'elle, ou de la famille de ma femme.

Mes enfants, bientôt adolescents, ont été baignés dans la culture francophone. Ils ont tous les deux choisi d'étudier le français à l'école et je fais de mon mieux pour participer également à leur apprentissage. Eux aussi, ils ouvrent leurs cadeaux la veille de Noël, mangent de la galette des Rois, écoutent les histoires de Jean et du loup-garou à Halloween et savent préparer les classiques que sont la tourtière, les beignets et le bœuf bourguignon. Élever des enfants dans la culture franco-américaine est aussi difficile que gratifiant. Les miens sont parfois tentés de choisir la solution de facilité et d'embrasser le style de vie américain. Néanmoins, en leur transmettant la culture, je leur ai permis de développer un amour pour la langue et les traditions associées. C'est pourquoi, généralement, ils finissent par se rendre avec entrain à leurs cours de français, même s'ils ont lâché un petit soupir avant.

Alors que mes enfants grandissent, j'espère pouvoir continuer à créer du contenu qui fédère. Je vais toujours partager celui produit par d'autres francophones et membres de ma communauté sur les réseaux sociaux, et y réagir, mais j'aimerais faire plus que cela. Je voudrais créer du contenu, en français, qui aiderait les lecteurs à mener un vrai style de vie franco-américain. Parfois, il suffit d'opter pour le format qui fonctionne et de s'inspirer d'autres communautés, comme celle des hispanophones. Les familles hispanophones parviennent mieux à préserver leur langue que les familles francophones. Ceci est dû à un manque de contenu en français dans les médias, ainsi qu'à l'absence de rassemblements locaux, par exemple dans les synagogues et les églises. De plus, nous devons mettre en place des écoles et des lieux publics francophones pour obtenir les mêmes résultats que certains autres groupes ethniques fortement représentés dans le pays. Il devrait pouvoir être possible d'être accueilli par un « Bonjour » dans des magasins ou des restaurants.

Les efforts déployés sur les réseaux sociaux, par *Télé-Louisiane*, par Jesse Martineau et l'équipe du French-Canadian Legacy Podcast and Blog, par New Niveau, par Sweet Crude et par l'Association for the Advancement of the French Language and Francophone Culture in the United States (AAFLFC, ou « Association pour l'avancement de la langue française et la culture francophone aux États-Unis ») sont plus que motivants. Si nous parvenons à proposer des options diversifiées, je suis sûr que la langue française et les communautés francophones seront de plus en plus mises en valeur. La culture franco-américaine n'en deviendra d'ailleurs que plus inclusive. Constamment, je remarque des dissensions au sein de notre communauté, et parfois au sujet de choses aussi basiques que le nom à donner au français parlé. Les termes « français québécois », « français cadien » et « français de Nouvelle-Angleterre » font référence à des dialectes très importants qui doivent être chéris. Cependant, lorsqu'ils sont employés pour faire une distinction claire entre les gens, cela devient un problème qui entrave le dialogue. Les différences entre les dialectes ne doivent pas être vues comme des barrières, mais plutôt comme des caractéristiques distinctives qui enrichissent, à leur façon, la langue française. De plus, ces différences ne sont pas aussi grandes que ce que l'on croit. Lorsque je lis des livres d'auteurs louisianais, et même avec mon français limité, il est rare que je tombe sur des mots et des phrases que je suis incapable de comprendre.

Je dis toujours qu'être « ethniquement francophone » ne veut rien dire. L'histoire de la France, par exemple, a été construite par toute une myriade de peuples et d'explorateurs unis par la langue et la culture (sans oublier le vin !). Sur les réseaux sociaux, certaines personnes partagent leur grand étonnement quand, après avoir reçu les résultats d'un test ADN, elles découvrent que de nombreux pays sont mentionnés dans les résultats. J'en ris à chaque fois. J'espère, un jour, pouvoir contribuer à ce manque de contenu consacré aux Franco-Américains. Pour l'instant, je travaille sur mon prochain livre. Il sera écrit en anglais, puis traduit en français. Original et captivant, il retracera l'histoire d'un héros populaire, cette fois racontée d'un point de vue franco-américain. L'idée m'est venue de mon fils, qui a, un jour, arrêté d'admirer cette figure connue et l'a remplacée par une autre. Après y avoir réfléchi pendant des jours, je me suis dit qu'il y avait matière à récit. Ce sont des projets de ce type qui assureront la pérennité de notre mouvement. Une fois, dans un documentaire, j'ai entendu une femme dire que si nous ne faisons pas l'effort de parler français dans des circonstances informelles (c'est-à-dire, quand nous racontons des blagues ou participons à des conversations banales avec notre famille), nous ne maîtriserons jamais la langue. Mon objectif est de parler français à un niveau qui me permettrait de l'employer dans n'importe quelle situation, mais ce n'est pas chose simple. Je fais de petits essais tous les jours, mais j'abandonne souvent et poursuis mes phrases en anglais, car j'ai du mal à trouver les mots. Néanmoins, c'est en persévérant qu'on y arrive.

Je n'ai jamais été aussi optimiste qu'aujourd'hui. Les enfants louisianais commencent à mieux parler français que leurs parents, et je vois bien mes fils prendre le même chemin. Avec notre aide, les jeunes peuvent avoir accès au monde francophone dont je parle ici, et c'est déjà possible dans la ville où je réside. À Miami, mes enfants jouent au football dans une école de la Paris Saint-Germain Academy, il existe une forte communauté haïtienne parlant français et créole, on trouve plusieurs entreprises françaises et le nombre de résidents saisonniers québécois est probablement le plus élevé au monde. Je ne me vois pas rejoindre une entreprise traditionnelle qui proposerait le français comme un « service ». En revanche, j'espère un jour pouvoir créer une plateforme qui permettrait aux francophones de ma région, ou d'ailleurs, d'accéder à un large éventail de contenus publiés en français. Si votre enfant n'a pas la possibilité d'apprendre le français dans son école, il existe des applications de qualité comme italki qui, à raison de seulement quatre dollars par leçon, peuvent le mettre en relation avec un professeur. D'après moi, c'est grâce à la technologie, aux initiatives locales et au contenu multimédia que l'on encouragera les gens à se reconnecter à la culture franco-américaine et à s'intéresser à la langue française.

Aux États-Unis, l'ampleur de cet intérêt pour la langue française est encore à confirmer. Des opportunités numériques existent pour apprendre et parler celle-ci, ainsi que pour interagir avec d'autres francophones. Toutefois, je ne sais pas si les applications et les réseaux sociaux sont suffisants. Je pense qu'il est important d'entrer en contact avec des personnes qui parlent la langue. Avec la pandémie de COVID-19, nous avons découvert le travail à distance et la possibilité d'être basé n'importe où dans le monde. La volonté de vivre comme un Franco-Américain peut-elle nous encourager à bouleverser notre quotidien pour aller nous établir dans une région plus francophone ? Je ne peux pas répondre à cette question, même si j'ai vu de nombreuses vidéos montrant des Franco-Américains et des aspirants francophones partir en France ou au Québec pour étudier. Déménager en Louisiane ou en Nouvelle-Angleterre n'est donc pas une idée si folle que cela ! Il s'agit de ma vision idéale du français en Amérique. Je sais que nous sommes loin d'en être arrivés à ce stade, mais j'ai choisi d'être confiant. Par chance, nous sommes à une époque où toutes les générations peuvent s'impliquer, or jeunesse rime avec énergie, et avec l'âge vient la sagesse. À nous maintenant de nous investir et de produire du concret. Soit nous accueillons cet élan à bras ouverts, soit nous laissons le mouvement se tarir en espérant que la génération suivante prendra le relais.

22. De l'importance de s'engager

Jean Mirvil

Agissons ! Et si nous prenions notre envol pour partir vivre de nouvelles aventures, affronter les conflits et laisser notre trace dans un monde enlisé par des problèmes dont peu ont la solution ? Aujourd'hui, après plusieurs décennies troublées par des catastrophes climatiques susceptibles de se reproduire et des soulèvements politiques, nous nous remettons en question. Où est le bien ? Où est le mal ? Pourquoi si peu de partis politiques ne se réclamant pas de la gauche et de la droite traditionnelles parviennent-ils à atteindre leurs objectifs ? Une chose est sûre : linguistiquement parlant, il n'est plus possible d'avancer en solo pour communiquer, développer de nouvelles idées et rester motivé.

Auparavant, lorsque les immigrants rencontraient des difficultés pour définir leur identité, ils étaient enjoints à rentrer dans un moule et à se mêler à la majorité. En fonction de votre situation financière, vous pouviez aussi payer pour apprendre et accumuler autant de choses que vous le souhaitiez. Néanmoins, alors que le monde entier se retrouvait dans une seule classe et que la démocratisation devenait imminente, de nombreuses métropoles ont choisi de développer diverses approches en matière d'enseignement des langues. C'est ce phénomène qui m'a conduit à devenir professeur bilingue dans des écoles publiques de New York. Mon rôle était d'offrir des possibilités de communiquer aux apprenants, indépendamment du milieu dont ils étaient issus, des considérations financières et politiques, de leur origine ethnique, de leur religion, de leur genre et de leur statut social, toujours remis en cause. Par chance, j'ai toujours fait preuve d'honnêteté et d'ouverture d'esprit, et c'est cela que j'ai appliqué à ma méthode d'enseignement. Grâce à cette approche, mes élèves ont eu la liberté d'apprendre en tirant parti de leurs propres ressources, ainsi qu'en empruntant à d'autres, afin de façonner le procédé qui les aidera à enrichir leur propre répertoire communicatif.

Le scepticisme a toujours eu sa place en matière de croyances. En raison de la sélection naturelle, et indépendamment du lieu où l'on se trouve, certaines réalités sont plus simples à absorber, considérer et adopter. Cependant, cela dépend des espèces ! Il est donc essentiel de valoriser ce qui parle à chacun, même s'il s'agit d'un concept qui diffère de notre propre réalité.

Pendant mes cours, les expériences et réalités vécues par mes élèves ont toujours leur place, et tout particulièrement dans un environnement multilingue. Lorsque j'assiste à un événement, je suis ravi de voir les intervenants faire l'effort de saluer les membres du public dans leur langue. Les salutations s'arrêtent souvent à « bonjour », « good morning » ou « buenos días », mais cela ne veut pas dire que « mbolo », « bongiorno » ou « annyeong haseyo » n'a pas sa place non plus. Tout le monde est pris en compte, car aucune langue n'est inférieure à une autre. Je ne conseille pas, simplement pour être politiquement correct, de vérifier en amont la nationalité de chaque spectateur. Il nous suffit d'être authentiques et d'exprimer clairement ce que nous souhaitons que les autres ressentent. Nous sommes qui nous sommes et notre mission est d'apprendre les uns des autres afin de pacifier nos rapports. Attachons-nous à présenter la bonne attitude.

Lorsqu'ils sont pris en charge par des enseignants « dyanm » (« forts » ou « courageux » en créole haïtien), de nombreux élèves réussissent à l'école primaire et au collège. Mes classes bilingues en sont la preuve, et que l'on y parle créole, français ou espagnol. Ces enseignants sont pragmatiques et cherchent à ce que *tous* leurs élèves apprennent et exploitent pleinement leur potentiel. Ils défendent les droits de ces enfants, en se souciant d'eux, de leur langue et de leur culture. Ils se soucient aussi du futur des États-Unis. C'est grâce à leur engagement qu'ils ont pu s'accommoder des réformes, des circonstances et des changements de cursus et de direction pour offrir un enseignement de qualité à leurs apprenants.

Je suis le co-auteur d'une compilation de leçons, *I can learn French* (« Je peux apprendre le français »), conçue à l'époque pour pallier les lacunes de nombreux élèves haïtiens provoquées simplement par le fait que de telles ressources n'avaient pas été mises à leur portée. Après l'étude des 31 chapitres, le passage à des manuels de français standard s'est effectué sans effort. Les élèves concernés, au départ regroupés dans des classes qui répondaient à leur niveau d'apprentissage, ont ensuite souhaité être intégrés à des classes supérieures. Parfois, nous mettions en place des opportunités d'apprentissage qu'on surnommait des « language institutes », des cours d'immersion accélérés et des cours supplémentaires pendant les vacances ou pendant le week-end. Nos élèves n'ont jamais été cantonnés à un seul programme. Nous avons procédé à des échanges et intégré des langues comme le grec et le latin au cursus. Le but était de motiver les apprenants en exploitant et en évaluant leurs compétences afin d'enrichir la culture de notre école. Durant les cours que je dispensais en français, je leur ai appris à apprécier la cuisine française. Le vendredi, les mathématiques rimaient avec croissants, pains au chocolat, salade niçoise et crêpes. Souvent, nous transformions la classe en salle de restaurant pour nous retrouver en conditions réelles et, en même temps, aborder les normes sociales. Les élèves étaient ainsi parfaitement préparés à aller manger à La Bonne Soupe à New York, ou chez Duc de Lorraine à Montréal. D'ailleurs, pendant plusieurs années, plusieurs sont partis en voyage scolaire dans la belle ville de Québec. Je me souviens encore du restaurant Juliette & Chocolat, rue St-Denis...

Les enseignants qui voient grand ne fixent pas de limites

J'ai appris à ajouter un petit quelque chose à mes cours. Si je ne dispose pas de l'ingrédient nécessaire, je fais en sorte de l'obtenir. C'est dans cet esprit que je me présente devant mes élèves. Il est possible que certaines stratégies et certains modèles d'enseignement aient déjà été inventés, mais, bien trop souvent, nous croyons les créer nous-mêmes, car nous n'y avons pas été exposés, ou car nous ne les avons pas exploités, lorsque nous étions à l'université. Le poste de professeur de langues se prête très bien à une analogie avec la gastronomie. En effet, tout comme vos plats favoris doivent l'être, vous devez aussi « assaisonner » vos leçons et faire en sorte de les accompagner d'une sauce différente à chaque fois pour motiver les apprenants et les professionnels de votre établissement. Je réfléchissais à des sujets et outils qui viendraient ajouter ce fameux petit quelque chose à mes cours. Pour compléter le tout d'un petit zeste d'originalité, je cherchais, auprès de mes élèves, ce qu'ils pourraient apporter de leur culture. Certains de mes collègues, séduits par les efforts que je déployais, m'ont même demandé s'ils pouvaient assister à mes cours pour se rendre compte d'eux-mêmes de l'engouement qu'ils provoquaient chez les jeunes. Dans mes classes, on ressentait de la joie et tout le monde était le bienvenu. Ma satisfaction était semblable à celle du cuisinier qui agrémente sa préparation d'une dernière épice : vous savez que vous avez investi du temps sans jamais oublier les destinataires de vos attentions, et personne ne peut vous enlever cela. Vous avez atteint votre meilleur niveau.

Vous rencontrerez toutefois des obstacles, érigés par ceux qui penseront, peut-être, que vous êtes fou et qui ne souhaiteront pas s'investir autant que vous. Cependant, il s'agit de votre mission à vous ; vous ne devez pas vous attendre à ce que tout le monde cherche à sortir de l'ordinaire. Vos capacités vous permettront de briller pas seulement dans une langue étrangère, mais dans plusieurs. J'ai toujours dit qu'enseigner une langue et une culture, c'était comme être ambassadeur, or quel est le rôle d'un ambassadeur ? En grande partie, de gérer les conflits. Alors, faites de même. Prouvez que vous êtes qualifié et partagez vos connaissances avec le monde. Si vous ne prenez pas position, vous pouvez risquer d'alimenter cette négativité.

J'ai enseigné le français au primaire et au collège, ainsi que l'anglais langue seconde aux États-Unis et dans d'autres pays. Plus récemment, je suis intervenu dans des classes et à des forums de professeurs afin d'évoquer l'apprentissage des langues, la culture, l'identité et des concepts concernant plusieurs langues. Lorsque vous êtes ambassadeur, c'est pour toujours. C'est vrai : je n'ai jamais quitté les salles de classe. Chaque jour, après des décennies à travailler dans ce domaine, je continue à apporter mon aide pour essayer d'optimiser les méthodes d'enseignement. On n'arrête jamais d'apprendre ! Le fait d'être bilingue m'a permis de mieux comprendre la vie et ses dualités. J'ai eu cette chance incroyable. Quand j'ai appris l'anglais, devenu depuis ma troisième langue, mon esprit critique s'est énormément développé. Mes collègues quadrilingues continuent également à me fasciner. Le problème, ce n'est pas de se sentir perdu lorsqu'on est exposé à plusieurs langues, ou le fait qu'une langue soit considérée comme plus importante qu'une autre. Ce qui importe, c'est de s'engager et de parvenir, par quelque moyen que ce soit, à aider les autres à exploiter le cadeau dont ils ont hérité.

Ce cadeau, ce sont les langues et la culture qu'on leur a léguées, et auxquelles ils peuvent redonner vie pour honorer les générations qui ont fait tant de sacrifices afin d'assurer une vie meilleure à leurs descendants. En revanche, il existe toujours des personnes qui fustigent certains peuples et certaines langues, et vont jusqu'à se faire opposer ces dernières. Il n'y a pas longtemps, j'ai entendu des individus discuter d'un pays qui compte deux langues officielles. L'un d'entre eux, qui ne maîtrisait qu'une de ces deux langues, à savoir la langue dominante dans le pays en question, exigeait que celle-ci devienne l'idiome à favoriser. Cette approche autocratique des langues, qui consiste à les voir comme un simple moyen de communication, nie complètement le fait qu'elles permettent également de créer des passerelles entre les gens et de renforcer des liens. L'adoption de tels points de vue débouche sur le rejet et encourage les conflits. En tant qu'ambassadeurs, nous devons défendre les bonnes causes. Nous ne pouvons pas contribuer à l'humanité si nous persistons à bannir certains groupes en raison de la langue qu'ils parlent. Ils ont leur propre vécu, ont connu des épreuves qui leur sont propres, et indépendamment de la manière dont ils sont perçus, ils ont, dans tous les cas, eux aussi participé à l'écriture de l'Histoire. La manière dont nous exploitons les connaissances acquises au sujet de populations ayant enduré des atrocités commises par l'Homme, dans le monde entier, aura une incidence sur notre futur.

Je voudrais maintenant prouver à quel point la tolérance envers les langues peut changer un quartier. Oui, le parcours peut parfois être semé d'embûches. J'en ai moi-même fait l'expérience alors que je tentais de persévérer afin de faire ce qui était juste. La ténacité peut vous mener loin, mais des efforts conséquents doivent parfois être déployés. Vous devez être déterminé et vous rappeler que vous procédez ainsi pour remplir le rôle auquel vous êtes destiné, à savoir aider ceux dans le besoin. C'est dans cette optique que j'ai fait mon arrivée dans une école, située au cœur d'un quartier émergent de New York, que beaucoup auraient qualifiée de défavorisée. Elle est devenue très spéciale pour moi. Sans m'en rendre compte, j'ai pénétré dans une sorte de jardin qui m'a offert la possibilité de faire pousser les fruits qui nourriraient la joie d'enseigner, de faire des découvertes avec ceux qui n'attendaient qu'une source de motivation pour reprendre confiance, ainsi que de faire avancer le cursus d'apprentissage.

C'est à ce moment-là que l'idée de mettre en place un programme bilingue a commencé à germer. J'étais déjà familier de ce type de parcours, aux multiples avantages. Par le biais de formations, j'ai acquis de nombreuses connaissances auprès des représentants des programmes bilingues les plus florissants de New York, mais également de France, grâce aux services culturels de l'ambassade de France.

La mise en place de notre propre programme bilingue a impliqué la réalisation d'une enquête, essentielle, afin de connaître les langues parlées à la maison par les élèves. Ce processus était déjà suivi par certaines écoles accueillant de nombreux nouveaux arrivants et dont nous nous sommes inspirés. Grâce à cette enquête, j'ai pu regrouper les élèves qui présentaient un bagage linguistique similaire. En analysant la manière dont ces derniers s'adaptaient au cursus standard, je suis arrivé à la conclusion que l'élaboration d'un programme spécifique permettrait effectivement d'accroître les connaissances et l'intérêt de ces jeunes, tout en favorisant l'intégration des familles et en contribuant à l'image de l'école.

La première étape a consisté à organiser une réunion avec les parents des enfants que j'avais identifiés lors de l'enquête. Contre toute attente, nous avons comme provoqué un réveil. À ce moment-là, je ne savais pas qu'autant de parents maliens, sénégalais et ivoiriens s'investissaient, en même temps qu'ils cherchaient à vivre leur rêve américain. Avec mon aide, ils ont appris à valoriser la connaissance du français de leurs enfants pour atteindre les objectifs qu'ils s'étaient fixés.

Ce mouvement a progressivement gagné tout le quartier. Le soutien des représentants de la communauté a été tel que nous sommes devenus la référence pour de nombreuses personnes œuvrant en faveur de l'enseignement dans le quartier d'Highbridge, dans le Bronx. Tout cela n'aurait pas été possible sans le soutien des services culturels de l'ambassade de France. Des professeurs de français partageaient des leçons type et effectuaient des visites pour renforcer l'accompagnement. De plus, nous avons organisé des activités dont le potentiel s'est révélé extrêmement élevé dans les petites classes. En outre, nous avons pu nous équiper d'une bibliothèque d'ouvrages en français, l'accès aux livres étant toujours plus prisé dans les écoles et reconnu pour son efficacité auprès des enfants. Enfin, un programme d'échange d'enseignants a été instauré, pour la première fois, entre la France et le Bronx. Dès qu'ils ont participé à celui-ci, de brillants enseignants ont été séduits par ces avancées. En nous faisant profiter de leurs compétences et de leur expertise, ils nous ont aidés à atteindre notre but.

Nous avons poursuivi sur notre lancée, tout en effectuant un suivi précis des élèves qui bénéficiaient de notre programme bilingue. Nous nous sommes développés de manière exponentielle, en devenant une école en mouvement où l'atmosphère n'avait jamais été aussi bonne. Par ailleurs, des cours innovants ont été proposés aux élèves de chaque niveau, pour que tous aient la chance de réussir. Les enseignants n'ont pas eu peur de sauter le pas. Au contraire, ils ont cherché à provoquer une prise de conscience et à laisser s'exprimer leurs talents cachés.

Rares sont ceux qui pensent qu'une passion pour l'enseignement du français peut révolutionner littéralement les méthodes d'une école, or c'est le cas. Un enseignant nous explique comment faire pour y parvenir :

Quand : Le temps que vous accordez aux recherches et à l'enseignement de ce qui est important fera des miracles.

Comment : Demeurer authentique est essentiel, car vous serez toujours valorisé pour ce que vous représentez.

Quoi : Le but est d'enseigner le français pour avoir un impact sur les nombreuses communautés francophones qui ont tant à offrir au monde. Grâce à cette langue, vous tirez parti de leurs contributions pour apprendre, enseigner et échanger. En outre, vous apportez votre touche d'originalité.

Pourquoi : Dites-vous toujours : si ce n'est pas vous qui le faites, qui le fera ? Chacun de nous est destiné à quelque chose. Trop souvent, nous nous reposons derrière ceux qui recherchent le pouvoir, mais n'ont pas les bons outils à disposition pour provoquer le changement. La quantité d'argent dépensée n'est pas toujours garante d'évolution. Nous faisons ce que nous faisons pour favoriser le succès. Nous devons œuvrer à un monde meilleur et plus juste en exploitant notre talent pour l'enseignement.

Qui : « Qui prendra ta faiblesse avec des caresses et des mots d'amour en couvrant d'oubli nos jours de folies ? » se demandait le grand Charles Aznavour dans une chanson. Réécrivons maintenant les paroles : qui prendra le mieux en main l'apprentissage des langues en luttant contre la tentation du monolinguisme ? Être plurilingue est un privilège ; à nous de l'exploiter par amour de la langue et de la culture que nous enseignons.

Certains pays, comme le Gabon, ou certains départements français, comme la Guadeloupe, m'ont impressionné par les initiatives qu'ils ont prises en réponse au bilinguisme dans lequel baignent leurs habitants. À l'inverse, je condamne les nations qui n'ont absolument pas évolué pour permettre à leurs citoyens de se reconnecter avec leur histoire et d'honorer les générations qui ont tant sacrifié afin d'assurer leur liberté. Avant, la majorité des livres destinés aux professeurs n'étaient pas complétés par des supports vidéo, notamment à Haïti. Aucun changement manifeste n'a concerné une part suffisamment importante de la population, encore moins en termes d'enseignement des langues dans des communautés multiculturelles et plurilingues. L'UNESCO et l'Agence des États-Unis pour le développement international (USAID) ont déjà investi dans de trop nombreuses tentatives avortées.

Depuis quelques années, je dirige un établissement dans le nord-est d'Haïti, et j'ai pu constater à quel point il était complexe de mettre en place des programmes d'instruction linguistiques. Bien que je sois familier de ce processus, j'ai dû m'adapter au contexte sociolinguistique pour aider les élèves, les parents et les enseignants à prospérer : je ne connaissais pas forcément toutes les facettes du pays, comme j'avais longtemps vécu à l'étranger, dans un contexte différent.

En raison de la situation, la sensibilité a joué un rôle clé dans tout changement que j'ai entrepris. Qu'est-ce qui était considéré comme suffisamment satisfaisant ? Qui, parmi les auteurs des nombreux articles et livres que j'ai lus, a réellement exprimé la voix des Haïtiens ? J'ai passé plusieurs nuits sans sommeil à m'interroger sur la possibilité de reproduire l'expérience d'apprentissage bilingue que j'avais proposée à mes élèves francophones d'ascendance africaine. Je me suis également demandé ce qui aurait pu m'aider à mieux remplir la tâche qui m'était confiée. Comment mon travail serait-il perçu, compte tenu de l'état actuel de l'enseignement des langues à Haïti ? Pourrais-je compter sur les autres enseignants pour faire avancer les choses ? Quels fonds sont à disposition pour atteindre mes objectifs ? Comment mon travail sera-t-il évalué ?

À ce jour, je peux dire avec fierté que les efforts que j'ai déployés pour surmonter tous les obstacles qui se sont présentés sur ma route n'ont pas été vains. Même si j'estime qu'un programme bilingue aurait aussi été bénéfique à un petit groupe de très jeunes enfants, l'implémentation d'un solide cursus trilingue de transition en créole, anglais et français s'est révélée fructueuse. Les résultats obtenus aux examens nationaux de niveau troisième, au cours des deux dernières années, en attestent.

L'enseignement des langues est lié à la sociolinguistique de bien des façons, et cette relation influe sur mon travail à l'établissement scolaire Lekòl S & H. Divers facteurs sociaux, comme la situation personnelle, la situation financière et le contexte social, ont une incidence sur cet enseignement, ainsi que sur l'apprentissage. J'ai dû m'y adapter pour avancer : ils déterminent la manière dont je mène mes cours, ont une incidence sur ma communauté linguistique et nous ont permis de définir un modèle auquel nous nous conformons, notamment pour améliorer nos performances d'un point de vue communicatif et académique. Ils imprègnent tous ceux qui participent et appartiennent à la culture de l'école.

Aujourd'hui, je souhaite que mes élèves s'intéressent à la manière dont nous nous exprimons en fonction du contexte social et de notre rôle, ainsi qu'à l'emploi de certaines fonctions spécifiques du langage pour exprimer des idées particulières ou définir notre identité. Comme je l'ai mentionné plus haut, je désire que tous connaissent les attitudes à adopter en conditions réelles. Ensemble, nous formons une famille qui s'attache à remplir sa mission, envers et contre tout.

En tant que directeur de cette école unique et membre du conseil d'administration d'une organisation locale agissant en faveur du développement des enfants et des adultes, le fait de pouvoir agir en échangeant avec les apprenants, sans suivre un programme strictement défini, m'a permis d'évaluer l'importance de tels dialogues, certes parfois difficiles, mais toujours nécessaires. C'est ce qu'être défenseur des langues et des cultures m'a appris.

J'ai parcouru d'innombrables ressources et témoignages, ainsi que visité des sites mémorables liés à des situations qui ont changé le monde. En tenant compte de toutes les caractéristiques sociales, nous pouvons mieux adapter notre enseignement en permettant à nos élèves d'exploiter leur potentiel, qu'il s'agisse de l'apprentissage d'une langue seconde, ou d'une langue totalement nouvelle. C'est essentiel.

Quand je repense aux expériences vécues dans le cadre de ma carrière de professeur de langues et de directeur, je me rends compte que j'ai toujours su répondre aux besoins de chacun des élèves, dans tous les établissements où j'ai travaillé. Par ailleurs, je suis extrêmement reconnaissant aux enseignants et collègues qui m'ont soutenu, ainsi qu'aux très bons amis que j'ai trouvés sur ma route. Sans eux, je n'aurais pas pu surmonter les difficultés initiales pour en faire une expérience positive, digne d'être partagée avec d'autres. Nous devons continuer à instruire ceux qui s'inscrivent dans notre école, mais également les enfants de tout notre pays. Quand je vois les résultats de nos actions, je suis ravi. Je remarque également que l'apprentissage du français en ligne évolue. Nous devons prendre les choses en main pour que tout se fasse de manière enrichissante et efficace.

Conclusion : Vers une résurgence de la langue française et de la culture francophone aux États-Unis

Kathleen Stein-Smith

Ce fut un honneur et un privilège de travailler avec des auteurs aussi talentueux et inspirants pour créer ce livre. Les chapitres qu'ils ont écrits, et qui mêlent récits personnels et travaux universitaires et historiques, démontrent à quel point la langue française et la culture francophone influent sur nos vies. Comme eux, je vais vous décrire la relation que j'entretiens avec ces dernières. Même si, à ma connaissance, aucun de mes aïeuls n'est d'origine française, j'ai toujours été consciente de l'importance de la langue française et de la culture francophone, et du fort attrait qu'elles provoquent chez les gens. En outre, ma mère m'a toujours rappelé que la connaissance du français était essentielle, quel que soit notre lieu de vie, et mon intérêt s'est développé tôt à la suite de rencontres avec des Canadiens français lors de voyages familiaux au Québec et de séjours estivaux sur la côte du New Jersey. Des francophones vivaient également dans notre voisinage. Après cela, j'ai étudié le français à l'école et à l'université. J'ai eu la grande chance d'obtenir un baccalauréat spécialisé et une maîtrise dans une université francophone du Québec, puis de vivre dans la région québécoise de la Capitale-Nationale dans les années qui ont immédiatement suivi la Révolution tranquille et l'adoption de la Loi sur les langues officielles. Au cours de mon doctorat, j'ai concentré mes recherches sur le plurilinguisme en tant que compétence globale, avant d'enseigner la langue française et la culture francophone pendant de nombreuses années. Celles-ci ont toujours fait partie de ma vie.

En tant que francophone de cœur (à défaut d'être francophone de sang), enseignante de langues et défenseuse de diverses causes, je crois fermement en l'importance du plurilinguisme dans un monde globalisé et en sa capacité à faire de nous des citoyens du monde. Dans ce contexte, le rôle du français est incontestable. Langue mondiale de culture, de communication et d'enseignement, et vectrice d'idées et de valeurs humanistes, elle nous permet de travailler avec des individus de tous les continents pour rendre le monde meilleur. De plus, le français est également une langue qui fait partie intégrante de l'histoire et de l'identité culturelle des États-Unis. Ayant fait son apparition en Amérique dès l'arrivée des explorateurs européens il y a plusieurs siècles, elle reste une langue du présent et du futur, parlée à la maison par plus de deux millions de personnes aux États-Unis (Ryan 2010). Elle n'est donc pas seulement la langue des descendants de colons et des immigrants, mais également d'une part toujours plus conséquente d'Américains de tous les âges (French Morning Staff 2017).

Pour toutes ces raisons, et bien d'autres, il est essentiel de préserver et de promouvoir la langue française aux États-Unis. Car elle est largement respectée, il peut être tentant de penser qu'il n'est pas utile de la protéger. Néanmoins, partout, le manque de fonds et d'autres difficultés ont une incidence sur les programmes d'enseignement du français, tout particulièrement à l'université (Johnson 2019), et la pandémie de COVID-19 n'a fait qu'accentuer les choses. Malgré cela, la bonne nouvelle, c'est que nous pouvons tous agir en faveur du français et des autres langues.

Nous aurions absolument tort de croire que notre influence est faible en tant qu'individus. Les langues vivent au sein de nos familles et de nos communautés, dans les médias, dans les arts, dans les conversations que nous menons, ainsi que sur notre lieu de travail. Nous pouvons protéger et promouvoir le français (ou toute autre langue d'héritage ou apprise) en l'employant dans nos vies quotidiennes, à chaque endroit où nous nous rendons et, surtout, avec nos enfants et avec les jeunes. À ces derniers, nous devons offrir des opportunités de carrière qui requièrent le français, ou qui seront optimisées grâce à lui. Par ailleurs, nous pouvons nous engager pour cette cause en nous fondant sur des faits précis et en mettant notre motivation et nos diverses compétences à profit. En d'autres termes, nous devons rester informés afin de pouvoir défendre et promouvoir le français dès que cela est nécessaire, ou dès que nous en avons l'occasion. Enfin, nous devons faire preuve de flexibilité et de volonté.

Rester informés, ou l'importance de se fonder sur des faits précis

Le français est une langue américaine, mais beaucoup d'habitants des États-Unis, à l'heure actuelle, ne savent pas à quel point elle est présente dans ce pays et dans le monde. Afin de prouver aux décideurs, aux élus et parfois même à sa famille et à ses amis que le français présente un intérêt durable dans un cadre aussi bien public que plus informel, il est essentiel d'être familier de certains points précis. Même si l'accent est principalement mis sur le fait que les États-Unis aient été autrefois une colonie britannique, certaines régions de ce pays ont été colonisées ou influencées par diverses nations européennes, parmi lesquelles la France. La France est fortement présente sur le continent américain (au Canada, aux États-Unis, dans les Caraïbes et en Amérique du Sud) depuis l'arrivée des premiers explorateurs français. Aux États-Unis, cette présence se remarque dans le nom de certains lieux, comme Montpelier, Vermont, La Nouvelle-Orléans, Détroit, Saint-Louis et Boise (issu de « bois »). En Amérique du Nord, plus de 33 millions de personnes parlent français (Nadeau 2021) et plus de 10 millions d'habitants se disent d'ascendance française aux États-Unis. En outre, plus de 160 000 Français vivent actuellement dans ce pays et plus de 80 000 francophones résident à New York (French Morning Staff 2017, French Americans 2021 et Sicot et Brunet 2020). Aux États-Unis, le français est la deuxième langue la plus étudiée dans le secondaire avec près de 1,3 million d'apprenants, ainsi que dans le supérieur avec près de 176 000 apprenants (American Councils 2017, MLA 2019). On trouve des défenseurs de la langue française au gouvernement et dans les entreprises et, partout dans le pays, des francophiles qui se reconnaissent dans les idées, idéaux et valeurs de la Francophonie.

Comme je l'ai déjà évoqué plus haut, le français est indissociable de notre histoire et de notre culture depuis l'arrivée des premiers explorateurs. Il est important de s'en souvenir, mais n'en oublions pas le présent pour autant. La langue française et la culture francophone sont en plein essor dans de nombreuses régions des États-Unis, et connaissent parfois même une renaissance. C'est notamment le cas en Louisiane, membre de la Francophonie depuis 2017, où le Conseil pour le développement du français en Louisiane (CODOFIL) a célébré son 50e anniversaire en 2018.

En Nouvelle-Angleterre, le Franco-American Centre of New Hampshire (FACNH, ou « Centre Franco-Américain du New Hampshire »), le French Legacy Podcast and Blog, la

New Hampshire PoutineFest et l'Alliance Française récemment ouverte à Portland dans le Maine sont les signes d'une résurgence de la langue française et de la culture francophone, ainsi que d'un intérêt grandissant pour celles-ci. La Révolution bilingue, pour sa part, a permis la mise en place de programmes d'immersion bilingues dans des écoles publiques de New York et d'ailleurs (Jaumont 2017). Par ailleurs, l'American Association of Teachers of French (AATF, ou « Association américaine des enseignants du français ») s'investit, depuis longtemps, pour l'apprentissage du français dans les établissements scolaires.

Il est prévu que le nombre de francophones dans le monde continue à augmenter et qu'il dépasse les 700 millions dans les prochaines années. Le futur du français en tant que langue mondiale est donc particulièrement florissant (Organisation Internationale de la Francophonie 2014 et 2018). Aux États-Unis, même si plus de deux millions d'habitants parlent français à la maison et plus de 10 millions se disent d'ascendance française, comme indiqué précédemment, et en dépit des initiatives inspirantes prises en Louisiane, en Nouvelle-Angleterre et à New York, le rôle du français demeure insuffisamment mis en évidence. Les Franco-Américains y sont aussi décrits comme « invisibles » (David Vermette 2018). Le français, souvent parlé avec succès dans des environnements multilingues tout autour du globe, peut prospérer dans un contexte anglophone comme le nôtre, où toujours plus de langues sont pratiquées. Il est important que ses défenseurs en soient conscients. La question de la langue française et de la culture francophone aux États-Unis est complexe, présente de multiples facettes et se concentre sur l'apprentissage et l'utilisation du français.

En termes d'apprentissage, le défi majeur à relever est la possibilité réduite, pour les élèves, d'étudier des langues supplémentaires. Ce manque d'opportunités n'a pas uniquement débouché sur la réduction inquiétante des programmes d'enseignement du français dans le supérieur au cours des dernières années. En effet, il a également entraîné la diminution, moins connue mais tout aussi préoccupante, du nombre d'écoles élémentaires et de collèges publics, déjà rares, qui proposent des programmes d'enseignement de langues étrangères (Académie américaine des arts et des sciences 2017). Ce n'est pas tout : partout, la pandémie de COVID-19 a eu une incidence sur la conduite et le financement de tels programmes. Pour remédier à cela efficacement, nous pouvons soutenir la mise en place de programmes francophones dans tous nos établissements d'enseignement, en particulier en encourageant la formation continue depuis les plus petites classes, en plus du développement de compétences linguistiques et culturelles avant l'entrée sur le marché du travail.

Les programmes d'enseignement scolaire et universitaire traditionnels ne constituent pas les seules possibilités. L'apprentissage peut se faire pendant des cours après l'école, le week-end, pendant l'été, en immersion ou de façon standard, en personne ou en ligne. Ce qui est fondamental, c'est de permettre à toutes les personnes intéressées d'étudier la langue française et de découvrir la culture francophone. L'apprentissage doit aussi répondre aux besoins spécifiques des locuteurs du français en tant que langue d'héritage, qu'il s'agisse d'individus basés depuis longtemps aux États-Unis et dont les compétences linguistiques et les connaissances de la culture francophone sont variables, ou d'enfants dont la famille est arrivée récemment dans le pays, parle français et souhaite préserver cette langue. Tout le monde doit pouvoir accéder à cet apprentissage, et à un tarif abordable, mais il est également important de sortir du cadre éducatif. Le français et la culture francophone doivent être représentés à tous les niveaux, notamment dans les médias et au cœur de notre société, et faire partie intégrante de notre quotidien pour qu'on en mesure la véritable ampleur.

Engagement, leadership et mouvements sociaux

Le français est l'une des langues les plus demandées sur le marché du travail américain (American Council on the Teaching of Foreign Languages 2019 et New American Economy 2017) et la deuxième plus étudiée aux États-Unis (American Councils 2017). Cependant, comme je l'ai déjà évoqué plus haut, la pandémie de COVID-19 a eu une incidence sur la conduite et le financement des programmes en français. Même si nous présentons la motivation adéquate et sommes en mesure de défendre la promotion du français sur la base d'arguments solides, il est possible que beaucoup d'entre nous ne sachent pas comment agir efficacement pour faire la différence, ou pensent ne pas disposer du temps nécessaire à cela. S'engager efficacement implique généralement d'exploiter des compétences que nous possédons déjà, et nous pouvons développer graduellement de nouvelles aptitudes en fonction des besoins. Dans un monde où les difficultés sont pléthore, il est essentiel d'agir pour « convaincre les personnes importantes de s'intéresser à notre problème » (Daly 2011) en faisant valoir les droits de chacun (parents, décideurs du secteur de l'enseignement, société en général et élèves). Pour ce faire, il faut « réussir à se faire écouter et être présent lorsque les décisions sont prises afin que notre voix soit entendue » (ibid). Il convient également « de parler et d'écrire de façon convaincante pour que les décideurs aient envie d'adhérer à nos idées » (ibid). Les objectifs, les méthodes et les partenaires sont des points clés à considérer.

En plus de préserver et de promouvoir la langue française et la culture francophone aux États-Unis, nous devons apporter notre aide aux enseignants du français et aider à la mise en place de programmes linguistiques ad hoc, du primaire au supérieur. Les cours doivent aussi être adaptés au profil des apprenants (locuteurs natifs, locuteurs de la langue d'héritage de leur famille ou locuteurs américains anglophones, entre autres). L'immersion et l'accès le plus tôt possible à la formation continue sont décisifs, que ce soit en salle de classe traditionnelle, sur Internet ou en extrascolaire. Nous devons, surtout, collaborer afin d'offrir des chances identiques à tous les apprenants intéressés et obtenir les aides nécessaires pour ces derniers, mais aussi leurs familles. Grâce à nos écoles publiques, aux plateformes d'apprentissage en ligne et aux programmes à bas coût mis en place par les communautés, nous pouvons proposer des solutions accessibles financièrement parlant.

Il importe également de s'interroger sur les compétences et méthodes requises pour atteindre de tels objectifs. Ces compétences englobent notamment l'emploi du Web et des réseaux sociaux, les capacités de négociation et le lobbying. Les méthodes, pour leur part, incluent la gestion du changement, le marketing social, la psychologie de la persuasion et la stratégie Océan bleu, pour ne citer qu'eux. Tout le monde peut agir, et personne ne doit être un expert absolu dans chaque domaine pour cela. Car de nombreux défenseurs de la cause du français manquent de temps, chaque voix est nécessaire et chacun peut jouer un rôle important. Si certains souhaitent faire plus que défendre, ils peuvent aussi jouer un rôle de leadership. Le leadership renvoie à une responsabilité, mais il constitue également une opportunité de se développer personnellement et professionnellement. D'après Peter Northouse (2013), il s'agit d'un « processus par le biais duquel un individu influence un groupe d'individus afin d'atteindre un objectif commun ». Souvent, le soutien d'autres personnes est nécessaire pour procéder à des négociations ou à du lobbying, ou pour déclencher un mouvement social, mais tout leader peut choisir de s'engager, par exemple en publiant des pétitions en ligne ou en se présentant à des élections. Aux États-Unis, le Joint National Committee for Languages, qui rassemble divers partenaires issus du secteur des langues, organise des « Language Advocacy Days » et plaide pour les langues au niveau national. L'American Council on the Teaching of Foreign Language (ACTFL), pour sa part, a créé la campagne « Lead with Languages ». Les mouvements sociaux, quant à eux, ont toujours existé. Comme l'expliquent Greg Satell et Srdja Popovic en 2017, « tout au long de l'Histoire, des mouvements sociaux, initiés par de petits groupes plus ou moins liés, mais unis par un même but, ont provoqué des changements transformationnels ».

Certes, beaucoup de choses peuvent être accomplies par des individus ou des petits groupes. Cependant, mettre en place des partenariats a un impact très positif sur la défense d'une cause. Ces partenariats peuvent être de nombreux types.

Ils peuvent être locaux, régionaux, nationaux ou internationaux, relier des organisations similaires ou rassembler des éducateurs, entreprises, organismes gouvernementaux et partenaires extérieurs. Les districts scolaires peuvent, par exemple, collaborer avec les universités et établissements d'enseignement supérieur locaux, ainsi qu'avec des entreprises et des communautés locales francophones. L'AATF compte des branches et des représentants régionaux dans tout le pays, en plus d'organiser divers événements comme la Semaine de la langue française, le Grand Concours et bien d'autres. D'après les données de 2019 de l'Alliance Française, il existe plus de 100 antennes de cette dernière aux États-Unis. Le FACNH, le CODOFIL, le French-Canadian Legacy Podcast and Blog et la New Hampshire PoutineFest ne sont que quelques-uns des acteurs qui travaillent à protéger et à promouvoir le français et la francophonie. Des partenariats peuvent être instaurés avec des associations éducatives ou de potentiels employeurs intéressés par les jeunes francophones. Le gouvernement français, initiateur en 2018 d'une campagne mondiale axée sur l'apprentissage, la communication et la création en français, propose, de son côté, plusieurs programmes et initiatives susceptibles d'intéresser les défenseurs de la langue française. Enfin, la Délégation générale du Québec est présente dans de nombreuses villes américaines.

Pérennité de la langue française et de la culture francophone aux États-Unis

Tout autant que l'apprentissage d'une langue, un engagement durable pour la langue française et la culture francophone dépend fortement de la motivation, or les chapitres de ce livre ont clairement prouvé que celle-ci était grande aux États-Unis. Si l'on ajoute à cela le rôle indéniable joué par le français dans l'expression de grandes idées, nous avons l'assurance que sa protection, ainsi que celle de la culture associée, ne pourra être qu'assurée. Néanmoins, l'emploi du français a connu un déclin aux États-Unis au cours des dernières années, en raison de pressions juridiques, sociales et économiques forçant les gens à parler exclusivement anglais pour s'assimiler, et courantes dans l'histoire du pays. Le temps est venu de soutenir l'enseignement du français et l'instauration d'initiatives en faveur de la culture francophone, de rendre la langue française et la culture francophone accessibles à tous (au sens propre comme au sens figuré), d'apprendre à s'engager, de remplir des rôles de leadership si nécessaire, de rechercher des partenaires acquis à notre cause et de mener des actions politiques et sociales, le cas échéant.

Nous pouvons tous agir à notre niveau personnel, ou via des associations professionnelles. Tous, nous pouvons nous dévouer et consacrer notre temps, notre énergie, nos talents et nos ressources à cette cause. Nous pouvons le faire chaque jour, au cours de nos conversations avec les membres de notre famille et nos amis, ou avec des décideurs au niveau local et institutionnel. Nous pouvons aussi nous engager dans le contexte de notre travail, en effectuant des recherches, en écrivant et en intervenant oralement. Enfin, nous pouvons prendre part à des actions politiques et sociales en publiant des pétitions en ligne ou en nous présentant à des élections. En plus d'être basés sur nos valeurs et croyances, ces efforts doivent être déployés sur le long terme afin que l'impact de nos actions soit pérenne. Pour réussir sur la durée et faire en sorte que la langue française et la culture francophone trouvent la place qui leur est due aux États-Unis, nous devons croire en l'importance de celles-ci dans un monde multilingue et au sein de notre société, où toujours plus de langues sont parlées. Bien que nécessaire, l'apprentissage des langues n'est pas une fin en soi. C'est plutôt le plurilinguisme qui rendra le monde meilleur. Comme l'explique Fabrice Jaumont (2017), une « révolution bilingue », qui assurerait un enseignement en deux langues à tous les élèves intéressés et permettrait à toute une société de profiter des avantages du plurilinguisme, est essentielle. Selon les mots de Bénédicte de Montlaur (2019), « Le futur de l'Amérique, et de tous les pays, est multilingue. Tout comme le présent ».

Pour ceux qui souhaitent apprendre ou réapprendre une langue d'héritage perdue, ou étudier une langue qui leur est totalement inconnue, il est important de ne pas seulement développer un plan d'apprentissage, mais aussi de déterminer le rôle de cette nouvelle langue dans leur vie, ainsi que la manière dont elle sera utilisée et dont elle « vivra » dans leur existence. Telle est la pensée de Steve Leveen (2021). Ces circonstances sont synonymes d'opportunités exceptionnelles pour les esprits créatifs et les leaders innovants qui souhaitent parler aux générations actuelles et futures. En revanche, même si la langue et la culture sont étroitement liées, et aussi important le plurilinguisme soit-il, nous devons garder à l'esprit que de nombreux habitants des États-Unis, parmi lesquels des Américains d'ascendance française, ont perdu leur langue d'héritage au fil du temps. Malgré cette perte, ils doivent toutefois aussi être inclus. En effet, si tout le monde peut s'investir pour la langue française et la culture francophone, tout le monde doit aussi pouvoir profiter des initiatives axées sur la francophonie aux États-Unis, quelle que soit sa maîtrise du français.

Conclusion

La culture francophone et le français, langue majeure et mondiale, ont toujours été importants et font partie de l'histoire et de l'identité des États-Unis. Ils le sont encore plus dans un monde globalisé et interconnecté, et dans un pays toujours plus multilingue où de nouveaux arrivants en provenance de France et du monde francophone viennent s'ajouter aux millions d'Américains d'ascendance française et francophone. Nous pouvons tous contribuer à la résurgence du français aux États-Unis, de manière individuelle et par le biais d'associations professionnelles, en nous engageant, en devenant les leaders d'une cause ou en favorisant le changement. Pour cela, nous avons la possibilité de nous appuyer sur l'apprentissage et l'enseignement, en nous assurant de soutenir les enseignants et la mise en place de cursus et de cours de français à tous les niveaux, dans les écoles comme en extrascolaire. Ces cursus et ces cours doivent être accessibles à tous, à des tarifs abordables. Par ailleurs, la formation continue doit débuter le plus tôt possible et les programmes d'immersion doivent être favorisés.

En plus de soutenir les écoles et nos enseignants, nous pouvons également promouvoir l'apprentissage et l'utilisation du français dans notre société, via l'appui des entreprises locales qui proposent des services en français, via des stages et des formations qui offrent aux apprenants la possibilité de mettre leurs connaissances en pratique et de découvrir, en conditions réelles, les avantages du plurilinguisme, via la créativité, via l'implantation de programmes communautaires et via la défense des médias locaux francophones. Cependant, la résurgence du français implique également de s'unir, et cette union doit rassembler aussi bien ceux qui parlent la langue que ceux qui ne la parlent pas (ou du moins pas encore). De nombreux Américains d'ascendance française vivent aux États-Unis depuis des centaines d'années, et certains maîtrisent peu ou pas du tout le français, or il est essentiel que l'espace francophone soit inclusif et accueille chacun de nous, indépendamment de nos compétences linguistiques.

Tous ceux qui, parmi nous, sont attachés à la langue française et aux idées puissantes et aux valeurs clés que cette dernière a véhiculées, à notre rôle de citoyens du monde dans un monde multilingue et, surtout, à la langue de nos familles et à l'histoire et à la culture des États-Unis doivent collaborer pour asseoir la présence du français dans notre pays. Et dans cette entreprise, nous devons tirer parti des ressources existantes et de nos aptitudes. Bien que l'ingéniosité, l'énergie et la persévérance soient garantes d'actions à impact, aussi bien par le biais de conversations informelles que de campagnes sur les réseaux sociaux ou d'actions politiques, la défense et la promotion des langues et de l'apprentissage des langues s'effectuent le plus efficacement via l'engagement, le leadership et les mouvements sociaux.

Pour que le français ressurgisse aux États-Unis, son apprentissage doit commencer dès les plus petites classes, mais ne doit pas s'arrêter aux murs de l'école. L'emploi du français doit être encouragé dans notre société : dans nos foyers, dans nos communautés, dans les arts et dans les médias mais, aussi, sur le lieu de travail et en entreprise. Ce processus est complexe, car il induit de la pédagogie, le développement de compétences linguistiques, la création de stages permettant de mettre ses connaissances en pratique, ainsi que l'établissement de partenariats qui facilitent l'entrée sur le marché de l'emploi avec des entreprises et des organismes gouvernementaux.

On ne le répétera jamais assez, mais l'inclusivité est également fondamentale. Nous devons répondre aux besoins de tous en organisant des actions et en développant des projets et des opportunités d'apprentissage en accord avec des compétences et des intérêts très variés. Ces besoins incluent aussi ceux des apprenants anglophones et des parents francophones qui souhaitent que leurs enfants continuent à pratiquer leur langue d'héritage. Enfin, l'apprentissage des langues, sur site et en ligne, doit être accessible et abordable, qu'il soit traditionnel (en écoles et établissements d'enseignement) ou prenne place hors d'un cadre strictement scolaire (cours après l'école, le week-end ou pendant l'été).

Les auteurs des chapitres de ce livre nous ont clairement prouvé à quel point la langue française et la francophonie étaient essentielles dans le monde, aux États-Unis, dans notre passé et dans notre présent et, avant toute chose, dans notre vie et celles de nos enfants. Il ne tient qu'à nous d'honorer notre passé et notre héritage multilingues, ainsi que de nous engager pour protéger et promouvoir une langue et une culture qui font partie intégrante de l'identité américaine, mais dont le futur est encore incertain. Tâchons également de préparer les générations actuelles et futures à remplir leurs rôles de citoyens du monde, dans un environnement globalisé où le français joue un rôle prépondérant. Nous pouvons le faire ! Joignons-nous pour soutenir nos enseignants et toutes les initiatives locales qui visent à célébrer la langue française et la culture francophone ! L'union fait la force !

Notes

1. Comme Patrick Charaudeau l'explique, « C'est au 18ème siècle que naît cette idée qui veut que la culture soit comme une "essence" qui colle aux peuples ; de là que chaque peuple se caractérise par son "génie". Plus rationnel en France (c'est le siècle des Lumières et le triomphe de la raison sur la barbarie), plus irrationnel en Allemagne (c'est le siècle d'une philosophie anti-scientiste et le triomphe du romantisme) ». Le terme de « différence culturelle » est emprunté à Georg Wilhelm Friedrich Hegel, dans *La Phénoménologie de l'Esprit* (1807). Selon la théorie hégélienne, chaque nation sur terre a son propre esprit qui représente l'idéal qu'elle tente d'atteindre.
2. HAMON, Édouard. 1982. *Les Canadiens français de la Nouvelle-Angleterre*, Montréal – Manchester, New Hampshire : Éditions du 45e parallèle Nord Inc. : « Ces émigrés, nous le croyons, sont appelés de Dieu à coopérer à la conversion de l'Amérique comme leurs ancêtres furent appelés à planter la foi sur les bords du St-Laurent » (page 143), « La marche de la colonisation vers les États-Unis, est commencée, rien ne l'arrêtera, désormais » (page 146).
3. HUDON, Christine. 2000. « Les protestants francophones en Nouvelle-Angleterre, 1885-1910. » *Études d'histoire religieuse*. 66, 64-65 : « L'opposition des autorités catholiques et de leurs fidèles se manifeste de différentes manières. Dans les sources protestantes surabondent les exemples de pressions et de violences physiques ou psychologiques subies par les convertis Des mères anxieuses pour l'avenir et pour le salut de leurs enfants apostats brûlent des lampions pour leur retour à la foi catholique. Certains sont battus, déshérités ou jetés à la rue par leurs parents. Dans les Petits Canadas, les néophytes sont insultés, pointés du doigt, exclus des organisations nationales, telles les sociétés Saint-Jean-Baptiste. Les uns perdent leur logement, les autres, leur emploi. Du haut de la chaire, des prêtres en appellent au boycott des commerces appartenant aux protestants. Les réunions de prières sont perturbées : des œufs, des pierres, des bâtons fusent sur les pasteurs

et sur leur auditoire. Parfois, les esprits s'échauffent tant et si bien que protestants et catholiques en viennent aux coups. Au printemps et à l'été 1894, la police intervient à quelques reprises pour réprimer les émeutes qui secouent la "Côte des Canadiens", à Worcester. L'année suivante, des tumultes semblables agitent la ville de Danielson, au Connecticut. L'intervention policière se solde par l'arrestation de quelques manifestants. »

4. Comme Jacques Derrida l'explique, « se battre pour sa propre identité n'exclut pas une autre identité ; on est ouvert à cette autre identité. Ceci empêche le totalitarisme, le nationalisme, l'égocentrisme et autre » (CAPUTO, John D. 1997. *Deconstruction in a Nutshell – A Conversation with Jacques Derrida*, New York : Presses universitaires de l'université de Fordham, pages 13-14).

5. L'auteur assume son identité multiple sans aucun complexe : « Et désormais je sais que j'aurai deux patries/La France, et toi, Amérique » (SANTERRE, Richard. 1981. *Anthologie de la littérature franco-américaine de la Nouvelle-Angleterre, Tome 9*. Manchester, New Hampshire : National Materials Development Center for French & Creole).

6. ROSS, J. et JAUMONT, F. « French Heritage Language Vitality in the United States. » *New York University Heritage Language Journal*, 10(3) Hiver 2013.

7. VALDÉS, G. *Heritage Language Students: Profiles and Possibilities. Heritage Language Students: A Definition*. Université de Stanford.

8. ROSS, J. et JAUMONT, F. *French Heritage Language Communities in the United States*.

9. « Building Bilingual Communities: New York's French Bilingual Revolution » dans GARCÍA, O., ZAKHARIA, Z. et OTCU-GRILLMAN, B., *Bilingual Community Education for American Children: Beyond Heritage Languages in a Global City*. Multilingual Matters : New York. 2012.

10. SMITH, M. A. *French Heritage Language Learning: A Site of Multilingual Identity Formation, Cultural Exploration, and Creative Expression in New York City*. Université de Washington.

11. OIF (Organisation Internationale de la Francophonie) : francophonie.org/node/305.

12. 70 % d'entre eux seront âgés de moins de 29 ans.

13. DUCREY, L. *Social Impact Assessment*, HEC, 2016.
14. JAUMONT, F. *La Révolution bilingue : le futur de l'éducation s'écrit en deux langues*. TBR Books. 2017.
15. *2018-2019 English Language Learners Demographic Report*. NYC Department of Education. infohub.nyced.org/docs/default-source/default-document-library/ell-demographic-report.pdf.
16. Bureau du recensement des États-Unis. *Languages Spoken at Home*. 2018.
17. ECHEVERRIA-ESTRADA, C. et BATALOVA, J. « Sub-Saharan African Immigrants in the United States », 6 novembre 2019, *Online Journal of the Migration Policy Institute*.
18. Culturally Responsive-Sustaining Education Framework nysed.gov/crs/framework.
19. L'International Network for Public High Schools est un consortium d'écoles qui accueillent uniquement les élèves vivant aux États-Unis depuis quatre ans ou moins. Comme indiqué sur son site web, « dans les écoles de l'International Network, le prestige vient remplacer le "stigmate" social d'immigrant pour les élèves, les familles et les professeurs. La maîtrise quasi native de l'anglais et la connaissance d'une seconde langue sont considérées comme des atouts ».
20. ROSS, J. et JAUMONT, F. « Building Bilingual Communities: New York's French Bilingual Revolution » dans GARCÍA, O., ZAKHARIA, Z. et OTCU-GRILLMAN, B., *Bilingual Community Education for American Children: Beyond Heritage Languages in a Global City*. Multilingual Matters : New York. 2012.
21. Louisiana Travel Association. louisianatravelassociation.org.
22. Louisiana Office of Tourism, Department of Research.
23. Université de la Louisiane à Lafayette. Département de gestion hôtelière et touristique. management.louisiana.edu/programs/hospitality-management-major.
24. Conseil pour le développement du français en Louisiane (CODOFIL) et Louisiana Department of Education.
25. Conseil pour le développement du français en Louisiane. L'Initiative Oui! : crt.state.la.us/cultural-development/codofil/programs/francoresponsable.
26. Comme l'indique le site web dédié à l'initiative Oui!, « En raison

des changements fréquents dans l'industrie des services, cette initiative exige des mises à jour constantes. Le CODOFIL s'efforce de mettre à jour ces données de façon régulière mais ne peut pas en assurer la validité ».
27. Joseph Dunn, directeur en charge des relations publiques et du marketing, Laura Plantation.
28. David Cheramie, directeur exécutif, Bayou Vermilion District.
29. Pour des questions de confidentialité, j'ai remplacé le prénom et le nom de cette femme par d'autres, courants en Louisiane et tout aussi francophones.
30. Le site comporte également des ressources se rapportant au créole louisianais. En outre, le CODOFIL soutient un projet mené par une organisation partenaire afin de développer un site distinct entièrement consacré à cette langue.
31. Un article d'opinion intitulé « Le Cajun mort-vivant » est paru dans le *Journal de Montréal* en octobre 2016.
32. J'attribue la citation aux deux hommes car je les ai entendus tous les deux la prononcer, et car je ne suis pas certaine de son origine.
33. Le terme « Noir » renvoie aux étudiants issus de la diaspora africaine (par exemple, d'origine haïtienne, afro-canadienne, afro-mexicaine, nigériane ou sénégalaise). Le terme « Afro-Américain » renvoie aux étudiants issus de la diaspora africaine, mais dont les ancêtres sont nés aux États-Unis.
34. Les termes « Noir » et « Afro-Américain » sont utilisés de manière interchangeable dans le reste de ce chapitre afin de refléter la terminologie employée par le Centre américain des données statistiques en éducation et le Louisiana Board of Regents.
35. Un fanzine est une petite revue rédigée par des amateurs, reproduite en peu d'exemplaires et dédiée à un sujet spécifique ou à un public particulier.
36. francophoniedesameriques.com/zone-franco/la-francophonie-des-ameriques
37. BEAUDOIN-BÉGIN, A-M. *La langue affranchie – Se raccommoder avec l'évolution linguistique*. Éditions Somme toute. 2017. Page 112.
38. vimeo.com/ondemand/baggagefilm
39. Un magnifique livre de poésie associé à ce projet, *Bagages – mon histoire*, a été publié. Il est composé de poèmes rédigés par les

mêmes immigrants adolescents qui apprennent le français en tant que langue seconde. Les travaux d'écriture ont été menés par leur professeur, Simon Boulerice, également auteur du livre. Une version anglaise du livre est disponible sous le titre *Carry-on – Poetry by Young Immigrants*.

40. Le journal de William H. Keating, intitulé *Voyage in a Six-Oared Skiff to the Falls of Saint Anthony* in 1817, a été publié en 1860. Voir également *The Bourgeois Frontier: French Towns, French Traders, and American Expansion* de Jay Gitlin, publié en 2010 aux presses universitaires de l'université de Yale.

41. FLANDRAU, C., *The History of Minnesota and Tales of the Frontier*, E.W. Porter, St. Paul, Minnesota, 1900. Page 400. Cette citation provient d'un article intitulé « An Advocate's Opinion on his Own Eloquence is Not Always Reliable ». Pages 400-401.

42. Pierre-Charles Le Sueur est arrivé pour la première fois dans le Minnesota en 1683 et nous supposons que c'est à ce moment-là qu'il a baptisé la rivière.

43. PETTO, C. M., *When France was King of Cartography – The Patronage and Production of Maps in Early Modern France*. Lanham Lexington Books. 2007.

44. LASS, W. E., *Minnesota – A History*, deuxième édition. W. W. Norton & Company. 2000. Pages 77-79.

45. LAVENDER, D., *Winner Take All – The Trans-Canada Canoe Trail*, McGraw-Hill Book Company. 1977. Pages 200-201.

46. Informations issues de l'article « The Fur Trade-Indian Country » publié par le Milwaukee Public Museum en 2018.

47. LASS, W. E., *Minnesota – A History*, deuxième édition. W. W. Norton & Company. 2000. Pages 70-83. Pour obtenir des informations plus complètes sur la guerre anglo-américaine de 1812, voir *The War that Forged a Nation* de Walter R. Borneman (Harper Collins Publishers, New York, 2004).

48. FERGUSON, W., *Canadian History for Dummies*, deuxième édition. John Wiley and Sons, Mississauga, Ontario. 2005. Pages 181-182, 184.

49. LETHERT WINGERD, M., *North Country – The Making of Minnesota*. Illustrations rassemblées et annotées par Kirsten Delegard. Presses universitaires du Minnesota.

Minneapolis. 2010. Page 124.
50. LABINE, M., *In the beginning, there was a Chapel*. Publié par la French-American Heritage Foundation en 2016.
51. LASS, W. E., *History of Minnesota*. W.W. Norton & Company. 2000. Page 66.
52. LETHERT WINGERD, M., *North Country – The Making of Minnesota*. Illustrations rassemblées et annotées par Kirsten Delegard. Presses universitaires du Minnesota. Minneapolis. 2010. Page 125.
53. GITLIN, J., *The Bourgeois Frontier: French Towns, French Traders, and American Expansion* de Jay Gitlin, publié en 2010 aux presses universitaires de l'université de Yale.
54. LAMARRE, J., *Les Canadiens français du Michigan* (éditions du Septentrion, 2000). Voir également l'article « French-Canadian Communities in the Upper Midwest during the Nineteenth Century » d'Aidan D. McQuillan publié dans les *Cahiers de géographie du Québec* (vol. 23, n° 58, 1979, pages 53-72) et le livre *French-Canadians in Michigan* de John P. Dulong (Presses universitaires de l'université d'État du Michigan, 2001).
55. ROBY, Y., *Les Franco-Américains de la Nouvelle-Angleterre – Rêves et réalités*. Éditions du Septentrion, 2000.
56. CLAYTON, A. R. L., SISSON, R. et ZACHER, C., *The American Midwest – An Interpretive Encyclopedia*, première édition. Presses universitaires de l'université de l'Indiana. 8 novembre 2006. Page 199.
57. Documents liés accessibles à l'office du tourisme de Saint Cloud, Minnesota.
58. RAICHE, A. et BIERMAIER, A. M., *They Came to Teach – The Story of Sisters who Taught in Parochial Schools and Their Contribution to Elementary Education in Minnesota*. North Star Press, Saint Cloud, Minnesota. 1994.
59. « Illinois » dérive de « ileenweewa », un terme utilisé par les Miamis qui signifie « guerriers, hommes courageux » en miami-illinois. L'orthographe actuelle est due aux premiers missionnaires catholiques et explorateurs français.
60. CLAYTON, A. R. L., SISSON, R. et ZACHER, C., *The American Midwest – An Interpretive Encyclopedia*. Presses universitaires de

l'université de l'Indiana. 2007. Page 199.
61. *Écho de l'Ouest*, 28 juillet 1911.
62. *Écho de l'Ouest*, 19 octobre 1893 et 1er février 1895, *Le Canadien*, 17 mars 1887 et 13 septembre 1888.
63. RUBENSTEIN, S., « The French-Canadians and French » dans « They Chose Minnesota, a Survey of The State's Ethnic Groups » de June Drenning Holmquist. Minnesota Historical Society Press. 1981. Page 49.
64. RUBENSTEIN, S., « The French-Canadians and French » dans *They Chose Minnesota – A Survey of The State's Ethnic Groups* de June Drenning Holmquist (Minnesota Historical Society Press. 1981, page 49) et SCHOLBERG, Henry, *Les Pionniers français du Minnesota*. Northstar, Eau Claire, Wisconsin. 1996.
65. TETRAULT, M., *Le rôle de la presse dans l'évolution du peuple franco-américain de la Nouvelle-Angleterre*. Marseille, France, 1935, pages 35-37.
66. RUBENSTEIN, S., « The French-Canadians and French » dans *They Chose Minnesota – A Survey of The State's Ethnic Groups* de June Drenning Holmquist. Minnesota Historical Society Press. 1981.
67. « Publications in Foreign Languages: French », Ayer & Son's American Newspaper Annual. N. W. Ayer & Son, Philadelphia, 1907.
68. HENNESSY, W.B., *Past and Present St. Paul, Minnesota – Being a Relation of the Progressive History of the Capital City of Minnesota from the Earliest Historical Times Down to the Present Day*. S.J. Clarke Publishing Company, Chicago, Illinois, 1906.
69. Ibid.
70. RUBENSTEIN, S., « The French-Canadians and French » dans *They Chose Minnesota – A Survey of The State's Ethnic Groups* de June Drenning Holmquist. Minnesota Historical Society Press. 1981, page 48.
71. Ibid., page 48.
72. Ibid., page 48.
73. Ibid., page 48.

Références

ACADÉMIE AMÉRICAINE DES ARTS ET DES SCIENCES. 2017. *America's Languages: Investing in Language Education for the 21st Century.*

ACADÉMIE AMÉRICAINE DES ARTS ET DES SCIENCES. 2021. *Bachelor's Degrees in the Humanities.*

AFFAIRES MONDIALES CANADA. *State Trade Fact Sheets New Hampshire.* Gouvernement du Canada, 21 janvier 2020.

AMERICAN CONFERENCE ON THE TEACHING OF FOREIGN LANGUAGES. 2019. *Making Languages Our Business: Addressing Foreign Language Demand Among United States Employers.*

AMERICAN COUNCILS FOR INTERNATIONAL EDUCATION. 2017. *The National K-12 Foreign Language Enrollment Survey Report.*

ANCELET, B. 1988. « A Perspective on Teaching the "Problem Language" in Louisiana. » *The French Review*, 61(3), 345- 356.

ANCELET, B. J. 2007. « Negotiating the Mainstream: The Creoles and Cajuns in Louisiana. » *The French Review*, 80(6), 1235-1255.

ANCTIL, P. 1979. « La Franco-Américanie ou le Québec d'en bas. » *Cahiers de géographie du Québec*, 23.58, 39-52. 2000. French Canadian Emigration to the United States, 1840-1930.

ANYA, U. et RANDOLPH, L. J. 2019. « Diversifying Language Educators and Learners. » *The Language Educator.* 23-27. Octobre/novembre 2019.

BÉLANGER, D. 2000. *French Canadian Emigration to the United States, 1840-1930.* Readings in Quebec History. Marianopolis College.

BÉLANGER, D. 2002. « L'abbé Lionel Groulx et la survivance franco-américaine. » *Francophonies d'Amérique* (13), 91-105.

BELBASE, S. LUITEL, B. et TAYLOR, P. C. 2008. « Autoethnography: A Method of Research and Teaching for Transformative Education. » *Journal of Education and Research*, 1(1), 86-95.

BIBLIOTHÈQUE DU CONGRÈS, *Religion and the Founding of the American Republic. America as a Religious Refuge: The Seventeenth Century, Part 2.*

BLOOD, E. 2019. *French-Canadian Heritage Collection.* Archives et collections spéciales de la Salem State University.

BLOOD, E et MORRISETTE, J.V. *Je me souviens – Histoire, culture et littérature du Québec francophone.* Presses universitaires de l'université de Georgetown, 2015.

BLOOD, E. et DUCLOS-ORSELLO, E. 2011. *Franco-American Salem Oral History Collection*, M.11. Archives et collections spéciales de la Salem State University.

BLOOD, E. et DUCLOS-ORSELLO, E. 2018. *French-Canadian and Franco-American Heritage in Salem, Massachusetts.* Archives et collections spéciales de la Salem State University.

BLOOD, E. et DUCLOS-ORSELLO, E. 2018. « La Pointe, site de patrimoine franco-américain à Salem, Massachusetts. » *Encyclopédie du patrimoine culturel de l'Amérique du Nord.*

BRASSEAUX, C. 2005. *French, Cajun, Creole, Houma – A Primer on Francophone Louisiana.* Bâton-Rouge, Louisiane : Presses universitaires de l'université d'État de Louisiane.

BRAULT, G J. *The French-Canadian Heritage in New England.* Hanover, New Hampshire : Presses universitaires de Nouvelle-Angleterre, 1986, 171-84.

BUREAU DU RECENSEMENT DES ÉTATS-UNIS. 2019. Tableau B16001 : *Detailed Languages Spoken at Home by Ability to Speak English for the Population 5 Years and Over, United States.* American Community Survey 2019 1-Year Estimates.

CAPUTO, J. D. 1997. *Deconstruction in a Nutshell – A Conversation with Jacques Derrida.* New York : Presses universitaires de l'université de Fordham, 13-14.

CHAPELLE, C. A. « Five Decades of Canadian and Québec Content in French Textbooks in the United States. » *American Review of Canadian Studies*, vol. 44 no. 4, 2014, pages 415-432.

CHARAUDEAU, P. 2005. « Réflexions sur l'identité culturelle. Un préalable nécessaire à l'enseignement d'une langue. » *Écoles, langues et modes de pensée.* Créteil : Centre régional de documentation pédagogique de l'Académie de Créteil.

CHARTIER, A. *The Franco-Americans of New England: A History*. Manchester, New Hampshire : ACA Assurance et Institut français de Worcester, 2000, 327-389.

CHASSÉ, P. 1977. *Les arts et la littérature chez les Franco-Américains de la Nouvelle-Angleterre*. Bedford, New Hampshire/Fall River, Massachusetts. National Assessment and Dissemination Center.

COMITÉ PERMANENT DE LA SURVIVANCE. 1945. *La Vocation de la race française en Amérique du Nord*. Québec : Ateliers de l'Action catholique.

DAJKO, N. et WALTON, S. 2019. *Indigenous Languages. Language in Louisiana – Community and Culture*. Jackson, Mississippi : Presses universitaires du Mississippi.

DALY, J.A. 2011. *Advocacy: Championing Ideas and Influencing Others*. New Haven : Yale.

DAVIS, J. 1992. *African-American Students and Foreign Language Learning*. Eric Digest.

DAVIS, J. J. et MARKHAM, P. 1991. « Student Attitudes Towards Foreign Language Study at Historically and Predominantly Black Institutions. » *Foreign Language Annals*, 24, 227-237.

DIAWARA, M. 2008. *Édouard Glissant's Worldmentality: An Introduction to One World in Relation*. Documenta 14.

DORSEY, A. et COLLIER, R. 2018. *Origins of Sociological Theory*. Waltham Abbey, Royaume-Uni : ED-Tech Press.

DOTY, C. S. 1997. « 'Monsieur Maurras est ici': French Fascism in Franco-American New England. » *Journal of Contemporary History*, volume 32, no. 4 (1997): 527-38.

DURHAM, Comte de. 1839. *Report on the Affairs of British North America*. Toronto : Robert Stanton, 127.

FÉDÉRATION DES ALLIANCES FRANÇAISES AUX ÉTATS-UNIS. 2019. *À propos de l'Alliance Française*.

FRENCH MORNING. 2017. *The French Population Has Officially Increased in North America*. 2 octobre 2017.

GAILLARD, A. 1997. « Assimilation, insertion, intégration, adaptation : un état des connaissances. » *Hommes & Migrations* (1209), 119-130.

GATINEAU, F. 1927. *Historique des Conventions générales des Canadiens français aux États-Unis, 1865-1901*. Woonsocket : L'Union Saint-Jean-Baptiste d'Amérique.

GIGUÈRE, M. 1981. *A Franco-American Overview, Vol. 3: New England (Part One)*. Cambridge, Massachusetts : National Assessment and Bilingual/Bicultural Education.

GLYNN, C. L. 2012. *The Role of Ethnicity in the Foreign Language Classroom: Perspectives on African American Students' Enrollment, Experiences, and Identity*. Thèse de doctorat, université du Minnesota.

GROULX, L. 1956. *L'Appel de la race*. Montréal : Fides.

HAMON, E. 1982. *Les Canadiens français de la Nouvelle-Angleterre*. Montréal/Manchester, New Hampshire : Éditions du 45e parallèle Nord Inc.

HEGEL, G. W. F. 2019. *The Phenomenology of Spirit*. Cambridge : Presses universitaires de l'université de Cambridge.

HÉMON, L. 1924. *Maria Chapdelaine*. Paris : Grasset.

HIGHAM, J. 1955. *Strangers in the Land: Patterns of American Nativism, 1860-1925*. Nouveau-Brunswick : Presses universitaires de l'université Rutgers.

HOOKS, B. 1989. « Choosing the Margin as a Space of Radical Openness. » *Framework – The Journal of Cinema and Media*, (36), 15-23.

HOOKS, B. 1994. *Teaching to Transgress: Education as the Practice of Freedom*. New York, New York : Routledge.

HUBBARD, L. J. 2014. « Foreign Language Study and the Black Student. » *CLA Journal*, 57(4), 300-304.

HUDSON, C. 2000. « Les protestants francophones en Nouvelle-Angleterre, 1885-1910. » *Études d'histoire religieuse* (66), 49-68.

JAUMONT, F. 2017. *La révolution bilingue : le futur de l'éducation s'écrit en deux langues*. New York : TBR Books.

JOHNSON, S. 2019. *Colleges Lose a 'Stunning' 651 Foreign-Language Programs in 3 Years*.

KLINGER, T. A. 2003. *Language Labels and Language Use Among Cajuns and Creoles in Louisiana*. University of Pennsylvania Working Papers in Linguistics, 9(2), 77-90.

LACROIX, P. 2021. « Une révolution tranquille chez les Franco-Américains. » *Le Droit*, 25 avril 2021.

LANDRY, T-M. 1962. *Mission catholique et française en Nouvelle-Angleterre.* Québec : Éditions Ferland.

LASSITER, L.E. 1989. *The Relationship Between Race and Attitudes of Students Toward Foreign Language Study at Selected Universities.* Thèse de doctorat, université du Mississippi. Proquest Dissertation Publishing.

LEMAIRE, H. 1966. « Franco-American Efforts on Behalf of the French Language in New England » dans J. A. Fishman (éditeur), *Language Loyalty in the United States* (pp. 253-279). La Haye, Pays-Bas : Mouton & Co.

LEVEEN, S. 2021. *America's Bilingual Century.* Delray Beach, Floride : America the Bilingual.

LINDNER, T. 2008. *Attitudes Toward Cajun French and International French in South Louisiana: A Study of High School Students.* Thèse de doctorat. ProQuest Dissertation Publishing.

LINDNER, T. 2013. « Access to French Education and Attitudes Toward International French and Cajun French Among South Louisiana High School Students. » *French Review*, 86(3), 458-472.

LO BIANCO, J. et PEYTON, J. K. 2013. « Vitality of Heritage Languages in the United States: The Role of Capacity, Opportunity, and Desire. » *Heritage Language Journal*, 10(3), i-viii.

MCCULLOUGH, J. J. 2021. « Opinion – Quebec wants to declare itself a 'nation.' Canada's politicians do not mind. » *The Washington Post*, 28 mai 2021.

MENDEZ, M. 2013. « Autoethnography as Research Method: Advantages, Limitations, and Criticisms. » *Columbian Applied Linguistics Journal*, 15(2), 279-287.

MINISTÈRE FRANÇAIS DES AFFAIRES ÉTRANGÈRES ET EUROPÉENNES. 2021. *Stratégie internationale pour la langue française et le plurilinguisme.*

MLA LANGUAGE MAP DATA CENTER. Fort Kent (Town of), Maine.

MLA LANGUAGE MAP DATA CENTER. *Most Spoken Languages in New Hampshire in 2010.*

MODERN LANGUAGE ASSOCIATION (MLA). 2019. *Enrollments in Languages Other Than English in United States Institutions of Higher Education*.

MONTLAUR, B de. 2019. « Do You Speak My Language? You Should. » *The New York Times*, 3 mars 2019.

MOORE, Z. et ENGLISH, M. 1997. « Linguistic and Cultural Comparisons: Middle School African American Students Learning Arabic » dans J. Phillips (éditeur), *Collaborations – Meeting New Goals, New Realities* (pp. 173–211). New York : Northeastern Conference Reports.

MOORE, Z. et ENGLISH, M. 1998. « Successful Teaching Strategies: Findings From a Case Study of Middle School African Americans Learning Arabic. » *Foreign Language Annals*, 31, 347-357.

NADEAU, J-B. 2021. *33 millions de francophones dans les Amériques*.

NATIONAL CENTER FOR EDUCATIONAL STATISTICS. 2021. Tableau 322.30.*Bachelor's Degrees Conferred by Postsecondary Institutions: 2017-18 and 2018-19*.

NEW AMERICAN ECONOMY. 2017. *Not Lost in Translation: The Growing Importance of Foreign Language Skills in the United States Job Market*.

NEW HAMPSHIRE DEPARTMENT OF HEALTH. *Refugee Resettlement Country of Origin FY 2013-2019*. New Hampshire Department of Health and Human Services.

NIETO, S. 1992. *Affirming Diversity: The Sociopolitical Context of Multicultural Education*. White Plains, New York : Longman Publishing Group.

NORTHOUSE, P.G. 2013. *Leadership: Theory and Practice 6th ed*. Los Angeles : SAGE.

ORGANISATION INTERNATIONALE DE LA FRANCOPHONIE. *Cadre stratégique de la Francophonie 2015-2022*.

PBS. 2018. *A Louisiana French Renaissance*. Louisiana Public Broadcasting. 15 mars 2018.

PERREAULT, R. B., 2010. *Franco-American Life and Culture in Manchester, New Hampshire: Vivre la Différence*. Charleston, Caroline du Sud : The History Press.

POLLOCK, D. 2018. *Black Students' Experiences and Motivation to Pursue*

Foreign Language Study at an HBCU: A Holistic Single Case Study. Thèse de doctorat, université d'État de Floride. ProQuest Dissertation Publishing.

PRATT, C. 2012. « Are African-American High School Students Less Motivated to Learn Spanish Than Other Ethnic Groups? » *Hispania* 95(1), 116-134.

QUINTAL, C. 1990. « Les institutions franco-américaines : pertes et progrès » dans R. D. Louder (éditeur), *Le Québec et les francophones de la Nouvelle-Angleterre*. CEFAN Culture française d'Amérique. Les Presses de l'Université Laval.

RAFN, S. 2013. « Jacques Derrida: Of Hospitality. » *Visavis – Voices on Asylum and Migration* –Février 2013.

REYNOLDS, C. 2021. « Trudeau calls for end to 'Québec bashing' after Ottawa professor says province run by white supremacist government. » *National Post*, 22 mars 2021.

ROCHE, F. 1981. *Les Francos de la Nouvelle-Angleterre. Anthologie franco-américaine, XIXe et XXe siècles*. Le Creusot : Coédition LARC/Centre d'Accueil Culturel.

ROSS, J. *Two Centuries of French Education in New York: The Role of Schools in Cultural Diplomacy*. TBR Books, New York, 2020.

ROSS, J. et JAUMONT, F. 2014. « French Heritage Language Communities in the United States » dans T. Wiley, J. Peyton, D. Christian, S. C. Moore et N. Liu (éditeurs), *Handbook of Heritage and Community Languages in the United States: Research, Educational Practice, and Policy*. Oxford, Royaume-Uni : Routledge.

ROSS, J. et JAUMONT, F. 2013. « French Heritage Language Vitality in the United States. » [Numéro spécial sur la vitalité du français aux États-Unis] *Heritage Journal Review*, 10(3).

ROSS, J. et JAUMONT, F. 2012. « Building Bilingual Communities: New York's French Bilingual Revolution » dans GARCÍA, O., ZAKHARIA, Z. et OTCU-GRILLMAN, B., *Bilingual Community Education and Multilingualism* (pp 232-246). New York, New York : Multilingual Matters.

RYAN, C. 2010. *Language Use in the United States*. 2011. American Community Survey.

SALOMONE, R. 2021. *The Rise of English: Global Politics and the Power of Language*. Presses universitaires de l'université d'Oxford.

SANTERRE, R. 1981. *Anthologie de la littérature franco-américaine de la Nouvelle-Angleterre, Tome 9*. Manchester, New Hampshire : National Materials Development Center for French & Creole.

SATELL, G.et POPOVIC, S. 2017. « How Protests Become Successful Social Movements. » *Harvard Business Review.*

SERRES, M. 1993. *Les origines de la géométrie*. Tiers livre des fondations. Paris : Flammarion.

SERVICES CULTURELS DE L'AMBASSADE DE FRANCE AUX ÉTATS-UNIS. 2019. *French for Professional Purposes.*

SICO, J. et BRUNET, R. 2020. *New York, la capitale méconnue de la Francophonie.* 20 mars 2020.

SUKIENNIK, G. « Senate Passes Resolution Apologizing for Role in Eugenics. » *Bennington Banner*. 12 mai 2021.

UNITARIAN UNIVERSALIST SERVICE COMMITTEE. 2022. *U.S. Tribes Facing Climate Crisis Unite to Address Human Rights Violations*. Unitarian Universalist Service Committee (UUSC)

VALDMAN, A. 2010. « French in the USA » dans Potowski, K. (éditeur), *Language Diversity in the USA* (pp. 110-127). Presses universitaires de l'université de Cambridge.

VERMETTE, D. 2016. « Why are Franco-Americans So Invisible? » *French North America*. Mars 2016.

VERMETTE, D. 2018. A *Distinct Alien Race. The Untold Story of Franco-Americans*. Montréal : Baraka Books.

WATTERSON, K. 2011. *The Attitudes of African American Students Towards the Study of Foreign Languages and Cultures*. Thèse de doctorat, université d'État de Louisiane.

WOODSON, C. G. 1990. *The Mis-Education of the Negro*. Trenton, New Jersey : Africa World Press.

WRIGHT, C. D. *The Canadian French in New England*, Massachusetts Bureau of Statistics of Labor, 13th Annual Report for 1881, Boston, 1882.

ZEPHYR, F. 2004. *The Haitian Americans*. Westport, Connecticut : Greenwood Press.

ZUNZ, O. 1987. *Genèse du pluralisme américain*. Annales (42) 2, 429-444. Collections publiques.

À propos des auteurs

Mélissa Baril est un caribou voyageur, une Québécoise qui trimbale livres et enfants d'un côté à l'autre de l'océan. Diplômée en rédaction et en communication, elle cherche depuis toujours à connecter les gens en tirant parti de la diversité culturelle. Peu après son arrivée à Détroit, elle crée le *Caribou à lunettes* pour soutenir les familles et les enseignants qui peinent à trouver des ressources locales. Son outil favori est la littérature jeunesse, diversifiée et inclusive, qui s'adresse autant aux locuteurs natifs qu'aux apprenants de tous les âges. Bibliothèque, ateliers créatifs, animations avec des artistes du livre, dégustations littéraires, librairie en ligne : les services se multiplient et montrent une francophonie vivante et dynamique.

Timothy Beaulieu est le fondateur de la New Hampshire PoutineFest. En 2019, pour son travail sur cet événement, il a fait partie de la liste, constituée par le journal New Hampshire Union Leader, des 40 professionnels de moins de 40 ans les plus influents de l'État du New Hampshire. Titulaire d'une licence de l'université du New Hampshire et d'un master de l'université d'État de Plymouth dans le New Hampshire, il réside actuellement dans le sud du New Hampshire et aime s'impliquer dans la communauté franco-américaine, travailler sur divers projets professionnels et passer du temps avec sa famille.

Elizabeth Blood est professeure de français au sein du département des langues et cultures du monde de la Salem State University à Salem, dans le Massachusetts. Titulaire d'une licence en anthropologie du Connecticut College, ainsi que d'un master et d'un doctorat en littérature française et romane du Boston College, elle a coécrit l'ouvrage *Je me souviens – Histoire, culture et littérature du Québec francophone*, destiné aux étudiants de français et publié aux presses universitaires de l'université de Georgetown en 2015. Elle est également traductrice du français vers l'anglais et a créé un recueil de traductions, disponible gratuitement en ligne, de témoignages de

Canadiens français et de Franco-Américains. Ses recherches actuelles se concentrent sur la francophonie nord-américaine, en particulier au Québec et au sein de la communauté franco-américaine.

David Cheramie, un Cadien natif de Louisiane, est l'auteur de trois recueils de poésie en français et a publié, en anglais et en français, de nombreux articles consacrés au français louisianais et à la culture louisianaise. Ses tribunes *En français, s'il vous plaît* et *Plus ça change…* apparaissent régulièrement dans le magazine Acadiana Profile. Titulaire d'un doctorat en études francophones de l'université de la Louisiane à Lafayette, il a été le directeur exécutif du Conseil pour le développement du français en Louisiane (CODOFIL). Cofondateur de la revue littéraire *Feux Follets* à laquelle il contribue régulièrement, il a été nommé chevalier dans l'ordre des Arts et des Lettres par la France et est membre de l'Ordre des francophones d'Amérique du Québec. Il est actuellement écrivain pigiste et consultant spécialiste des langues et cultures franco-louisianaises.

Melody Desjardins est une rédactrice indépendante faisant la promotion de la communauté franco-américaine via la publication d'histoires personnelles et de contenu léger sur son blog *Moderne Francos*. En rédigeant ses articles, elle espère entrer en contact avec d'autres Franco-Américains et aborder des sujets historiques en adoptant de nouvelles perspectives. Issue d'une famille originaire de Wilton, dans le New Hampshire, elle a passé la majeure partie de son enfance à Lake Sundown, dans l'Iowa, et réside actuellement dans le New Hampshire. Son blog est consultable à l'adresse modernefrancos.com.

Anthony T. DesRois est rédacteur pour le site *Get French Football News* et diverses pages consacrées aux Franco-Américains sur les réseaux sociaux. Marié et père de deux enfants, il a été élevé en Floride par sa grand-mère, au sein d'un foyer franco-américain, avant de déménager dans la famille de son épouse à l'adolescence. Il aime écrire, peindre, lire, jouer au football et passer du temps avec sa famille.

Joseph Dunn est un expert du français et du créole louisianais, ainsi que de la culture et de l'héritage de la Louisiane. Ses connaissances lui ont permis d'occuper, depuis plus de 25 ans, les plus hauts postes dans le secteur touristique et culturel de ce même État. Il est actuellement directeur des relations publiques et du marketing à la Laura Plantation. En plus de son travail sur ce site historique, il collabore régulièrement à des projets visant à mettre en valeur l'importance du français et du créole louisianais d'un point de vue social, professionnel et économique. Il a été nommé chevalier dans l'Ordre national du Mérite de la France.

Georgie V. Ferguson est membre de la tribu indienne Pointe-au-Chien. Psychologue clinicienne et mère dévouée, elle est la première de sa tribu à avoir obtenu un doctorat. Actuellement chargée des affaires publiques et de la communication pour la tribu Pointe-au-Chien, elle gère aussi le compte Twitter de cette dernière. En outre, elle possède des compétences en communication de masse, qui viennent compléter sa formation en psychologie et qu'elle peut mettre à profit dans les opérations qu'elle mène au nom de la tribu, ainsi que pour militer en faveur du respect de pratiques éthiques lors des interactions avec les populations indigènes. Elle s'implique également dans divers projets de recherche axés sur la résilience indigène.

Katharine Harrington est professeure de français à l'université d'État de Plymouth dans le New Hampshire où elle enseigne depuis 2010. Autrice du livre *Writing the Nomadic Experience in French and Francophone Literature* publié chez Lexington Books en 2014, elle a cofondé le projet « Bienvenue au New Hampshire » et occupe actuellement les postes de présidente de l'American Council for Québec Studies et de présidente de la division du New Hampshire de l'American Association of Teachers of French.

Marine Havel est consule honoraire de France à Philadelphie et présidente FLAM. Elle est depuis 10 ans une experte internationale reconnue pour sa capacité à créer des passerelles entre les organisations, et entre les personnes. Elle sait que l'éducation contribue très fortement à améliorer la vie de chaque enfant, d'un point de vue social et économique, et peut changer nos sociétés. Elle estime également que l'accès à un enseignement de haute qualité est un droit pour tous. En 2012, elle a créé une organisation à but non lucratif à Philadelphie pour mettre en place un programme de français langue maternelle destiné aux enfants francophones. Grâce à celui-ci, elle souhaite qu'aucun enfant ne perde sa langue, son héritage culturel, son identité, le lien avec sa famille et la communauté francophone, et devienne ainsi un citoyen du monde. Elle a rapidement créé de nouvelles écoles à Lehigh Valley en Pennsylvanie, ainsi qu'à Princeton et Hoboken dans le New Jersey. Pour soutenir les autres associations, elle a créé la Fédération FLAM USA en 2016 avec d'autres directrices et directeurs FLAM aux États-Unis. Lorsque la pandémie a commencé, toutes les FLAM étaient prêtes à accompagner et former chaque enseignant, pour que tous les élèves puissent continuer à recevoir une éducation en français. Depuis juin 2020, le soutien de Marine Havel va aux FLAM du monde entier, avec qui la Fédération FLAM Monde a été créée en partenariat avec le gouvernement français.

Fabrice Jaumont, auteur de plusieurs ouvrages récompensés et engagé dans diverses causes, est un chercheur et conseiller en éducation basé à New York. Actuellement attaché en éducation pour l'ambassade de France aux États-Unis, il est également affilié à la Fondation Maison des sciences de l'homme de Paris pour ses travaux de recherche et professeur associé à l'université de New York et au Baruch College. Président du Centre pour l'avancement des langues, de l'éducation et des communautés (CALEC), une organisation à but non lucratif basée à New York et à Paris, il a publié six livres sur le bilinguisme, la philanthropie et l'enseignement supérieur, parmi lesquels *La Révolution bilingue : le futur de l'éducation s'écrit en deux langues*. Il est titulaire d'un doctorat en éducation internationale et comparée de l'université de New York.

Marguerite P. Justus, native de Lafayette en Louisiane, milite pour la minorité francophone louisianaise. Titulaire depuis 2017 d'un doctorat en études françaises avec une spécialisation en linguistique de l'université d'État de Louisiane, c'est très jeune que son intérêt pour la langue de ses grands-parents maternels a commencé à s'exprimer. Actuellement en charge des programmes communautaires pour le Conseil pour le développement du français en Louisiane (CODOFIL), elle fait partie du conseil d'administration de l'organisation Louisiana Folk Roots et est membre du conseil consultatif du Centre d'immersion linguistique et culturelle francophone Saint-Luc à Arnaudville, en Louisiane.

Emmanuel K. Kayembe a obtenu son doctorat en langue et littérature françaises à l'université du Cap, en Afrique du Sud, où il a été récompensé en 2012 du Golden Key International Honour Society Award pour son excellence. Anciennement affilié à l'American Council of Learned Societies pour ses travaux de recherche, il a été maître de conférences à l'université de Lubumbashi en République démocratique du Congo et enseignant assistant à l'université du Cap, avant de rejoindre l'université du Botswana où il a enseigné la langue, la littérature et la culture françaises de 2013 à 2017. Il est actuellement professeur de français et de latin et associé de recherche en études franco-américaines de l'University of Southern Maine, au sein du fonds franco-américain créé pour préserver et promouvoir la culture et l'héritage de la population franco-américaine du Maine. Outre ses nombreuses publications sur les littératures et cultures francophones, il est l'auteur d'un livre sur l'écrivain congolais francophone Pius Ngandu, professeur à l'université d'État de Louisiane à Bâton-Rouge. Impliqué dans plusieurs projets de recherche portant sur les littératures et cultures françaises et francophones et financés par l'Agence Universitaire de la Francophonie (AUF), il est membre de l'Association pour l'étude des littératures africaines de l'université de Lorraine, de la Modern Language Association of America, de l'Association internationale d'étude des littératures et cultures de l'espace francophone de l'université McGill, du Conseil International d'Études Francophones, de l'American Association of Teachers of French et du Centre de la francophonie des Amériques.

Étienne A. Kouakou, affilié au Hostos Community College, est l'un des professeurs du programme d'immersion de l'université de New York depuis janvier 2013. Concentré principalement sur l'apprentissage de l'anglais langue seconde, il s'intéresse également à l'écriture et à la rhétorique et enseigne actuellement la composition en anglais à des étudiants de première année au Queens College. Il y a plusieurs années, il a été professeur d'anglais langue étrangère dans un collège de son pays natal, la Côte d'Ivoire. Après son arrivée aux États-Unis en 1996, il a occupé le poste de professeur d'anglais en collège et lycée à New York, ainsi que dans un collège de Washington de 2009 à 2010. Par ailleurs, il a enseigné le français dans le cadre du programme « French Heritage Language » coordonné par les services culturels de l'ambassade de France. Pendant son temps libre, il aime lire, écrire et pratiquer le karaté shotokan, un art martial japonais qui le passionne depuis plus de 40 ans.

Mark Labine est diplômé de l'université du Minnesota depuis 1977 et titulaire d'un diplôme de Juris Doctor qui lui a été remis, en 1980, par la faculté de droit de l'université Hamline. Avocat de formation, il a travaillé à temps partiel en tant que juge de droit administratif, arbitre judiciaire, magistrat et médiateur jusqu'à sa nomination, en juin 2005, au poste d'arbitre judiciaire à plein temps auprès de la Cour du comté de Hennepin, dans le Minnesota. À la retraite depuis mars 2020, il continue toutefois à mener des missions temporaires. Membre de plusieurs conseils d'administration au sein d'organisations à but non lucratif, il a autrefois présidé la Société canadienne-française du Minnesota et préside actuellement la French-American Heritage Foundation. Il fait également partie du conseil d'administration du Dispute Resolution Center, du réseau Community Mediation Minnesota, de l'Office of Collaboration and Dispute Resolution du Minnesota et de l'Alternative Dispute Resolution Section de la Minnesota State Bar Association. Passionné par son héritage canadien-français et la généalogie, il a écrit plusieurs ouvrages traitant de l'histoire de sa famille et de ses aïeuls. Dans son livre *Ancestral Pathways*, il évoque plus de 1 700 de ses ancêtres, originaires en grand nombre de France. Enfin, il est l'auteur de plusieurs livres publiés par la French-American Heritage Foundation, comme *They Spoke French*, *In the beginning there was a Chapel* et *Where the Waters Meet*.

Ben Levine est un réalisateur de documentaires, disposant d'une formation de psychologue clinicien. Il a développé en 1971 une méthode de « video feedback » pour recueillir les impressions des spectateurs après une projection, afin de favoriser l'expression des émotions et la créativité. Certains aspects de cette méthodologie ont été appliqués lors du tournage, dans un camp de vacances pour adolescents handicapés, de séquences constituant le film documentaire *Crip Camp*, lui-même nominé aux Oscars en 2020. **Julia Schulz**, pour sa part, est diplômée en anthropologie culturelle et en français, professeure de français, cofondatrice d'une école de langues à but non lucratif et spécialiste de l'optimisation des cursus d'apprentissage. Tous deux ont fondé Speaking Place, une organisation à but non lucratif soutenue financièrement par l'Administration for Native Americans, la National Science Foundation, les Centers of Disease Control and Prevention, la Maine Community Foundation et d'autres donateurs. Des informations supplémentaires sont disponibles sur leur travail à l'adresse speakingplace.org, en particulier dans la rubrique « Key Concepts » de la section « Archive ».

Jesse Martineau et **Monique Cairns** ont grandi à Manchester, dans le New Hampshire, comme leurs parents. Descendants de Québécois depuis des générations, ils ont fréquenté les établissements d'enseignement catholique de Manchester. Jesse est titulaire d'une licence en histoire de l'université George Washington à Washington et d'un diplôme de Juris Doctor de l'université Temple de Philadelphia, en Pennsylvanie. Il a effectué deux mandats à la Chambre des représentants du New Hampshire et est le créateur du French-Canadian Legacy Podcast and Blog. Monique, pour sa part, est titulaire d'une licence en sciences sociales du Providence College de Providence, dans le Rhode Island, et d'un master en enseignement spécialisé de l'University of Southern Maine à Portland. Elle est également la propriétaire et gérante de Northern Explosion, une école de danse à Sanford, dans le Maine. Tous deux travaillent à l'université du sud du New Hampshire.

Jean Mirvil, enseignant et directeur d'établissement haïtiano-américain, a travaillé, pendant près de 30 ans, dans des écoles publiques de New York afin de répondre aux besoins d'enfants immigrés et de leurs familles. Après avoir étudié la littérature et la linguistique françaises au Queens College de New York, il a poursuivi son cursus en France à la Sorbonne avant d'enseigner, pendant trois ans, l'anglais à des élèves de lycée au Gabon. Au cours de sa carrière, il a été coordinateur bilingue, directeur d'écoles élémentaires et surintendant adjoint pour les questions de langue et d'immigration dans le district scolaire 29 du Queens. Il a aussi occupé, dans le Bronx, le poste de directeur et de surintendant adjoint pour les questions ayant trait à l'enseignement spécialisé et à l'apprentissage des langues. En 2009, il a été nommé chevalier dans l'Ordre des Palmes académiques, créé initialement par Napoléon et honorant les personnes qui ont rendu des services éminents à l'éducation. Ce grade lui a été remis en reconnaissance de ses efforts pour mettre en place un programme bilingue français/anglais pilote dans l'école publique n°73 du Bronx, qu'il a dirigé jusqu'à son départ du département de l'Éducation de la ville de New York en 2013. Par ailleurs, en tant que linguiste, il a été membre du conseil d'administration et président de la New York State Association for Bilingual Education, ainsi que de nombreuses autres organisations. Impliqué dans diverses initiatives visant à améliorer le système éducatif à destination des élèves bilingues, il a publié de nombreux articles.

Jerry L. Parker est professeur, coordinateur de programmes universitaires de premier cycle et directeur du Foreign Language Resource Center au sein du département des langues et cultures du monde de la Southeastern Louisiana University à Hammond, en Louisiane, et professeur associé d'espagnol au Morris Brown College d'Atlanta, en Géorgie. Ses recherches se concentrent, dans le cadre de l'éducation multiculturelle critique, sur les programmes d'apprentissage, l'enseignement et le leadership appliqués aux langues étrangères. Il est également spécialisé en études caribéennes et louisianaises.

Robert B. Perreault, natif de Manchester dans le New Hampshire où il a toujours vécu, s'attache, depuis 1973 et de diverses façons, à faire la promotion de la culture franco-américaine et de l'histoire de sa ville natale. Il a publié, en français, en anglais ou dans les deux langues, sept livres et plus de 160 articles, nouvelles et essais aux États-Unis, au Canada ou en France. Ses écrits incluent le roman *L'Héritage* (1983), le recueil de cartes postales *Manchester* (2005), l'ouvrage *Franco-American Life and Culture in Manchester, New Hampshire – Vivre la Différence* (2010) et une collection de photos de Manchester prises par lui-même entre 1971 et 2005, intitulée *Images of Modern America: Manchester* (2017). Il a reçu l'Historic Preservation Award de la Manchester Historic Association en 1994, le Prix Spécial du Jury de l'association France Louisiane (anciennement « France/Louisiane/Franco-Américanie ») à Paris pour sa nouvelle Les mains du père et du fils en 2000, ainsi que le prix du Franco-Américain de l'année décerné par le Centre Franco-Américain de Manchester en 2012.

Kathleen Stein-Smith, officier dans l'Ordre des Palmes académiques, est une professeure de français engagée pour diverses causes. Présidente de la commission pour la défense de la langue française de l'American Association of Teachers of French et membre du comité chargé de l'éducation et de la pédagogie de l'American Translators Association et de la Modern Language Association's Delegate Assembly, elle parraine la Southern Conference On Language Teaching et s'investit activement dans d'autres associations axées sur l'enseignement des langues étrangères. Ces dernières incluent le conseil consultatif de la Northeast Conference on the Teaching of Foreign Languages et le conseil consultatif de la Central States Conference on the Teaching of Foreign Languages. Intervenante lors de nombreuses conférences au niveau régional et national, elle est l'autrice de cinq livres et de plusieurs articles consacrés au plurilinguisme, ainsi qu'au déclin de l'apprentissage des langues étrangères aux États-Unis, un sujet qu'elle a également abordé au cours d'une conférence TEDx. Créatrice du blog *Language Matters*, elle a participé à plusieurs interviews dans la presse et à la radio.

Scott Tilton est le cofondateur et le directeur de la Nous Foundation, un institut culturel faisant office de plateforme d'échange entre la Louisiane et les pays de langue française. Élevé à La Nouvelle-Orléans au sein d'un foyer partiellement francophone, il a auparavant travaillé sur divers projets pour l'Union européenne, les Nations Unies et le gouvernement français en tant que consultant chez Ernst & Young France. Titulaire d'un double diplôme en affaires étrangères et en pensée sociale et politique de l'université de Virginie, ainsi que d'un master en relations internationales de Sciences Po Paris, il a lancé et piloté, avec l'autre fondateur de la Nous Foundation, Rudy Bazenet, l'initiative ayant fait de la Louisiane le premier État américain à rejoindre l'Organisation Internationale de la Francophonie (OIF) en 2018.

Agnès Ndiaye Tounkara est née et a grandi au Sénégal, avant d'aller étudier l'économie en France. Employée dans le secteur privé français, elle est ensuite partie vivre aux États-Unis pour des raisons familiales. Depuis lors, c'est sa passion pour la langue française et les cultures francophones qui a dicté sa carrière. Directrice du département de l'éducation à l'Alliance Française de Boston, elle a plus tard déménagé à New York et rejoint la French-American School où elle a supervisé les activités extrascolaires. Francophone et mère d'enfants bilingues aux États-Unis, c'est avec enthousiasme et passion qu'elle prend la coordination du programme « French Heritage Language » en 2019. Depuis 14 ans, ce programme aide les immigrants francophones et les jeunes Américains d'ascendance francophone à préserver leur héritage linguistique et culturel. Il est aujourd'hui implanté dans six écoles publiques de New York (dans le Bronx, à Brooklyn et à Manhattan), ainsi que dans des établissements du Massachusetts, du Maine et de Floride.

David Vermette, né au Massachusetts où il a grandi, est l'auteur du livre *A Distinct Alien Race: The Untold Story of Franco-Americans* (Montréal : Baraka Books, 2018). Chercheur, écrivain et rédacteur, il intervient dans des établissements d'enseignement supérieur, dans des universités et au sein d'associations historiques et généalogiques.

À propos de TBR Books

Le programme TBR Books a été mis en place par le Centre pour l'Avancement des Langues, de l'Éducation et des Communautés (CALEC). Nous publions les travaux de chercheurs et professionnels qui cherchent à toucher des communautés variées sur des sujets liés à l'éducation, aux langues, à l'histoire culturelle et aux initiatives sociales. Nos livres sont traduits dans diverses langues afin de pouvoir nous adresser au public le plus large possible.

LIVRES EN FRANÇAIS

- Deux siècles d'enseignement français à New York : le rôle des écoles dans la diplomatie culturelle de Jane Flatau Ross
- Sénégalais de l'étranger de Maya Smith
- Le projet Colibri : créer à partir de « rien » de Vickie Frémont
- Pareils mais différents : une exploration des différences entre les Américains et les Français au travail de Sabine Landolt et Agathe Laurent
- Le don des langues : vers un changement de paradigme dans l'enseignement des langues aux États-Unis de Fabrice Jaumont et Kathleen Stein-Smith
- La Révolution bilingue : le futur de l'éducation s'écrit en deux langues de Fabrice Jaumont

LIVRES EN ANGLAIS ET DANS D'AUTRES LANGUES

- Peshtigo 1871 de Charles Mercier
- The Word of the Month de Ben Lévy, Jim Sheppard et Andrew Arnon
- Navigating Dual Immersion Stakeholders de Valerie Sun

- One Good Question: How to Ask Challenging Questions that Lead You to Real Solutions de Rhonda Broussard
- Bilingual Children: Families, Education, and Development d'Ellen Bialystok
- Can We Agree to Disagree? de Sabine Landolt et Agathe Laurent
- Salsa Dancing in Gym Shoes de Tammy Oberg de la Garza et Alyson Leah Lavigne
- Beyond Gibraltar, The Other Shore et Mamma in her Village de Maristella de Panizza Lorch
- The Clarks of Willsborough Point de Darcey Hale
- The English Patchwork de Pedro Tozzi et Giovanna de Lima
- Two Centuries of French Education in New York: The Role of Schools in Cultural Diplomacy de Jane Flatau Ross
- The Bilingual Revolution: The Future of Education is in Two Languages de Fabrice Jaumont

LIVRES POUR ENFANTS (disponibles dans plusieurs langues)

- Rainbows, Masks, and Ice Cream de Deana Sobel Lederman
- Korean Super New Years with Grandma de Mary Chi-Whi Kim et Eunjoo Feaster
- Math for All de Mark Hansen
- Rose Alone de Sheila Decosse
- Uncle Steve's Country Home, The Blue Dress et The Good, the Ugly, and the Great de Teboho Moja
- Immunity Fun!, Respiratory Fun! et Digestive Fun! de Dounia Stewart-McMeel
- Marimba de Christine Hélot, Patricia Velasco et Antun Kojton

Nos ouvrages sont disponibles sur notre site web et dans les principales librairies en ligne, au format papier ou e-book. Certains ont été traduits dans plus de 12 langues. Pour consulter une liste de tous les livres publiés par TBR Books, obtenir des informations sur nos collections ou connaître les instructions à suivre pour soumettre un manuscrit, consultez notre site web à l'adresse suivante :

www.tbr-books.org

À propos de CALEC

Le Centre pour l'Avancement des Langues, de l'Éducation et des Communautés (CALEC) est une organisation à but non lucratif faisant la promotion du plurilinguisme, valorisant les familles plurilingues et favorisant l'entente interculturelle. La mission du Centre va dans le même sens que les objectifs de développement durable de l'Organisation des Nations Unies (ONU). Nous désirons faire de la maîtrise des langues une compétence essentielle et salutaire à travers la mise en place et le développement de programmes d'éducation bilingue, la promotion de la diversité, la réduction des inégalités et l'élargissement de l'accès à une éducation de qualité. Nos programmes ont pour but de défendre le patrimoine culturel mondial tout en venant en aide aux éducateurs, aux auteurs et aux familles en leur fournissant les connaissances et les ressources pour façonner des communautés multilingues dynamiques.

Les objectifs et buts spécifiques de notre organisation sont les suivants :
- ➢ Développer et mettre en place des programmes éducatifs qui font la promotion du plurilinguisme ainsi que de l'entente interculturelle, et établir une éducation de qualité équitable et inclusive, notamment par le biais de stages et de formations (objectif de développement durable n°4 – Éducation de qualité)
- ➢ Publier des ressources, soit des articles de recherche, des livres et des études de cas, qui ont pour but de soutenir et de promouvoir l'inclusion sociale, économique et politique de tous, en se concentrant tout particulièrement sur la diversité culturelle,

l'équité et l'inclusion (objectif de développement durable n°10 – Inégalités réduites)
- ➢ Aider à la construction de villes et de communautés durables et soutenir les éducateurs, les auteurs, les chercheurs et les familles dans l'avancée du plurilinguisme et de l'entente interculturelle à l'aide d'outils collaboratifs (objectif de développement durable n°11 – Villes et communautés durables)
- ➢ Favoriser des partenariats globaux en mobilisant des ressources par-delà les frontières, participer à des événements et activités qui font la promotion de l'éducation linguistique à travers la diffusion de connaissances, le coaching, l'autonomisation des parents et des éducateurs et la construction de sociétés plurilingues (objectif de développement durable n°17 – Partenariats pour la réalisation des objectifs)

QUELQUES BONNES RAISONS DE NOUS SOUTENIR

Votre don nous permet d'effectuer les opérations suivantes :

- ➢ Développer nos activités de publication et de traduction pour que plus de langues soient représentées
- ➢ Donner accès à notre plateforme de livres en ligne à des crèches, écoles et centres culturels en zone défavorisée
- ➢ Soutenir des actions locales et durables en faveur de l'éducation et du plurilinguisme
- ➢ Organiser des rencontres avec
- ➢ des auteurs et des experts du plurilinguisme, des ateliers pour les parents et des conférences auprès de publics larges

FAIRE UN DON EN LIGNE

En cas de questions, contactez notre équipe par e-mail à l'adresse contact@calec.org. Pour effectuer un don en ligne, rendez-vous sur notre site web : **www.calec.org**

www.ingramcontent.com/pod-product-compliance
Lightning Source LLC
Chambersburg PA
CBHW040305170426
43194CB00022B/2899